周蓓 主編

『民國專題史』叢書

方孝嶽 編 陶孟和 校訂

河南人民出版社

大陸近代法律思想小史（上編）

本書系根據智利阿爾哇列兹（Alvarez）《法的研究及民法編定的一個新概念》一書中的兩篇編譯而成

圖書在版編目(CIP)數據

大陸近代法律思想小史 : 全2册 / 方孝嶽編, 陶孟和校訂. —
鄭州 : 河南人民出版社, 2016. 4(2017. 1 重印)
(民國專題史叢書 / 周蓓主編)
ISBN 978-7-215-10024-4

Ⅰ. ①大… Ⅱ. ①方… ②陶… Ⅲ. ①大陸法係-思想史-世界-近代 Ⅳ. ①D909. 14

中國版本圖書館 CIP 數據核字(2016)第 079677 號

河南人民出版社出版發行
(地址 : 鄭州市經五路 66 號　郵政編碼 : 450002　電話 : 65788063)
新華書店經銷　　河南新華印刷集團有限公司印刷
開本 710 毫米×1000 毫米　1/16　印張 31
字數 440 千字
2016 年 4 月第 1 版　　2017 年 1 月第 3 次印刷

定價 : 208. 00 圓

出版前言

中國現代學術體系是在晚清西學東漸的大潮中逐步形成的。至民國初建，中央政治權威進一步分散和削弱，加之新文化運動帶給國人思想上的空前解放，新學的啓蒙，新知識分子的産生，民國學術如草長鶯飛，進入一個自由而蓬勃的時代。中國傳統學科乃中國學術之根基與菁華所在，民國學人采用『取今復古，别立新宗』之方法，引入西方的學術觀念，積極改造，使史學、文學等學科向現代學術方向轉型。此外，大力推介西方社會科學的新學科和自然科學，在學習、借鑒乃至移植西方現代學術話語和研究範式的過程中，逐漸建立中國現代學科，使中國的學科門類迅速擴展。一時間，新舊更迭，中西交流，百花齊放，萬壑争流，開創了中國現代學術的源頭。

伴隨知識轉型和研究範式轉换而來的，還有學術著作撰寫方式的創新。中國古代的著作向來以單篇流傳，經後人整理匯編後，方以成册成集的面目出現并持續傳播。直到十九世紀末，東西方的歷史編撰體裁不外乎多卷本的編年體、紀傳體和紀事本末體等，章節體的出現標志着近代西方學術規範的産生和新史學的興起。章節體具有依時間順序，按章節編排；因事立題，分篇綜論；既分門别類，又綜合通貫的特點。以章、節搭建起論述之框架，結構分明，邏輯清晰，較傳統的撰寫體裁容量大、系統性强。它的傳入，使中國現代學術體系從内容到形式被納入了全球化的軌道。民國時期專題史的研究、譯介、編纂、出版恰恰是在這樣的背景下欣欣而發，是學術的實驗場，也是歷史的記録儀。編選『民國專題史』叢書的初衷正是爲了從一個側面展示中國學術從傳統向現代過渡的歷史進程。

專題史是對一個學科歷史的總結，是學科入門的必備和學科研究的基礎，也是對一個時代艱深新鋭問題的解答，是學術研究的高點。民國專題史著作中，既包含通論某一學科全部或一時代（區域、國别）的變化過程的，又囊括對一時代或一問題作特殊研究的，還有少部分是對某一專題的史料進行收集的。原創與翻譯并重，翻譯的底本大多選擇該學科的代表著作或歐美大學普及教本，兼顧權威性和流行性，其中日本學者的論著占據了相當比重。日本與中國同屬東亞儒家文化圈，他們在接納西方學術思想和研究模式時，已作了某種消化與調適，從思維轉換的角度看，更便于中國借鑒和利用，他們的著作因而被時人廣泛引進。

與當代學術研究日趨專業化、專門化、專家化的『窄化』道路迥乎不同的是，中國傳統學術崇尚『學問主通不主專，貴通人不尚專家』的通識型治學門徑，處于過渡轉型期的民國學術在不同程度上保留了這種特徵。民國學術大師諸學科貫通一脉、上千年縱横捭闔之功力自不待冗言，外交家著倫理政治史、文學家著哲學史、化學家著戰爭史等亦不乏其人，民國專題史研究呈現出開放、融通、跨界撰述的特點。與此同時必須看到，自晚清以來，中國的命運就在外侮屢犯、内亂頻仍的窘境中跌宕彷徨，民族存亡仿若命懸一綫。這股以創建學科、總結經驗、解决問題爲指歸的專題史出版風潮背後，包裹着民國學人企望以西學爲工具拯民族于衰微的探索精神，及以學術救亡的愛國之心。梁任公曾言：『史學者，學問之最博大而最切要者也，國民之明鏡也，愛國心之源泉也。』這種位卑未敢忘憂國的歷史使命感和國民意識是今人無法漠視和遺忘的。

『民國專題史』叢書收録的範圍包括現代各個學科，不僅限于人文社會科學，學科分類以《民國總書目》的分科爲標準，計有哲學、宗教、社會、政治、法律、軍事、經濟、文化、藝術、教育、語言文字、中國文學、外國文學、中國歷史、西方史、自然科學、醫學、工業、交通共19個學科門類。本叢書分輯整理出版，内不分科，單本發行，方便讀者按需索驥。既可作爲大專院校圖書館、學術研究機構館藏之必備資源，也可滿足個人研讀或興趣之收藏。

與目前市場已有的一些專題史叢書相比，『民國專題史』叢書具有規模大、學科全、選本精、原版影印的特點。本叢書選目首重作者的首創、權威和著作影響力，尤其注重選本的稀見性。所謂稀見，即建國後没有再版，且多數圖書館没有收藏，或即便有收藏，也是歸于非公開的珍本之列予以保存，普通讀者難以借閲。部分圖書雖有電子版，但作爲學術研究的經典原著讀本，紙質版本更利于記憶和研究之用。本叢書精揀版本最早、品相最佳的原版圖書作爲底本，因而還具有很高的版本收藏價值。

『民國專題史』的著作是民國學者對于那個時代諸問題之探究，往往有獨到之處，無論其資料、觀點短長得失如何，要之在中國現代學術史的構建與發展進程中，自有其開宗立論之地位。

序

法律這件東西，多少總不免構成一種保守的勢力；在過於直覺的改革家看來，當然是一件不可不除去的壞東西，——如果『自由』是我們的目標。我們說到政治上的東西總覺得是想到善人與惡人兩方面的對待關係；所以『頭腦超妙』的人厭談法律，實在不算希奇。

現在的競爭制度誠然養成了，增長了許多人類的惡根性。但社會組織——經濟組織——之改良，是否可以使人類惡根性無發生的餘地？『強凌弱』『衆暴寡』是否能因『均無貧』而消滅？這問題是很難答的。人類需要法律與國家與否，大家所爭論的，不過是比較的程度問題照現在人性上的經驗，人類在有規制的團體中——在這個團體中，對於個人的專暴行爲有所限制，——所得的自由，比較在無規制的團體中所得的爲多。我們可以說：今後的個人主義決不會恢復他從前的形式；今後的個人主義是要脫離實業上經濟上的奴隸地位，又進而求一個智識上精神上的自由．這種個人主義，當然是在有組織力的團體中，容易得著保障；而團體這件東西，自從他成立以來，不論何種形式，本是爲這個目的．這是無論什麼現在的『主義家』皆不得不承認的．

近年來，法律加增了許多新鮮激烈的理想到政治學說的裏邊．近幾個世紀中『民約』(Social contract)的教義雖是學者所歡喜談論的，然法學(Jurisprudence)上的觀念與名義支配了政治學說也不在少數．自從英國的梅因(Henry Maime)借了德國法學家的歷史方法，證明社會的組織不是發源於契約，是趨向到契約，民約之說於是很失了些光彩．梅因雖自己成了一種保守主義，然而他的好影響是他所用的方法．用這個方法，最近德國的法學家格爾克Gierke英國的法學家麥特蘭Maitland等，證明了團體這件東西，有『實在的人格』(Real Personality)有天然的根源，有固有的權利．團體既是一個『實在的人格，』那麼，他是與『單一人格』(Single Person)一樣；所以團體雖有固有的權利，也必有責任(Liability)的地方．這個教義一方面影響了國家觀念，把國家當作已經成立的大團體——衆團體的團體；這大團體既是以公共生活爲基本，又是抱一個較遠較高的公共宗旨．他方面，這教義又使團體得著一個穩固平等的保證；以防專暴的行爲，在團體自身中發生的機會．最新的社會主義——公所的社會主義 (Guild Socialism)，及其他同臭味的新運動(如盟合主義 Federalism，自治 Home Rule 教會團體的權利 Rights of Ecclesiastical Groups 等等)，是屬於目前思潮上一個普通的大趨勢；這個大趨勢是與上述的法律理想連絡得極密切的．這一層，現在不能多講．總而言之，倘若人性不改，這種『調適的力量』(Adjusting Force)像上述的法律理想所表示的，是人類社會組織中必不可少的．

政治，社會的學說，一方面固是起於人類事態有不安穩的時候；一方面也是因爲這學說自身，對於人類事態不斷的解釋，有不恰當的地方而生長的．當事實激起學說的時候，學說總是遠離事實而任意馳騁；然而他到地的趨勢，總是與事實漸漸接近的．我們不能說學說與事實到了完全適合的時候，學說就要瞑目長逝；但是，學說之不能否認事實，也好像事實之不能挫折學說，這一層是可以斷言的．我們要持這個心理，去研究現在政治上社會上的實體問題；這就是我翻譯這個書的微意．

近代（自法國革命以後）大陸法律運動可別爲三種．這三種運動（第二種影響極微）影響到英美法律上的也很不少；因爲所有引起這些運動的智識上政治上經濟上的情形，是全數西方國家皆有分的．

第一就是法律與社會政治情形之適合．這個運動是接了十八世紀的政治哲學，及法國革命社會上的沸騰狀態；這個運動的時期極長，到現在仍不算終了．近代生活的基礎就是經濟．自從那些應用到實業上的科學發明以後，已經在十九世紀初到十九世紀末，使經濟情形生了許多變化。經濟變遷又引了社會變遷，社會變遷的影子於是射到法律上了。十八世紀的哲學及法國革命的個人主義，曾經在拿破崙民法典中明白表布出來，又廣播到別的國內；但到了十九世紀的末年，就漸漸爲社會哲學所代替。大規模的實業，個人財產之速度的增加，因有協同組合而職業上關係之繁雜，都市上人口之集中，交通，運輸，國際通商往來之便利，已經引到社會狀態上極可注意的變遷；這變遷影響到法律，因而有公法私法的改革。十九世紀初年個人主義觀念的『自由』『責任』『契約』『財產』，已經因『社會團結』(Social Solidarity)的新觀念而變其解釋。從前『自由』的理論已經變換，而承認個人生活是社會中一個成分；國家保護個人，即根據這個觀念。法律上的形上觀念久已消滅，而有力的『終局論』(Teleslogy)把他代替。『責任』的意義已完全不是主觀的，而在工業的企業上及公共服役上，已經成爲客觀的．私人契約已不是一個照例的器械，而在法律解釋上，已算是繼續增多的原素，以構成社會目的．財產已不是產主的無限制的主體權，而算是一種公共的寄託物．這些哲學觀念既變更了法律的解釋，於是國家的作用也就伸張了；國家的權力降爲義務，國家要防止那違犯「社會公道」(Social Justice)的行爲，并保護公共利益；所以到處公法之生長每每犧牲了私法．這種運動，就是近來管理機關之增多．有些機關是保護公共立法上「衡平」(Equity)之施行，以代替一部分裁判上的手續；許多訴訟及法庭作證的規條也經了大量的改革．無論這種情形是不是表現——在勞動立法範圍中尤甚，——一種反對梅因(從分位 Status 到契約之理論)的趨勢，或不過是承認國家對於社會利益，要有一個較大的保護力；但是私產與私權現在總是被看作社會上的寄託物，這是因公共利益而定了這種社會義務，——這個觀念總是不可否認的了．

第二個運動就是編訂法典．拿破崙之編訂國內法，表現一個法律建設上的大事業，在法律史上影響之大不待多說．這法典的勢力廣播到別的國內，不但使人家崇拜法國智識上的卓絕，而又在別國法律上，有一個實在的不可磨滅的功效．差不多全數歐洲的國家皆跟着有編訂法典的運動；他們皆得了法國這部大著作的益處，及大家對於這著作研究批評的益處．

大陸法與普通法的方法不同，是歷史學者所知道的．普通法差不多完全是法庭與裁判者的製造品；大陸法學者藐視他是一個瑣碎無系統的東西，而自誇大陸民法是有理論的，有教義的，有學者著作爲基本的．但是大陸法律的缺點，我們更不可不注意．拿破崙法典(大陸法的第一個代表)在國內法之『統一』(Unity)上，所盡力的誠然不少；但是這法典介紹理性主義的方法於法學，蔑視了自然進化的法律習慣，否認了法庭判決的價值，引了法學家完全依賴那『疏註的方法』(Exegetic Method)的法律解釋，——所有這些弊端，大陸法學受了極深的印象，直到現在不能完全平復．但是自從這法典出現以來，學者對於他有不斷的批評研究，這個批評研究影響到別的國家，因此引起了用比較方法研究法學．於是，我們知道普通法上，不見得完全無學理的勢力；而大陸法上，也不見得完全不受實行上裁判上的影響．一方面選擇一種世界上頂好的經驗，一方面對於目前經濟社會的事實，作一種批評的比較的研究，——這是近代立法的進步上，大家所承認爲惟一的方法．這個方法已經爲各國法律家所利用，編成了幾個重要的法典(在拿破崙法典之後，)——就是一八六五年的意大利法典，一八九六年的德意志法典，及一九〇七年瑞士法典．三者之中，以德意志法典(聯合歷史方法與科學方法的)爲對於法律進化上，有極大的供獻；他不但影響到別的國家，又反而影響了近代的法國法律家．

照這樣的推尋，近代法學進化的行程，當然以拿破崙法典為發軔的地方。這個行程是不可限量的。蒲魯東(Proudhon)說，『法律是理論與實行之同力合作，要實現出人類的眞正法令——絕對的眞理』。這句話大概就是這行程的目標了。

國際主義(Internationalism)是現在極風行的理想，而且是今日的世界上人人不可不有的理想。近代法律第三個運動，又是三個當中極可注意極有光彩的運動，就是向着這個方向走的。文明國家相互接觸之親密，引起了世界上個別法律之同化。國際交通之增加，國際主義之代替國家主義，互賴主義(Interdependence)之代替不賴主義(Independence)，已經表示出全世界分子的——各國的——交互利益，正需要一個聯合的規定。這種需要，實行出來的，已經不少；大概是由國際的『合同』(Agreement)以管理許多由近代經濟社會情形生出來的交互利益；公共管理的，聯合會成立起來的，日漸增多；例如郵政，電報，運輸，著作權，商標，等等，其利益的範圍已經越出國界以外，所以不得不有國際聯合的規定。此外海牙會議，在預備國際私法的問題上的，對於這個運動所供獻也是不小。

眞正的國際主義要如何纔能實現呢？　這是國際主義家爭論的燒點。從經濟上觀察的人，說是，要拿國際的經濟事實爲基本。但是自有人類以來，政治的事實與經濟的事實，是一樣的發達，一樣的重要。無論經濟發達如何改變了推翻了政治組織，而政治的東西總是常居在調適的地位，以表現人類道德的倫理的生活。我們平心而論，國際主義這個東西實在不是對於國際的個體——各國民——作經濟的伸訴，而實在是對於各民族的良心上作道德的伸訴。康德（Kant）說，『從野蠻的無法的國家（State）走到衆國民（Nations）的盟合，』這句話就是從倫理的方面表出的國際主義。我們覺得，所有進化的民族，彷彿有一個公共的權利；把這個心理，合入法律的實體；國際主義的希望，就在這裏邊了．所以我們可以說，國際主義必定要求一個法律的發達；這發達雖少不了經濟事實的扶助，然不能拿他當作基礎；這發達也與一切別種法律的發達一樣，要以一種公共良心上——作文明世界中的公共良心——的固有權利爲基礎．國際條約之伸張，武裝之限制國際法庭之加重，——這一類的手續，或者是國際主義目前實行上必有的步驟．

這書是翻譯智利阿爾哇列茲(Alvarez)的兩篇名著，提綱絜領的總括上述種種理想與運動，而追溯自十八世紀至十九世紀中葉的變遷，更是源源本本自成首尾．美國法律學校聯合會(Association of American Law Schools)所出的『大陸法律史叢書』The Continental Legal History Series 第十一集『十九世紀大陸法律之進步』(The Progress of Continental Law in the 19th century)將他收在裏邊，我間接翻譯出來，拿『大陸近代法律思想小史』做我的書名，做具體研究者的一個大引子。

一九二〇年六月二十八日方孝嶽

關於這篇序文所論的，參看：

T. H. Green, "Principles of Political Obligation," PP. 154-179.

Ernest Barker, "Political Thought in England, from Spencer to To-day," Chaps. VI and VIII.

Great Jurists of the World, (Continental Legal History Series, Vol. II) PP. 561-599.

The Series (Mentioned above) Vol. XI, Pref. and introds.

大陸近代法律思想小史上編目次

阿爾哇列茲原著　此二章均從Alexander Alvarez所著『法的研究及民法編定的一個新概念』Une nouvelle conception des étude juridiques et de la codification du droit civil 書中取出阿氏是現代智利法學大家現爲海牙國際法學院主教授之一

大陸近代法律思想小史上編

第一章　自法蘭西革命後至十九世紀中葉有力的法律思想

一、十八世紀的哲學在法蘭西革命時法律上之影響

法蘭西十八世紀的特點之一，就是哲學精神之發達——古典的興味(Classical mind)．哲學精神發達之原因有多種．(1)當時的社會正搜求原理爲新基礎上改組之用，哲學已變爲社會的．哲學者又成了政論家．此外經濟學家是合經濟與法律而研究的．托爾哥Turgot在當時爲分開經濟學與法律學的第一人有此數因，所以十八世紀的哲學家，經濟學家的學說，在後來法律上的影響，非常

(1) 參看 J. E. M. Portalis "De l'usage et de l'abus de l'esprit philosophique durant le XVIIIe sieclee" Chaps. 1—IX,

之大．

(1)一個自然秩序管理社會． 這班學者皆沾染從前自然法的理想，而更加以推揚闡明．他們又相信社會為一種自然秩序所管轄；但如何管轄的定律，尚待發明．這樣信，的他們是最早的．經濟學家也以自然秩序為他們考慮的起點．他們以為全部經濟學簡直可以縮小成為專研究那規定經濟事實必然的法則，而全不顧及空間與時間．

此時哲學家亦以自然秩序的理想為起點．從他們所考慮的根底，皆可尋出這個理想．孟德斯鳩(Montesquieu)研究歷史學與法學，意欲從中抽出哲理．康多塞(Condorcet)搜求歷史哲學，既察出過去社會的發達，因深信社會有無限的進步．第德羅(Diderot)與達郎薄(D'Alembert)立意要綜合人類的知識．他們研究的方法，與自然秩序的理想及當時社會情形皆相符合．這方法程度雖有不同，卻是聯合觀察(Observation)理性(或推理)

(Reason)理想主義(Idealism)三者爲一氣的．

這些哲學家本是專研究太古及近古時代的，但是他們亦觀察他自己所於以生存的社會．這種觀察就是他們學說的特色．不過他們考慮(Speculation)之起點，——從這起點，自以爲可以努力實現一個社會理想，——實在不是觀察(Observation)．他們對於社會與人性，先有個先天的概念．就由這個觀念着手研究．他們的方法使他們拋棄過去；不但否認過去爲將來之母，并深信過去阻礙將來之實現．所以他們以爲毀滅過去乃進步之必要條件．他們無論對於何事，皆以將來爲依歸．這個將來，便是要把理性的觀念實現出來的．

他們以理性爲萬能．理性可以使所有的觀念皆能實現．他們所夢想的社會改組，完全惟理性是賴．他們皆是革命家；希望以新的純粹理性的原理爲基礎，改造新社會．因此他們的學說有成爲教條的趨勢．這個教條竟成了一種宗教．

十八世紀的社會哲學，將自身所受感化的理想建白出來，——這個理想就是個人主義，即個人最大的最可能的自由．他們的個人主義是從一種惟理的考慮(Rational Speculation)中發展出來的．這個考慮正與當時政治經濟的情形爲敵．那時代所有幾種主要的特點，即帝王的專制，人民產業，(指土地所有權)地位的不平等，實業自由的障礙，苛暴的租稅，重商論者(Merchantilist)保商論者(Protectionist)的學說．但是我們應知道，這種個人主義並不是反對國家之干涉；不但不反對，而且以爲國家的干涉更可保護個人才能之充分發展．

(2)個人與財產爲法律的基礎．這些哲學家經濟學家的法律理想是與個人主義惟理派和理想派的方法一致．他們相信個人觀念及財產權觀念是社會改組的基礎．他們覺得人生在世是孤立的，與他人無關；在自狀悲之下享受絕對自由．人類關係之存在，是由於衆個人的意志，而非由於一種勉強聯合的羈絆．他們贊成社會生活的重要，而結論仍以爲社會的最終目的就是個人．因此尊重個人的法律人格(Person)，換句話說，就是尊重私人權及財產權，乃法律上惟一的重要的理性基礎．立法至高的目的就是保證這個基礎．

最後他們又宣言立法(Legislation)是實在法(Positive Law)（對自然法言）惟一的根源，並且立法應該管理社會．人制法(Statutory Law)不過將人類理性化爲具體，或所討論的特殊的假定(Particular Hypothesis)．故人制法必須整齊簡潔，按着惟理主義的原理所寄的精神，用明瞭的法式達出．（馬布勒 Mably 對於立法文字必要命令式的簡嚴 Majestic Brevity 的理想曾經反對）

(3)公法及私法． 他們又在學說上，分別公法與私法；而公法尤是他們興味所寄．這個原故，是要以當時政治，經濟情形來解釋的．私法多爲經濟學家特別的研究。在公法中，這班政論的哲學家希望根據於全新的基礎將社會改造；所謂新者，基礎須純粹從理性中得來。這個基礎他們規定得極明白，就是無限制的私物權，人權之保證，人民宗主權，政府權之區分，等等。他們又高呼社會改造是爲人民全體的利益；但公共利益之安穩的保證，是與個人能否享受那天賦的權利爲始終。

這班哲學家，說到私法上，則理論上稍覺不同。法律所應努力實現的理想，仍然是個人自由。但他們以爲人類除非爲私益(不爲公益)不會行動。所以私法應當定出規則，使個人自由與羣衆自由並行不悖。這個，他們名爲『共存的個人間的關係』(Relationship of Co-existing Individuals)。因此立法者不用較量個人行動上道德的程度，只要他不妨害他人的自由就够了。

在這一點，這班哲學家不甚反對以前的成訓。所以不想立刻造出新私法．羅馬法，教會法，(Canon Law) 封建法，(Feudal Law)，在他們眼中，似乎是古董了．但習慣法，因爲好像受了目前社會需要的影響，乃爲他們所貴．在這一層，他們意見與那些法律家(或羅馬法的教授)不合；因爲後者仍信從舊時立法的全部．但是他們又與後者有相同處，相信編定法典 (Codification) 的利益，可使全國境的立法歸於一致．

他們雖曾擬出若干規條，爲立法者編定法典之指導；但他們不曾顧及法律一旦結成條文之後，如何能適於社會上繼續變遷的新需要．他們對於這個，倒頗能自圓其說，以爲立法上所制定的就是社會中惟一的法則；所以不必顧及那些社會上不可免的變遷．

(4) 革命之所盡力於編訂法典上者．革命家深染了十八世紀哲學家經濟學家的理想，而對於經濟學家尤一致贊同．因爲後者信舊制度必完全推翻，而代之以別種制度；欲在此別種制度構成普通的秩序；則法律的建設，必依惟理派的原則。密須勒Michelet所著的『法蘭西革命史』上說『我對於革命所下定義就是法律之到著權利之復活正義之反動』。

論到公法，是很容易辨的。這個大革命建築新原則的時候，不必脫離那維持舊制度的理論。不過說到財產權，不脫離就發生困難。財產權問題與他種問題不同，雖是政治的問題，(屬於公法範圍)又是經濟的問題(包括於私法範圍)。這問題實在就是：如何能將財產脫離封建的約束，使為經濟政治的新組織的基礎。所以這番革命，既將舊制度根本推翻，又藉革命的憲法，於俄頃之間，以無限制的私物權，人權，人民宗主權政權區分為原則，創出一種新政治的組織。這個新組織沒有成訓的基礎，乃個人主義，惟理主義，理想主義，三者的勝利。但個人主義的勝利，與承認國家最高權，毫不抵觸；因為承認國家主權，不過要保障公民的最大量的自由罷了。

在私法上，不得不與此相反。編定法典，畫一法律的理想，是到處皆承認的．這個理想，在當時歐洲實不為新奇．有好幾國已經認定了民法法典．法蘭西王亦曾預備過編訂法國法律．但因政治與社會兩方面的緣故，遂致失敗．大革命(政治與社會兩方面的革命)以後，編訂進行，極其平易．有些人曾以法典的草案獻之於當時的各立法機關．

但那時候的問題，已不是實行理想的機會問題；乃法典應取的形式問題．使大家意見一致，當然是不可能．法律家與哲學家已不相合．這爭執的熱度，因革命時代不同的狀態而有差別．在憲法會議中(Constitutional Assembly)爭鬬甚烈；因此那時期的法律是調和的．在立法院中(Legislative Assembly)成訓的觀念失了立足地．在非常國會時(Convention)惟理派乃完全戰勝；所有從前的立法，皆視為屬於不文明時代的．惟理派之得占優勢，因為他們的目的是將法典上條文減為至少數，以免妨害個人的自由行動．

於是指定一個立法委員會起草民法法典，由康巴塞利(Cambacérès)獻之於非常國會．他在報告上，解說那草案的根本的原則．他的解說實在顯出當時哲學誇大的趨勢．從報告中『自然法之鞏固地，共和國之膏腴土』二句可知．他希望法律條文不可過多，亦不可過少；因爲法律的目的但要明瞭；僅僅少數條文，顯出一般的原理，是必要的．他說『立法不應將樣樣事體都宣告出來；不過當設立一些含蘊一切的原則——預料到將來疑點的．他更要稍費整理的苦心，只能留下極少疑點，讓他人解決；法律的起草，應該精確明瞭』．這個法典條文雖爲數甚少，而非常國會猶以爲麻煩，又嫌其不十分激烈，又不十分哲理的．一七九三年十一月三日，非常國會發出命令，指定一班哲學家使起草一種合於新理想的法典．但這命令不曾實行．後來又指定一委員會起草別種法典．這法典又是康巴塞利經手獻出．在第二次報告中，他解釋這新法典根本的原則，僅說：這草案不過是『自然法典，爲理性所裁可，自由所保證。』但第二次草案又未蒙採用。一班人的批評，以爲與其稱之爲法典，不如稱之爲目錄。凡非常國會所表決的法律，全是爲統一的理想所感化；羅馬法與教會法皆爲所藐視；但是他們採用習慣法，使適合於當時新狀態。

一七九五年以後，非常國會哲理的觀念失勢。大家希望，較以前諸草案更爲詳細的法典；於是要求非常國會對於所有以前的立法加以考慮。這種心理，確是成訓觀念的反動。惟理派於是失了立足地。康巴塞利在他第三次草案中反映出這種心理。

所有革命時代的草案，皆可表明一個編輯上的改良；所用的方法，及文式的明潔，顯出法律思想的進步。因爲哲學家的著作有這幾種性質，所以這進步大部分實是受了哲學家著作的影響。

(5)結晶的法律與變遷的社會。　立法爲法律的惟一根原，亘革命時代，爲人所深信不疑；而所編訂的法典如何能與社會生活的進步相調和的問題，無一人注意及之．究竟他們是以爲法典一定，社會需要當隨法律改變；而法律的生活便算終了，結晶於一成不變的條文呢？　還是以爲解決這問題是要將來立法者隨時修正的呢？　我們實在尋不出當時立法者意見之痕跡．

康巴塞利在第一次獻於非常國會的草案中，彷彿是曾想到這個問題，幷打算解決這問題．他希望——這個希望在當時占優勢的——編定法典，只限於建設含蘊豐富的原則．他以爲法律是自然發展的東西；立法只應該爲將來的法律建設些法律的基礎．從理論事實兩方面看來，他這解決法大可滿意．不幸未被採用，所以這理想遂未發達；亦未曾以明瞭的法式表白出來．而當時普通的信仰，——反對舊制度的過盛，因有此反動，——反以爲法律的發達不應是自然的；司法者的職能，只限爲法律條文的解釋者，絕不許他任意改變舊法，或創造新法。

二 十八世紀的哲學經濟學在編定法典上的影響

拿破侖時代的最高執政會(Consulate)實編訂法典的正式開始時期。拿破侖以他的威權完成這個事業。拿破侖認明這個事業不僅是社會需要，而且是一個政治的工具，用以鞏固社會的新秩序。革命時代以政治的糾紛，法學家哲學家對於新立法的原則及主要觀念之意見紛歧，遂致阻礙法律之編定；至此時期，纔最利於成就此事業。

我們欲了解這個法典的重要，所受感化的理想，及所受前世紀哲學家所產出的影響，非先明白法蘭西當時政治，經濟，社會上的情形不可。舊制度已完全消滅。新的政治秩序已經出現，而且建設得很穩固。新的秩序就是建設在革命所奮鬪得來的新奇的原則之上。這時候仍然可以持那些支配革命的理想；換句話說，就是可以在俄頃之間，以理性及抽象的原則爲基礎製造些新東西出來．這一層實在不假．因爲向來政治變遷在個人間的法律關係上，不生密切的影響．再者當時沒有一個人想到編訂公法，更不會想到編行政法．因爲革命以前的法蘭西，沒有行政法，而且不能有行政法，這也是當然的．革命雖使他成立，但是成立的時候甚近，又因時間短促，還沒有十分整理．

帝政的專制，與財產限制的選舉制度，是這時政治情形的大概．當時經濟與社會的情形，就是小工業制度．人民生活多半是農業的，動產尙少存立．個人間法律關係，比較的少；所有關係完全是個人主義的性質，明確規定，根本爲民族性；這些關係的改變，實很徐緩的．當時無所謂社會問題要待解決，——只有一個貧乏問題，這問題屬於救貧法之範圍內．勞動階級并不爭求勞動法典；他們的狀況，簡直不爲人所注意；政府，社會，編定法典者，皆置他們於度外．傭金爲生活者，不會結成政黨，在全國內不會結合．

觀以上所述情形，那編定私法的問題，可以用下列幾條敘述．

(A)立法者編訂私法不能如編公法純粹以理性的原則為基礎．私法支配個人間的關係，決不能完全不顧過去．法學家與立法者共認做改新過去的事業；但他們多少仍想依照革命時所宣布的新原則，特以財產權，脫離一切封建的壓制．法律上所認可的身分與財產之不平等，已為大家否認．大家又以為新的立法應該為革命前的兩種法律根源的調和(兩種根源即羅馬法與習慣法)．惟一的問題，就是要決定那一種應當占優勢．

(B)統一法律刪簡法律，要依照個人主義的原則，使與他種革命時代出現的制度一致．所以個人主義不但支配個人與國家的關係，並且支配個人與個人的關係．私產法必要變成個人主義的，因為兩個原因：一則這個法律所計量的是個人利益，並不是社會利益；二則在個人相互關係上，個人彷彿是互不相關，孤立生存的．

(C)新立法的條文已不必要過分的簡單，但要整理得清楚明瞭．由此觀之，我們可深知十八世紀的哲學在十九世紀的立法上，有何等大的影響了．但是我們如要確實了解上述的概略，及領悟那第八年(一七九九——一八〇〇)(即法蘭西革命之第八年)的立法事業的價值，我們第一要注意法典編訂所根據的根本原則，或『假定』．第二要注意那有勢力的觀念，——根據這些觀念，他們規定財產與家族法．

三　編訂法典的根本原則

所有編訂法典的『假定』是要統一法律，删簡法律，將法律弄得清楚明瞭，而同時要將舊法律制度上關於這種缺點，通行除去．但是我們要注意：這些假定，在公法中，是沒有的．也是舊法律制度中所不知道的．現在先討論『假定』中最重要的幾個．

(Ⅰ)人制法須爲支配法律關係的惟一的法則；因爲他是立法權所制定

的，直到作麼時爲止一成不變的．所以民法法典（卽拿破崙法典）是要支配私法中的關係的全部；將這一部分法律中各種法律制度，聯合排列，成爲調和的系統的完全物．

這個預備民法典的委員會，反對革命初年希冀簡短法典的傾向．鮑塔利(Portalis)在最初獻稿的報告中說『當我們會議開始的時候，我們皆爲當時普通一班的意見所影響，以爲起草民法典，只要在每個題目之下，有少數甚明瞭的條文就够了；以爲最大的才能，就是能拿預料一切的方法來簡單一切』．再者，這班民法典編輯人雖然蔑視舊日法律的根源，——尤蔑視習慣法；其實在這一層上的固執，不及十八世紀的哲學家及革命時期的立法者那樣過甚．雖然他們以人制法爲法律主要的根源，但亦不一定執爲惟一的根源．這個見解，可以從鮑塔利的報告中證明．他極承認立法者不能夠規定或預料一切的事；所以這委員會預備報告的時候，不會發此野心。他又說『有許多事件，必須讓與慣例（Usage）來解決的，留與精通法律者之商榷的，留與裁判者之判決的。……人制法的作用，是要拿寬廣的文義以固定法律上的精言要義，又要建立些能滋生的原則，至於每個題目所發生的瑣碎問題，是不必管的。這些細問題是要裁判官與法學家——深懂法律要義的——來指導應用的』。在所有文明國中（鮑塔利隨後又說，與人制法同時生長的，有格言，判決文，及一些學說；這些，大家公認爲『眞正補助立法的東西』。他於是指出些規條以爲如有問題發生，而無明晰的條文使裁判者可依以解決，則此等規條可以依從。他又說到慣例（Usage）與衡平（Equity），以爲這兩種是回返到自然法的東西。再者，這民法典第四款中，似乎極端承認法典不能包羅一切法律，因爲法典所緘默的地方，就是要留與裁判者自己創造新規條以供應用。

鮑塔利與這法典第四款雖說得如是的切實，而著作者及法官，差不多從十九世紀後半紀開始的時候——固執其所謂不可非議的原則，以爲人制法構成惟一的法律規律(Juridical Rule)．所以結果，他們以爲所有私法中的關係，完全是依賴這法典上的規條．(1)然而我們最要記住，這法典上關於財產法的條文，是與個人主義的理論相符合，只爲解釋或補助當事者(Parties)的意志的．支配此項之法律，就是認當事者的意志是自主的．若無立法之規定與之相反，則個人應當自爲法制．

(2)法律要爲各處所共，他的應用是通行全共和國，不許因地點不同而加變動．

公法，已不似封建時代，允許土地與位分之承襲．全體公民，在民法上，一切平等．但是這平等不見得是法典中一個絕對的原則．因爲這平等

(1)關於採用這些理論之動機，看Gèny, "Méthodes d'interprétation et sources en droit privé positif" §.§.37—50.

不存於屬民及外國居民之間，不存於有財產與無財產者之間，又不存於夫婦之間，更不存於合法子與非法子（私生子）之間．這法典關於外國居民的條文甚嚴刻；這些條文乃拿破侖自己要求採用的．外國居民無公民權，又甚至無承襲權及受饋贈或受遺產權．這法典在規定商人階級與非商人階級間之法律關係上，承認經濟的不平等，此實表明有『中等階級』(Bourgeois)成見．但這法典不認他種當時很普通的經濟的不平等，即『有所有者』與『無所有者』之間的不平等．保護土地所有權，在這法典上視爲首要，所以這法典根據『有所有者』以規定私權．那些『無所有者』的利益實無保障，這一層可以用兩種事實說明：這個革命乃中等階級，非貧窮階級，戰勝了特殊階級；又此時尚未有社會問題發生．因此，這民法典不曾認上述的區別．當時喚不起社會主義者對於此法典的攻擊，但是這些事實之存在乃社會主義者攻擊的根據．

立法者當然承認個人的法人資格．他規定不動產法，以保護不動產爲這法典基本原理之一．他將不動產脫離地主的壓束，使產主有絕對的享用權．但是他絕不會保證那沒有權利以得物質上的生存，和沒有權利得工作的人；此與革命時的憲法所宣言不合．但是他們可以自己辯護；說這是行政法上的事體，非民法上的事體．

因爲要保護中等階級有財產的家族，所以這法典保證未成年男及已婚婦的產業，允許已婚婦可以辯明他自己的契約與議件不爲其夫認可時作爲無效；已婚婦在其夫產中，可以要求恢復他結婚後加入的部分；他可以不認財產公有爲夫婦財產制度．所有這些條文，皆是預擬家庭富有的情形．這法典雖宣言契約的自由，但反對有產者浪費自己的財產；於是設立一種監視法，使他們節省用途．這法典甚至保護老年人的財產，允許他因契約上疎於審酌，或交易品上的瑕疵而取消契約．這法典又限制利息率．

這樣看來這法典保護有產者的利益，有三種不同的例：一，當有產者無能力以處理自己的利益之時；二，當有產者浪費其財產之時；三，當有產者受欺詐之時．

但是，這法典不曾規定傭工契約，——這是關係工人最要的契約；又不曾想到防護工人自己的粗忽危險的地方．沒有東西禁止工人浪費其僅有的資本——工作力．他們簡直可以將自己工作力任意濫用．法典上無條文禁止有害工人的契約，與危及健康危及道德的契約．關於財產的契約雖經規定，而工作的條件，則留與關係者的自由意志．這法典甚至表明傾向資本階級的態度，看那第一七八一款中對於工人的猜疑，就可明白了．

工人階級，正與中等階級相反工人家族與工人之妻皆不受法律保護；女工所僅有的財產——就是他的傭金——全充入家庭公共財產．這法典更進而設特別不利於勞動階級的制度——就是『民事逮捕』(Civil Arrest)．這個是一種壓迫手段，可以用來對付負債者的；但受其影響者差不多專是工人階級，因爲他們沒有資本以應付各種徵求．

所有保護勞動者的計畫可以指數的只有兩條：這兩條是爲家僕創立『擔保權』，(Lien)使他們傭金之給付有較妥的保證．

那刑法典上於有所有者及工人階級之間，未曾設立平等原則又懲辦一切集會，聯合，罷工之事，——這些都是工人增進其經濟上的要求的惟一武器．

這法典又承認夫婦間的不平等．因革命時有些法律過於激烈的原故．這法典待遇合法子與私生子又不一樣，否認後者有幾種權利與前者同樣．

這樣看來，這民法典只是在外形上承認平等罷了，其實在裏面是反對民治主義的；所保護的雖是個人權利，然此個人必是『有所有者』或及屆主．所以這法典實是以中等階級的利益爲主；雖平等尙遠得很；他完全傾向權力，看他設立爲父者及家長在家族中的主權可以明白．

(3)法律的過分邏輯．　立法是要從一些普通的原則著手；這些原則的結果，是要在立法條文中細細引申的；因此這立法的規條有一種過守邏輯的痕跡．

所有同狀態的事實，皆爲一個原則所支配．從這原則所演繹出來的完全是一樣；卽便問題中的事實有特別性質，亦所不顧．立法者不管他自己所定的原則能否應用於一些預料的事實上．他的目的就是以爲這些原則是要以嚴刻的邏輯推演出去．他只認有極少數的例外；因恐例外過多，有傷法律之一致．他們定要使所立的條文有邏輯的性質：要從那些原則上推出所有可以推出的結論，以支配一班已有的事實．

(4)懲罰．　遵奉法律的保證，非立法者的監視所能爲力，必要有懲罰的條例．

懲罰因問題不同——或家族權或財產權——而有種別．財產法上的懲罰大概是剝奪權利，逮捕，法律行爲之失效，或損害賠償，等等．家族法上的懲罰則影響及於私權，產業之劃分，絕對的離婚，與限制的離婚，失襲產資格，等等．

(5)極端的明晰．　法律之極端的明晰難適於事實上的應用．私法上的規條，就是因爲極端明晰，所以沒有公法上的規條那樣的柔和與寬廣．說他不柔和，就是說無論著作家或法官俱不能使其合於社會生活的新需要，又不能依照所起的特別事例而變化．說他不寬廣，就是說他不能擴充到那些立法者所不能預見的事例，而同時又禁止裁判者與解釋者創造新規條以迎合新社會的需要．

我們又要注意，財產法的條文是絕對的明晰．至於他上面用到那些有普汎的意義的名詞，如『好道德』及『公共政策』等，乃是例外．關於家族法的條文，大概是比較的寬廣，幷有留與解釋者一種任意決擇之處，——所有關於結婚男女的交互權利與義務，父母與子女間的交互權利與義務，又關於絕對的離婚及限制的離婚的原因，或關於劃分產業的原因等，都是任解釋者之決擇．

法律之所以窄狹無相當的寬廣性者，由於立法者希望他所定的規條成爲統一的規條；換言之，就是同樣的解決法，當應用於一切同樣的事例．他甚至於要求法律的解釋亦須統一；因爲有這個目的，所以他設立了『最高糾正法庭』(Supreme Court of Errors)．

立法既是這編明晰，那麽，這編定的法律如何能保與社會新需要相協和呢？第八年(一七九九——一八〇〇)的立法者，亦如那革命時代的前罷，毫不以此問題自問．這是何故呢？　難道他們相信這法典之編定，結果就是法律事業的止境，而法律的進步非得這立法者的許諾不可嗎？那些編纂家，在他們初讀的報告中，關於這一點，是緘默的．但是我們可以分兩點來解釋這個原因．第一，因爲他們希望將新制度堅堅固固的建立在『立法統一』的基礎上，用以宣布舊制度的死刑．第二，因爲他們不注意法律事業的進化．他們相信可以引法律事業入於那法典所敷設的路線中．在他們眼中，這法典構成了成文的理性（Written Reason），將與羅馬法占同樣的位置．立法者的緘默實大可恕；因爲這些委員眼中只有那存立了二十五世紀以上的羅馬法．所以上述的問題，立法者大可置之不問他們的責任是只管現在不曾顧慮將來，也是當然的．

但是鮑塔利曾經預料著這一層．他曾經在他初讀的報告中引羅馬法的前例，以爲編定法典不能够且不應當抵抗法律的發展；因爲，法律是無論如何有接續不斷的進化的．但是從今以後，要如何纔能進化呢？這一問他不曾答．他亦如康巴塞利在他獻於非常國會的草案中，對於那些事例無直接可用的確切條文，就將寬廣的解釋權留與裁判者．他又加增裁判者的權，使能在上述事例中創造新法以供應用；但只要合於『慣例』與『衡平』就是了．但是這個權力不但違反法律條文的明晰性，而且實在不見得能使裁判者保持法律和社會之兩重進化步驟均齊．

四　財產與家族

使立法者用以規定財產法與家族法有勢力的理想是什麼呢！這是我們現在要研究的．

立法者，關於此點以一種很堅定的態度，反對前世紀哲學家的理性主義及革命時的法律．他們看出想於瞬息之間建設一個全新的法律的大系統是不可能．鮑塔利在他初讀的報告中，發表意見，以爲應該少從事革新而立法者應重視成訓以爲指導．這個原則他們皆遵從了．因此一八〇四年的法典是緩和的，是聰明的；既不是要復古的，又不是過激的；既不要恢復舊時代的制度，又不要重振革命家的暴行．這個法典一方面以舊制度時代的法律爲基本，一方面要調和習慣法與成文法的規條，用革命時編定公法的基礎原則使這兩種法適合於當時的情形．

我們爲了解那支配這民法典的觀念，須將財產法與家族法分開來研究．

(1)財產法．在財產法中，那立法者爲『人權宣言』(Declaration of the Rights of man)所感動，定了一些原則，就是一切公民在法律前是自由的平等的，(除前邊所說諸特例外，)私產權脫離舊制度底下的壓束．所以這財產法根本上是依個人主義的．他保護『人』(Person)的私益，尤保護那班有財產的；而輕視社會利益，因爲他以爲(這個與那正統的經濟學說相合）個人因自身利益的行動，必能有所供獻於公共利益・所以立法者眼中的個人，就是他的動作全是自私的，而絕不爲環境所拘；此外又覺得個人是永遠由單獨的行動以達自己的目的・這法典雖規定了合資作生意的契約，而禁止集會結社（勞動聯合等）——這個題目，一直到現在，人皆錯認爲公法中一部分，而與私法無關・這樣一規定，個人彷彿是只管自己，對於其同等人類，絕無共同利益的關係；而且他個人的利益是與他們的利益處不相容的地位・

因有這種觀念，這法典於是承認個人應當自己尋求自己需要上的滿足，又使個人的活動不受羈絆・

個人行動既彷彿是孤立的人物，只顧自己的利益，這利益又與他人的利益處不相容地位，所以，財產法必須有約束，保證這利益・財產法的功用是要使衆個人有互存的可能・此個人利益的限制，與彼個人利益的限制，完全一樣，分毫不差．此法又須規定同存的個人之關係；但不想將衆個人不同的利益聚成社會利益，造成聯絡個人團結個人的約束．這法典，因爲是這種二元的個人主義的結果，（除去幾種例外）（1）否認社會利益高出於個人利益之上．再者，這法典中沒有一個條文建立互助，權利誤用，或將『責任』（Liability）擴充到眞正『過失』（Culpability）的事例以外的原則．（這三種原則，在法律範圍內，是『團結主義』（Solidarity）的三重的表示）．這幾層，在立法者看來，是法律以外的事件，大體上是屬於道德範圍內的．他們只承認那些與確定的義務相抵的權利，他們似乎不覺得『義務』的觀念是可減輕權利或擴張責任的．

這法典對於當時的兩派道德論，——十八世紀哲學家的道德論，及基

（1）參看這法典中第六，第六八六，第九〇〇，第一一三三，第一一七二第一三八七，第一九六五，等款．

督教的道德論——，採取前者；因爲前者尊重自由及獲得的權利．這法典不注意基督教的道德論，因這法典不認同胞觀念，——基督教所於以建立的觀念，——以爲這觀念是屬於良心範圍．這法典既以個人主義爲基礎，所以法典中之財產法以爲(a)個人意志是自動的，(b)個人活動是自由的，(c)個人由本意上的行動而自然得著的權利，是不可侵犯的．

(A)個人意志是自動的．這法典的規條，結果只解釋或補助當事者的意志，當事者可以隨意破壞他，而代以他種法律規條．他們自己的意志搆成法律；因此，他們要以信心與嚴正的態度，依照所同意的條件，不問如何犧牲，履行他們的義務．他們要拿自己的財產及法人資格對契約負責的立法者在這些原則上建立了許多理論，如關於義務之強迫執行，損害賠償，『天災』(Vis major)難逃的意外，錯誤，缺席，破產者對於債權者的『和解』，(Composition)等等．

(B)個人活動是自由的．　個人可以用任何自便的手段以達自己的目的，但須依那惟一的條件：不要因自己行動損害他人的權利．各種權利各種義務皆從個人自己的行動發生；這些行動即契約，類似的契約(Quasi-contract)，過犯，或類似的過犯(Quasi-tort)等．法律與人以權利或責以義務不過見於特別情形中罷了．因此，個人除去那種特別事例爲法律所禁止的(爲社會着想的)以外行使其權利與否是自由的．大概，個人甚至有放棄權利之權．他能够永遠在法律所許的範圍中行使他的權利，而裁判者，不論以任何理由，想限制他的行使是不能的．倘若他行使權利的時候傷及他人，他亦無賠償之責，并且仍可放心大膽，繼續行動．

(C)自然自在的得著的權利，是不可侵犯的．　這是前兩條的邏輯上的結果．這種權利是永久的，專有的，這權利的誤用與非誤用是一樣的．這些權利可以隨意移轉，因移轉而生的經濟上的結果如何，社會所受的損害如何，皆可不顧．再者，一個人不能犧牲他人以自富；如果有犯了這種罪過的，定要對於受損者如分賠償的．

這法典依明晰的個人主義規定財產法的兩大部分，——所有權及嗣續權．

這法典宣布所有權爲絕對的，專有的，永久的．立法者太不注意於社會利益，所以對於土地之取得，沒有規定限制及條件．無論何人，不必證明有適當的或特別的能力，就可取得土地．他是絕對的物主，他可以隨意劃分他的土地；經營，或荒廢他的土地，全看他的高興．他是絕對的物主；無人能反對他的意志而得他的所有權，或分割他的所有權；就是這樣做來於社會有極大利益，亦是不能．這法典當然也會爲幾種事例定些條文，提起公共利益超於私人利益之上；所以他設立了顯著的統治權，合法的地役，強迫的分割，而又禁止賒賣那『限定的嗣產』．(Trust-entails)但這些事乃是特例．實在說來，這法典制定所有權與所有權之分割，完全是感於私人利益而不問公共利益的．

嗣續權，無論是管理財產的問題或決定嗣統的問題，也是從個人利益的觀念上制定的．死者的子嗣，因與死者處同樣地位，對於死者所有超過財產額以外的債務，也要負責任的；彷彿是對於債權者格外退讓的．死者生時除去法律規定留與子嗣不可賣却的財產外，他可以用遺囑拍賣他所有的財產．倘若他死時無遺囑，則其財產要按着法律歸他的親屬，——這種親屬或者與他關係極疏遠，非家族感情的觀念或假定死者的心願所能解說明白的；國家就在這種情形內可以得着利益．

(2)家族法．家族法所依賴的原則，與財產法所依賴的原則大不相同．這法典，亦如定財產法之例，使舊日存立的家族法繼續有效．結果，他拋棄十七世紀的哲學家的學說；這些學說在革命時代雖影響於法律者甚大，在編定法典時代已失信用．

家族法的基本觀念是由感情聯結同家族各員之團結．遂以公共利益代個人利益．家族法又建立些原則，如互助，非『擔過』的『負責』，權利之誤用等，——惟誤用權利一層，乃有附件的承認．這法不把個人看作單獨的，而看爲公共團體中的一分子；這團體利益的公共性質是從血統的羈絆發生這法以家族爲基礎，家族由婚姻成立．

婚姻是一種純粹的民事契約，造出一種羈束於兩方當事者之間；這個羈束，除幾種特別原因爲法律所允許之外，是不能解除的．婚姻不但建立家庭，而且建立合法的家統與合法的子嗣．不由婚姻而成的家庭，是不合法的；這種家庭，在立法者看來，是不好的．立法者關於這種家庭所立的條文甚少．他自信以爲這是爲社會利益計，不得不然的．他不承認合法家庭之外更有家庭．

所有這一類的條文，要使家族各分子因自然道德及社會生活所造的拘束而益加團結。立法者在家族中關係最密切的分子間——夫與婦，父與子——建立一種財產的，及法人的聯合；在這聯合上，他位置父或夫，爲首領；家族中別的分子對於他是從屬的關係。一個人與他家族中各分子的關係之全部構成他的民事上的分位(Civil Status)。

在婚姻的關係上，婦對於夫須順從。他們兩人雖能自由擇定一種財產管理的制度，而法律規定，如他們沒有結各自管理契約時，他們的財產應當屬於共有制度。這個共有不是尋常的合股事業。爲夫者不但要經理這公共的產業而且對於第三者立於產主的地位。已婚的婦人是沒有能力的。但是他對於夫仍受有保護，這種保護，是法律鑒於爲婦者自己的利益，或鑒於全家族的利益而定的，暫可不論。法律的或普通的共有制度，(即是爲法律所認定的)之外，其他婚姻財產制度，爲妻者得多少享有自立權；但他決不是與其夫平等的而且絕不能任意處置他自己的財產。

在父子關係上，爲父者不僅要指導他子女的教育，不僅能對於他子女施行主權，而且要管理他子女的財產，幷享用這財產上的收入。爲父者對於他子女的法人的權力是很大的，對於子女的財產上的權力稍小；而到他死時，他的權力更有最後的限制，就是，法定的嗣產他無權處置，——這是父子間經濟的團結一個最後的證明。

家族法既根據這些基礎，所有構成此法的權利與義務，無論是創立是使行，或是取消，皆有命令的性質。在財產法中，立法者明白宣言個人的意志爲最高，在家族法中個人的意志就定爲從屬的。從他方面看來，家族的權利也就是義務，這義務是不容放棄的。權利及義務，只在其所根據的基礎發生變化的時候（如夫或婦的不貞，爲子者的失行時）。纔有更動。立法者於是就在這種新事件制定些新法條：如離婚析產，失承襲資格等。

我們又當注意這法典，根據於父子及父子以外別種親屬的團結，造出許多義務．這些親屬的關係，依他們相互距離的遠近，所發生的效力有多少．對於最親近的關係，禁止結婚，而創設法定的監護權，扶助的義務，無遺囑的嗣續權，及法定嗣產保有權．對於旁支的親屬，則只與以無遺囑的嗣續權．

五、編定法典在社會上的影響

拿破侖時代的編定法典，根據於以上所述的假定，或為以上所述的理想所支配，後來在法蘭西及其他受此法典的影響的國內，發生了影響；這些影響世人常不注意，現在須說明．

新法典第一個結果，使那與革命所產出的新社會不相應而混亂的法制消滅．而代以一部新法律，清晰明瞭，而又全部協調，雖然取材於舊日的根源，而仍適於新的社會需要．新法典更對於法律的普及有所貢獻，因此造成一般普通的知識，是以前的人民所未有的．

但是這些好處已隨時低減，而卽此這些好處中更發現弊端，到後來使編定法律的問題生大困難，因爲法典之編定，毫不注意於如何適合將來實地需要的方法，實在就是反對一切法律上的進化．社會生活一定是自尋發展，所以必定與編定的法律漸起衝突．十九世紀中進化極速的就是個人間的經濟關係．這法典既不會預備使法律適應時世的方法，因此成了完全阻礙經濟發展的東西．（因這法典是依照個人間的經濟關係制定的）

著作家及法官不但不知救正這個缺點，反更將他弄壞．他們採用兩個理想：一，編定法典是將所有法律關係全部制定了，法典對於這些關係已下了定義；二，這法典的條文，除非爲別種法律所改換是永不可變動的．因此，我們不能託那班著作家及法官改正或引申那法律規條，更不能託他們重新另造．他們以爲改正，引申或重新另造就損失法律關係的安全，他們對於編定法典的觀念使得他們過於尊崇法律的本文，這種尊崇心竟成了一種迷信．

恰恰在法典編定之後，一八〇七年八月二十二日卜利孟奴(Bigot de Préameneu)對立法院解釋那將成爲一八〇七年九月三日法律的草案的話，可證明此種心理．他提議改『民法典』的名稱爲『拿破侖法典，』說道：『這是一個完全的著作，我欲稱爲一種「聖匣」(Holy Ark)，我們要使鄰國看這種宗教式的崇敬的榜樣．』拿破侖自己對於這法典也有這種崇敬．他對於法典的第一部評註，曾經發怒．他甚至於當被放荒島的時候，仍覺得自己立法上的成功比軍事上的勝利有百倍的久遠．他有幾句名言『我的光榮不是那四十個勝仗：滑鐵盧一役可以毀去所有勝利之記念……，但那不能毀滅而永遠生存的，就是我的民法典』．這種法律本文的崇敬又影響了法律之教授．第十二年『風月』(法蘭西共和曆的第六月即陽曆二月十九日至三月二十日)

二十二日所宣布的法律，要求（第二款）民法之教授一律依照法典上題目的次序．

（1）評註者．　這法典的評註者也受了這種崇敬的感化，不但未見到社會變遷需新法制，而且相信法律，除非為制定同樣事實的新規條所修改是永沒有變動的．　他們不承認法律是多少可以容受那可覺得出來的變化（這變化即是受社會變化的影響）．　再者，新法律雖然表示法律上的變化而與民法無關係的，他們也沒有注意．　於是，他們將公法（最著者是行政法）與私法分開，甚至於造成了一個有系統的對較；而不會察得行政法的大部分不過是私法的一個新方面；而行政法又常變動私法的原則；所變動的，甚至比許多律例與那些原則有關係的還要更利害些．

他們以為法律之研究就是嚴格的解釋法律本文；法律本文就是一串嚴格的演繹，制定的時候，絕不會顧及衡平及社會實利是否滿足．　他們的方法，與其說是法律的方法，不如說是『經院派的』(Scholastic)或邏輯的方法．他們說過：評註者及法官不必要知道社會環境的變遷；他們可以批評法律上的缺點，但只可指出立法者的遺漏的地方，而不可動手修正．他們應當拋棄對於社會的考慮，這個考慮只有個主觀的價值；他們倘遇著自己的邏輯不能供一種解決的時候，他們寧可以大律師 (Jurisconsults) 的有權威的著作爲嚮導，而不必顧慮衡平．那對於現行法的批評(曾經編爲定本的)仍是很抽象的而非感於實行上的需求．那些大律師既是看不起社會事實之觀察，所以遠不及羅馬法家那樣敏銳；因爲後者至少總注意於社會進化之過程．常將法律規條改適於社會變遷．於是這些解釋者的事業差不多全自限於法律本文的枯燥無味的評註，而對於研究這些法條與社會需要相適合程度，沒有絲毫興味．但是這個，正是法律的全目的．

對於法律本文的崇拜無論如何誇大，社會進化終必強迫法律解釋者

——他們雖未必覺得，——顧慮事實．他們受了事實的影響，不得不將法律改爲柔和，將應用的範圍擴張．法典頒布後的初年，法律之解釋已不能只限於純粹疏注的性質．法律條文因漸受社會需要的影響，遂繼續擴大．比類的論證及『反對證』(A Contrario)已被承認作嚴格解釋的方法．這樣做來，法律實在不是被解釋了．法律已引申到法律所沒有料到的事例．多謝解釋者所用的方法，——這方法就是僅僅在表面上尊重法律本文，——他們竟根據那立法者在同樣事情中用爲嚮導的原則，擴張法律之應用，或竟創立些裁判上的規條．

那班法學家，爲需要所迫，雖非所願，——也不得不漸擴張他解釋的法式．繼疏註式的方法之後，遂有綜合式的原則；這些原則雖不會侵犯法律本文，而容易將法律本文變成寬廣柔曲的性格，且得擅自創立些裁判上的規條．此後，法學家遂不著眼於法典上每項的條文，但注意立法者曾用以規定每項建設的原則，卽解釋者遇必要時從那支配一種題目的全部條文之上而推論的原則．這些原則既已設定，解釋者就從原則上抽出所包涵的結果；他們持以應用到那法律所未預見的事例之上．這是勞蘭(Laurent)所介紹的得意的方法，勞蘭以爲通同的原則，就構成了全部法律．

這個綜合法以後又有法學上的綜合法，比以前的方法更爲進步．寬泛的『綜合』(Syntheses)使支配一些題目的普通目的發現；因爲知道這些目的，纔可以推出邏輯的結果．這個結果是立法者未曾看出的．

(2)裁判上的解釋．裁判官對於法律本文極端的敬仰與著作者同．他以爲他的責任是要以極端嚴格的態度應用法律條文．他又好像一個解釋者，相信他自己的職任已與在舊日法律之下不同．他一定要保證對於法律本文的尊敬，至於這本文所引出的解決法如何不合用，如何不公平，是不管的．他的職任不免是這樣機械的．他作出三段論式，以法律本文爲大前題，以當前的各種事例爲小前題；那結論自然出現．他如果不這樣做，他覺得立法權與司法權的區分將歸消滅，他自己就變成立法者了．

這就是法典編定後那個時期中的觀念，以爲必如此纔不失司法權的本職．這種觀念實在與起草法典草案者的觀念相反，因爲他們未曾置裁判者於這種附屬的地位．這可以從那提出草案的報告及草案第四款的條文中證明的．

因社會生活之變遷，法律本文不適於社會需要的缺陷繼長增多．裁判官亦不能不覺這個情形．他從法律著作家借得一個解釋的方法，於是因推理上的巧妙，將法條變爲寬泛或更柔和，乃至創立新法．因此，有些法律上的制度完全由法庭發達，而絕無法典上條文的扶助．關於此點，我們可以舉出生命保險法，及對於爲婦的不動產的限止移動法爲例．裁判官感於社會需要之求滿足，比法學家還要靈敏些，於是超出法學家，不追隨他的卓越地位．法律教科書與法庭判決書有許多不相合之點，可以拿這情形解釋明白．

按法典的條文，裁判官是不容易盡職的．他已經不能夠完全尊崇法律本文：社會上的需求與法律本文相背馳；但他也不能使法律規條適於這些需求：這規條的拘泥的性質不許他．我們現在討論到這問題的緊要方面，這個方面就是我這篇研究的目的．

六、編定法典在私法哲學及一般法學上的影響

拿破侖法典在社會上的影響既然如此重大，在法律的理想上，在正義(Justice)的理想上，在法律哲學及一般法學上的影響亦是不小．

法典編定之後；法律哲學就與十八世紀的社會哲學相分離，而返到十七世紀哲學家的自然法的理想．

(1)自然法．當時研究法律的關係，不顧時間上空間上所生的變遷，

但覺得法律關係是從人類本性中抽出來的，所以這些關係的樣式總是相同的．不以人類爲自有其氣質與傾向的生物，以爲他只能在一定的社會環境的影響之下，生活著忍受著．人類成了一種抽象物；在他周圍的生活環境，是與他無關係的．

研究自然法的方法主要的是惟理主義的方法．這方法正與十八世紀哲學家的相反，既不觀察社會，又不顧什麼明定的理想，而只對於耽心自然法的著作者爲形而上的考慮．他們以爲按形而上的研究，他們自己所定的規條絕不依賴觀察，又絕不以實體的東西爲基礎，是從人類本性中抽出來的．照他們看來，那些自然法他們自己正在那裏發明，是普遍的，是不可變動的；自然法映出道德上的絕對正義上的絕對．實在法(Positive Law)無論是立法的或解釋的問題，皆應當從自然法推出．這個方法使他們拘守常規．他們不但不能照自己所宣言的，貢獻一條法規與立法者或法學者，而自己反沈浸了立法者法學者的純粹個人主義的空氣追隨他們的方法．最初，他們所考究的不過就是這法典所明明包括的那些法律關係，而且甚至於緊隨著那立法者所用的題目次序及對於題目的註解．後來，他們又發揮他們自己的天賦權利的理論，承認中等階級有財產者的見解，正與他們自己的結論相反．生存權似乎是天賦的，而工作權却不算天賦的；他們宣布了良心自由，而不宣布個人經濟的獨立；他們對於土地所有權又承認這法典所定的三重性格；等等．

(2)加特力(Catholic)的著作家． 法律哲學雖也是拘守常規的，但不是完全尊崇實在法的．在幾種論點上，這哲學竟是主張改革的．法律哲學家中信從加特力教義的與不信從的當分別觀．這個分別是要緊的，因加特力教會曾對於自然法上幾種論點下了自己的定義，最著者就是關於公法的．(1)加特力的著作家信奉這教會所指定的解釋各端但是一遇見教會所不曾定妥的論點，爭辯就開始了．這班著作家不但不承認人民有永不消滅的主權，——因爲他們宣告這種權力是從上帝那裏來的，——而且聲言凡實在法與神法(Divine Law)相反的，或不感於那被治者的公共利益的，皆是無效；個人不但有不服從這種實在法的權利，而且有時有不服從的義務．

(3)十九世紀的法律哲學． 十九世紀的法蘭西的法律哲學，已沒有十八世紀的社會哲學的痕跡，及其良果．這個法律哲學，旣不是新創的，又不是理想主義的，而實是有害的．

說這哲學不是新創的，因爲他受了這法典上理論的影響，受了前一個時代中民法學者的影響，又所受十八世紀德意志的哲學家的影響或較多

(1)關於這些論點的定義，看 Vareilles-sommières. "Les principes fondamentaux du droit" (Paris, 1889), pp. 69, 267—272, 343—344.

於十八世紀法蘭西哲學家影響．說他不是理想主義的，因爲他不是立意要改變法律的關係以適合於社會變遷的新原則．這個哲學的起點，總是離不了個人主義；從這個『假定』（即指個人主義）出發，他所自誇爲理想者，實不過是一個純粹的『攷慮』（Speculation）結果，并與事實及社會趨向相反．例如他要求父權要加重而不可減輕，——正如同近代法律，受了社會上這種方向的不可抗禦的衝動，也是這樣要求的說他是有害的．，因爲他既不是眞正理想的，他的作用遂只能以舊制度上的個人主義當作一種理想，供獻到立法者法學者的面前欺騙他們．而以那些仇視社會進化的學理來防護他這個主義．更奇者這班哲學家拿『經院派』的方法感化了法學家的心，又鼓勵他們愛邏輯的心及藐視社會事實的心，又加強他們抵抗社會生活變遷的心．因爲這班哲學家說社會變遷是一種錯誤，嚴格的施行法律條文可以改正的．

統觀十八世紀及十九世紀的兩種哲學在法律家及法律上所生的影響，我們可以看出十八世紀的哲學理想是個人主義，——這種理想是與當時存立的制度相反，這種理想由純粹考慮上發生，也是由當時政治社會上的需要發生．但十九世紀的哲學家大與此相反；他們理想的目的仍是那古制度，這古制度曾經適於一時的；他們的學理不過想維持那古制或隨處改良那古制；他們學理的本身，既非由於純粹的理性，又不是原因於政治社會的環境上的需要，不過僅僅根據那對於人類的經驗的見解罷了．

(4)普通心理．　法典編定，在一般人的法律理想上，也曾生些影響．法學家與哲學家毀壞他們的法律觀念，公道觀念，及衡平觀念．哲學家相信這三者是三種不同的理想，而且實在不易達到的．法學家以爲這三者是互相反對的，以爲除這法典的規條以外沒有別種法律之可言．他們既不會宣言這三個觀念是同樣的，又不會用眞正的觀點觀察這三個觀念，其實這三個觀念，無論何時，不過是生活需要的眞正影像；這些觀念之存在不過是要滿足那些需要的；所以這三者的規律必要生活需要爲根本．

哲學家與法學家更將個人主義的理論深貫入人心中，個人主義就是這法典的根底．他們以爲這學理含在法律和理性裏．因此，法律上僅有的問題就是個人的權利與義務的問題；將義務看作是緩和的權利，實是哲學家所提倡的，但這觀念在法律生活中不會實現．個人主義的理想在一般人心中牢不可拔，他們以爲行使一種爲法律所承認的權利，就是行使時傷及別人或傷及社會也是正當的．因此人常用『我有做此事的權利』一語以反抗那限制這『絕對權』的計畫．他們又想着他們要服從的只有法律上形式的命令．所以往往有人在一種行爲的問題發生時，可以說『我不限定要做此事，』——這種行爲或竟是大有益於社會的，然而法律幷不會命令他一定要做的．

(5)法律學. 最末，哲學家與法律家對於一般法律學上生出些影響，二者各擬定一種法律理想，雖都是抽象的，而實有區別．他們相信：法律之研究必根據他們觀念中之一種乃能成立．因爲這緣故所以他們輕視(除形而上學及註釋學而外)一切別種學問，他們輕視法制史，更輕視政治學，他們以爲政治學無關於法律．所以法律學在此時，比較在法典編定的時期以前，位置更低；因爲在那時期以前法律家與哲學家所有對於法律學的觀念，比較是寬廣的，而且共同合作以保持法律與倫理，公道，相並進，又使法學達到一種理想的目的．

第二章　十九世紀中葉以後有力求法律改革之勢力

一、十九世紀與論上對於民法典的評判

法蘭西民法典，在十九世紀，其內容與方法，受了如何的批評與估價呢？這是我們第二著要研究的．評語有多種，一依著者的所學而異．我

們的討論必須區別經濟學家，歷史學家，哲學家，或法學家．

(1)歷史家． 歷史家以爲這法典是拿破侖一個活活的化身．他們看這法典是拿破侖一人之作；他們的評判一依拿破侖所引起的同情而異．濆納(Edgar Quinet)認明這法典是基礎的原則，普遍的規條所構成，而這法典的性格就是從這些原則規條上得來的．他極崇拜一七九三年康巴塞利獻於非常國會的草案，他承認：這草案上重要的規條，差不多鈔錄非常國會的法典原文成爲第十二年的法典(卽拿破侖法典)．在他眼中，非常國會的法典眞正是最初創的，拿破侖的法典不過把他擴充多少罷了．此外歷史家有與濆納相反者，他們竭力辯護拿破侖及拿破侖的事業；指法典第爾(Thiers)卽其中之一人．

(2)法律哲學家． 哲學家中當分別法學者與社會學者．我們前邊說過，那班研究法律哲學的人崇拜法蘭西的立法，採用那起草法典條文的人所服膺的法式．說到這法典中的材料，他們對於現在的立法．(Positive Legislation)．的批評，也是毫不注意於社會進化．他們不會用心於適合社會進步的方法，反打算用立法以反抗那進步．

要與哲學家幷提的，尚有神學家(Theologians)；他們從宗教及教會法的觀察點研究這民法典．他們的理想是與哲學家一樣的；他們受了哲學家的影響，而哲學家又受了他們的影響；所以他們實在是受了這法典上理論的影響；(除出幾種事件，如結婚與離婚等)因爲他們願意見這法典上的理論與他們神學上的理論相和諧．

(3)社會哲學家．　講到那些社會哲學家，他們的意見是較爲激烈．這個原故很簡單．哲學家的社會學說，已經大部分作法蘭西革命的先聲．但是這革命又影響後來出現的社會學說的傾向與性質．

十九世紀初代(就是一八三〇年以前)的人，眞正相信那舊制度是完全破壞了;他們的事業就是恢復那舊制度,或是根據新基礎以改造社會.這就是當時的哲學家所擔任的問題,他們大家同意以爲社會是要改造的.我們不必敍述十九世紀的社會哲學與民法的關係,但要說明那些特出的——社會學家與不屬於確定的學派的社會學家的普通的法律概念.

他們研究社會所用的方法與十八世紀哲學家所用的方法相同.這個方法就是理性派與理想派的『觀察』(Observation).他們先觀察過去與現在的社會,而歸結到一種確定的理想主義,在這主義中純粹理性的『考慮』(Speculation)所占勢力很不小的.所謂神治主義派(Theocratic School)的方法更是這樣.這派中有數人在十八世紀末已有著作出現.這派雖然建設他們自己的理性主義却極力反對十八世紀哲學家的理性主義.他們的理性主義雖與哲學家的理性主義相衝突,其實是精神相通的.這個情形也可以見於那實證哲學派但不十分顯著;但是,孔德(Auguste Comte)

及其徒曾經宣言要將過去社會之觀察作社會學的特色與基礎．

但是所有十九世紀的社會哲學家已有可稱贊的功績．他們與那法典所崇奉的個人主義相抗；他們的理想主義將法律與道德，公道與衡平，緊緊的聯絡起來了．他們將道德作成眞正的終極的科學．他們主張個人在要求權利以前，當先有一個對於人道盡義務的觀念．所有這些理想，在孔德的哲學中，說得極明白．十九世紀哲學家的社會學說直接論到編定法典的，就是那神治學派的人，如聖西門(Saint-Simon,)孔德(Auguste Comte)福利頁(Fourier)及蒲魯東(Proudhon)等．

神治學派要求對於十八世紀的政治學說的反動；他們的理論就是個人主義的正反面．我們用不着指明，他們的學說是否是對於十八世紀的哲學的反動，只要看一八一〇年的麥斯特(Maistre)及一八一八年的巴浪西(Ballanche)對於人制法的意見根本上與盧騷(Rousseau)的一樣，就明白了．其不同的地方不過只在形式上．在盧騷的意思，人制法是表白人民的意志的；在麥斯特與巴浪西兩人，則是表白上帝的意志的．（1）

聖西門與孔德的意見，有幾處是密切相關的．他兩人皆倡蔑視法律之論，——這法律，就是指當時普通人心中的法律，——而尤看不起法律家．他們又排斥個人自由之觀念，提出『社會威權』的自由以反對個人的自由．在一八一六年的時候聖西門已經反對法律與法律家．他的意思以爲法典與法律家是過去時代的利己主義的代表．在他眼中，法律若依通常必有的意義說來，是沒有的；只有『利益』(Interest)他以爲應當組織一個『學院』(Academy)負起草利益的法典 (Code of Interests) 的責任．聖西門反對法律家，也是同樣的嚴厲．他特別反對的就是那班法律家拘守現行

（1）關於這班神治派的政治學說看 Henri Michel, "L'idée de l'État" (Paris, 1896), bk. 1, chap. 1, PP. 108–133

法及成訓法(Traditional Law)的見解，他們不能領略社會變遷，不能了解以後的法律應當採用的基礎．他又說：他們的理論已不合於現代社會的需要；他們並且於將來的立法有惡影響；他們改良了一部分的舊法即自以爲滿足，而不知當時社會所需要者是一個完全改造的法律．最末聖西門又在財產權上發出些極有意味的理想．(1)

孔德亦不信法律與法律家．在他的學說中，義務的觀念極占勢力，所以他甚至不承認今日普通所承認的法律的觀念．他以爲法律的觀念是形而上的東西，不應當見於這實體的宇宙之中．他說道：『法律的理想是虛僞的，亦是不道德的，因爲法律預想着個人之絕對自主．』(2)孔德所有

(1) Saint-Simon, "L'industrie" in "Œuvres de Saint-Simon et d'Enfantin", Vol. XIX, pp. 218–249; "Vues sur la propriété et la législation" (ed. Olinde Rodrigues).

(2) Comte, "Cours de philosophie positive", Vol. Vd. VI, P. 480 關於孔德的學說在法律上眞正的效果看 Lévy-Bruhl, "La Philosophie d'Auguste Comte" (Paris, 1900), PP. 375–378.

關於法律的學說雖是這樣勇猛的革新的，但研究家族的時候，他的學說就沒有這樣新穎．因爲他在這一點簡直受了那法典中的觀念的影響．在他眼中，婚姻是全社會所必要的基礎之一．所以凡是摧殘婚姻及毀亂家庭組織的事，結果就毀亂了社會組織的，他都反對．他於是非難離婚．在夫妻關係中，他承認爲妻者位居其夫之下，因爲從智識上看來，女子是不及男子的．他更主張：未成年的兒子對於其父要居嚴格的服從的地位．穆勒(John Stuart Mill)對於最後這幾層觀念上與孔德相反，這就是他與孔德的實證哲學脫離的原因之一

福利頁及蒲魯東亦有他們自己的法律觀念．前者在論家族的時候，將法律的理想置於自由結合的基礎上；他甚至承認多妻主義及自由戀愛[1]蒲魯東以『人類尊嚴』的觀念爲法律的基礎．他對於財產的見解及

(1) Fourier, "Théorie des quatre mouvements," PP. 147, 169, 192, 193; "Œuvres, complétes" (3d ed., 1846), Vol. 1, PP. 110 et seq., 125–126, 140–141.

他所生出的影響，是人所共知的．

(4)別種學派． 此外，有些普通的學說不屬於一種特別哲學；但他所有的成效，在法律與社會的觀念上生出了實在的影響；這些學說現出了兩重的趨勢．有些希望承認現行的法律制度，或僅改變他的形式；有些希望幾分激烈的反動．前者是自由改進派的論調，後者是民治主義社會主義者的論調．

自由改進派的特點，亦與那班理論家相同，就是將個人放在與國家正反對的地位；這是與十八世紀的哲學家的觀念相反的；因十八世紀的哲學家不但未曾承認這個衝突的情形，而且相信個人與國家是調協的．這派對於個人與國家關係上的觀念，在邏輯上的結果，我們應當特別注意，就是使所有人類上種種的不平等永遠不滅．這派不但不反對立法的全體，且更使他建立堅固，不過將那法典所用爲基礎的個人主義變爲緩和些罷了．

我們可將那班正統的經濟學家歸入這一派內。這班經濟學家從同樣的觀察點上起手：將個人反對國家。他們的議論及他們在立法上的影響，在邏輯上的結果，亦與我們所知道的自由改進派的例是一樣的。

民治主義派，在政治與法律兩方面上，皆有感於人道利益，并相信國家應當使平等與公道見於社會關係中。自一八三〇年至一八四八年之間民治主義派與社會主義派之區別頗不易分別清楚。他們兩派的論調及倡那些論調的人，在個體上皆相似的。但是他們可分別的，就是在代表民治主義派中，有些人會爲私有權辯護，如托克維爾（Tocqueville）及拉馬丁（Lamartine）就是如此；至於社會主義派，雖然在原則上承認社會可以改造與改造的實利（如勒居羅林（Ledru-Rollin），而實是最初最先愛言『社會的政治組織』（Political organization of society）。（1）

（1）Henri Michel, "L'idée de l'État" (Paris, 1896), bk. III, chap. III.

民治主義之與起不僅引起政治上的變化，又引起法律上的變化．民治主義的精神不僅深入於法官及法律著作家的心理中，而且特表出一個新立法事業的開始，就是表出一個與這法典正反對的精神及趨向．這一層，我們將在篇末細細的討論．托克維爾早已見到民治主義將及於法律上的影響，他說民治主義的立法，較之貴族主義的立法，對於人道上當更有用．

至於社會主義派，他的起原，他的區分，其中各部分的趨向，以及他在一般平民中的擴張力，——所有這幾層，是很多知道的，不必細說．後來，我們將看出他在新立法上的勢力．

以上所述各種學說構成了一個反對『編法典的立法』的勢力，但是與這些學說並行的有少數經濟學家個人的盡力亦可注意；他們想在這法典上幾處可批評的地方，加以修正．我們只要舉出其中幾個有名的就夠了．

第一就是那古典派的羅西（Pellegrino Rossi）·他是在法國的第一個人引人注意於拿破侖法典中經濟上的規定之不適當·他所說的大概就是這個法典之出現，是在社會革命之終，而不在經濟革命之終，這經濟革命正是要隨着來的·所以，這法典雖然已規定了那社會革命所產出的關係，然實不能預知經濟革命的結果·所以當時法律的缺點，就是私法與當時經濟情形的『調協』（Harmony）正要重新建立·這個缺點當時人不能負責的·工業，商業，運輸，信用，須有靈便堅強的組織，乃是當時社會情形所切需的一種補助的立法·他以爲要達此目的，只要在一些特別題目上，採用些可以編入這法典的法律就够了·

勒·勒（Le Play）的著作亦當特別提出的·這位經濟學家發起了一個學派·他要恢復家族內的父權及工廠內的雇主權，以與社會上的罪惡相奮鬭·要達此目的，他要使爲父者以用遺囑處分地產的權柄，又建立爲父者死後其地產不可分割的原則，以保持家族的團結。

二、改造私法學的計畫

社會之變遷，新學說之興起與發達，政治學社會學及觀察方法上的進步，在十九世紀，影響及於法律家的心理上的，與及於法律研究上的一樣的少。法學者因爲所持對於編定法典及編定法典的原則的觀念，竟僅變爲法律解釋者；他們一直到現在尙以解釋爲他們的正職。他們批評法律的時候，總是按自然法觀察，或是按法律原則的邏輯上觀察；很少從問題的遠距離上著眼或顧及社會生活的變遷所顯出的新需要。

這法典的研究，從方法上看是有進步；這進步，我們上邊早已說過，實大部分由於施行上的需求。

(1)查爾斯孔德(Charles Comte)拉波拉耶(Laboulaya)考色爾——色奴意(Courcelle-Ceneuil)。有些占勢力的法學家，曾在十九世紀，用力改進一般的法學，尤特別改進這法典之研究．近年來，在這一端已經有眞正振興的樣子．（此不在本章說明的範圍之內）在十九世紀之初葉及中葉（即一八〇〇至一八七五）、那班想從研究法以外的觀察點改進法學而尤注意改進這法典的人，最著名的當然是查爾斯孔德拉波拉耶考色爾色奴意三人．三人的行動所受的勢力不同：一，自然科學由於觀察的方法而有的進步，一，德意志法律研究之進步，一，社會科學之進步．三人中沒有一個是純粹的法學家．

在一八二六年，查爾斯孔德——法律家及政論家——深感於物質科學所用的觀察方法的優勝，及道德科學所用的演繹方法的弊病，打算要用觀察方法來重建法律；以爲有這個方法的輔助，可將民族所因而興盛或因而傾衰或因而穩固的定律發明出來．但他的論題，與其說是法學的，不如說是社會學的．孔德本是社會學者的先驅；他的著作，亦如別的社會學者，有些不精確的地方：他太偏於理論所以在法學上沒有什麼結果．

一八三九年拉波拉耶引人注意當時德意志法律學所以特別進步之誘因．他說那進步的原因，就是因爲沒有像法蘭西爲法典編定所阻遏．從一八一五年到一八三〇年正是法蘭西的法律家沈溺於解釋事業的時候；德意志人感於另一種的精神，專作歷史的研究，最著者是尼博(Niebuhr)薩維尼(Savigny)兩人．拉波拉耶深抨擊法蘭西的法律之教授，因爲是一個純粹疏註式的；他形容這種教授是『鄙陋的，不完備的，後時的，』他相信法律教授是要有邏輯家那樣博學的．他說法蘭西的法律之教授雖正努力改進，實明明在德意志的造詣之下．照他說，來因河東岸所有的運動及所有的生活，在法蘭西皆尋不著的．他幷不要求在民法研究上有極端的改變，不過要將法律研究弄得寬廣些．他又要加入歷史，法律哲學，及比較立法等學科．

考色爾—色奴意，與其稱爲法律學家，無寧稱爲經濟學家及社會學家．

他要求法蘭西的法律教育要教授法律的綱領原則；當時，研究這些原則的本只由形而上的觀察點的．他以爲這原則之研究是必不可少，因爲這些原則是個基礎，全部法律要建在那上面的．在他的意思，這些原則必不可作形上的思慮的結果，但要作現代科學的結果．說到立法之解釋，他力攻那班法律家的窄狹方法：那班法律家就專注意法律上的文字，除去用邏輯來助其證明及追求立法者的意旨外，別的全不知道的．他以爲這班法律家所自己高與的就是，僅僅從法律本文中，發現了新解決法；決不考慮生活上的需要而發現新解決法．他又說：法律之解釋要寬廣些，適於實行上的需求，不可奴服法典．

(2)方法之改良．法蘭西的法律家，研究拿破侖法典，最致思的就是方法問題．但是他們對於這個題目不曾有所著作；不過那與時俱進的實行上的需求，強迫他們不得不改變他們的方法，繼續的擴張他們的方法．

德意志的法律家查夏利(Zachariae)是個例外．他差不多在拿破侖法典初出現的時候，就著成一部對於法典的評釋；這個評釋不是疏注式的而可稱爲理性的或科學的．他藉着法學的綜合法之輔助，他所序述的不依法典上的次序，而依理性以綜合那些理想．在法蘭西亦有奧不利(Aubry)羅巫(Rau)仿查夏利的方法著了一個法蘭西法典之評釋．(1)奧不利羅巫的書，因方法擅長卓然有名．二人的書，雖年代甚老，而在今日仍稱爲關於法蘭西法典的理論最好的疏解．但是最奇怪的，就是，這個方法雖然優美，而法律家(只有一個例外，後邊再說)在評釋法典時或教授時終不肯依從．馬色(Massé)維爾若(Vergé)翻譯查夏利的書而改變了他的方法，恢復拿破侖法典所依從的次序．

除奧不利與羅巫而外，所有十九世紀初期的法律家，在著作及講授這

(1) Aubry and Rau, "Cours de droit civil français d'après la méthode de Zachariae."

民法典時皆仍依照那疏註的方法．竇蘭呑(Duranton)在這法典出現後二十年，就用這個方法著了一個評釋，承認法庭判決書之研究必須與立法之研究聯結起來；這個見解在他書中占重要地位，不過自己未曾根據此見解作系統的研究　用疏注方法者的領袖，要推掉卜浪(Troplong)．他的著作有些缺限，不過他是介紹歷史的原素於法律本文評釋之第一人，與貴造(Guizot)及帖利(Thierry)的理論相合的．

信條派(Dogmatic school)之出現，在疏註派之後．二者不同的地方就是：信條只依從那法典上標題(Titles)的次序而不依從他項目(Articles)的次序．這一派最顯著的代表就是德冒倫布(Demolombe)．(1)勞蘭(Laurent)我們前邊已經提過；他的著作代表方法上的新進步．他將那統轄每種題

(1)關於這時期中法律學一個完全的說明看 J. Bonnecase, "La science du droit privé en France au XIXe siècle, La Thémis (1819-31), et son fondateur Athanase Jourdan," (Paris, 1914).

目的綱領原則視爲極端要研究的．

但是，無論是用疏注的，信條的，或統轄的原則，所有這些方法的區別不過怎樣排列資料罷了．在根底上，他們有一相同之點：他們對於法律本文及他們自用的演繹的邏輯，絕對崇拜；前者是他們發展的起點，後者是他們解決法律問題惟一的手段

但在十九世紀的末葉，(即一八七五年以後)——巴黎大學的著明教授畢夫奴阿(Bufnoir)公然攻擊一切解釋及教授的方法，使法律研究更躍進一步．他所介紹於教授的是科學方法，與查夏利，奧不利，羅巫的方法相同，但他又加上些特別的改良．他查考他所研究的各種題目，極反對一向大家所承認在解決問題時所用的過分的邏輯．他一反向來的習慣，他是時時將法律改適於實在生活的需要的第一人；他又常公然介紹些新解決法，使與社會的趨向及需要相符合．所以我們可以說：十九世紀中像畢夫奴

阿這樣的法學家在法律學之教授及法律理想之發達上，生出很大的影響的沒有．畢夫奴阿的影響實不僅在法學上，並且還在教育上；一八九五年的政府命令，將各大學中法律講授的課程改編擴充也是他鼓吹出來的．

三、法律學之振興

要解釋十九世紀之末編定法典的各國——最著的就是法蘭西與意太利——法律學振興的原因，我們定要看一看十九世紀中德意志的法學著作之發達；因爲法學之振興一部分由於這些著作直接間接之功居多．

(一)十九世紀中德意志的法學著作．德意志的法學著作在十九世紀中特別的豐富，因爲德意志的法學不像在那些編定法典的國家內遇有阻力．德意志有些區域，雖然也有了法典，但那些法典不是一致的；有些區域中還沒有法典——這兩件事可以防止法律學不至陷爲枯燥的法律本文的評釋．在十九世紀的中葉，拉波拉耶已經引人注意這個事實，又將這個事實據爲要求擴張法蘭西的法學研究的理由。

法律研究在德意志特別發達的原故就是因爲關於歷史，私法，普通法理學，方法學，及法律哲學的研究。歷史派以薩維尼爲首；其所以成立，乃是要反對德意志在十九世紀初期內的編定法典。這派的發達可驚，羅馬法的研究發達更甚。這派是第一個將觀察的方法應用到法學及社會學上的，他使舊日自然法的觀念在德意志失了信用。

從幾種觀察點上看，這一派固然大可注意，的確對於法律研究之進步有所供獻；但是他們也有他們的缺點及不正確的地方。第一，他們不注意法律的繼續進化，所以他們沒有看出那問題的眞正焦點，不一定就是在編定法典的本身上，而在編定法典所根據的基礎上。因爲這些基礎是妨害法律與生活需要相適合的。結果，這一派在法律上是沒有什麼理想的目的的。他們以爲上述的觀念無用而且危險。他們對於事件旣不去秤量他，又不去評判他；他們只自限於確定那事件，或解釋那事件的原因；絕不從道德方面或從社會利益方面觀察那事件的價值．伊赫林(Ihering)的研究就是限於這範圍，他在德意志力反對法律上的信條主義(Dogmatism)．他說那班打算從法理學(Jurisprudence)做成一種法律數學(Mathematics of Law)而託於邏輯之名稱的，實誤認法律的原性．(1)他關於羅馬法的著作——特別是他最後的著作——呈出一種與那班疏注派大不相同的方法．他的究研使德意志的法學復活．

關於私法的著作，也是很富的．在這個範圍內成立了兩派的研究：羅馬私法(Pandektenrecht)或譯『法律要典』因其中夾雜了德意志的法律原素及德意志私法(Deutsches

(1) Ihering "Esprit du droit romain" (Fr. trans. by Meulenaere 2d ed.), Vol. IV, §69; and "Etudes Complémentaires de léspsrit du droit romain" (Fr. trans. by Meulenaere, 1902), PP. 71-83 and 309-882.

Privatrecht)．這兩派的著作家皆脫離了法律本文研究的．

普通法理學上亦產出很多的著作，這些著作與普通法理學上產出來的兩種觀念皆相關的．一八四〇年與一八六〇年之間，這一派的研究到了最高度，但是從那個時候以降就漸衰傾了．

法律哲學之研究也是很盛的．自然法既爲歷史派所不信，人已不認爲基礎；大家寧可承認雪林(Schelling)根本於具體的實在的觀念．法律哲學的目的，是要解釋法律的基礎，幷要研究法律的歷史的形式．但是沒有用觀察的方法．他們研究的起點總是『先天的』(A priori)原則．因爲這個原故，這個哲學的原則，就帶著中等階級的個人主義的精神；這精神大部分是從當時立法的實證主義借來的．這些研究，亦如普通法理學之研究，在十九世紀的末年就陷於凋謝之狀；而法律的『信條』(Dogmatics)及法律的普通理論的研究起而代之．這兩種的研究，就是解釋法律上那些普通原則，這些原則，可以嚴格的按着歷史方法及實證方法，分析實在法，就看得出的．這種觀念及這種研究的方法，就是英吉利分析派的觀念及方法．

(2)在定法典的國家內法學振興的動因．我們現在可以討論．定法典的國內法律學如何振興的．這個振興是因爲發生這個振興的動因的性質，是科學的實際的．那科學性質的動因，是與那多年引導幾個著作家從事法律研究之改良的動機相同：就是自然科學由於觀察的方法而生出的進步，及德意志的社會科學及法律研究的進步．那實際性質的動因，就是：對於定立法典不能確當於社會新需要的覺悟．

第一個科學的動因，特別演於意大利．自然科學的進步，在罪犯人類學(Criminal Anthropology)上，生了一個重要的影響，罪犯人類學又轉而影響法律學的本身．有好多法律家受自然科學及人類學的理論的薰陶，提倡要應用達爾文的進化學說於民法研究，同時將幾種科學——最著者就是入類學(心理學,精神病治療學,法醫學,及社會學)——的結果,注入新生命於民法之研究.這派著作雖是有極重要的,然而他們的窄狹的觀察點,——要在法律中尋出一個合於自然法的進化,——阻礙他們產出所預期的結果.

第二個科學的動因,幷演於意大利及法蘭西.近代的經濟學破壞了自由派的原則,就近事物的實體,用新時代的光明,以觀察法律上許多制度.所以大家久已注意到私法與經濟學的密切關係.(1)再者,商法因為與經濟學聯合研究已經有了一個新生命.在這個範圍內,我們可舉出些人做

(1)在法蘭西,這兩個科學聯合之必要當一八四九年時已為拉波拉耶所承認.看Laboulaye, "Trente aus d'enseignment aus Collége de France, PP. 27-40 一八八六年九月巴黎經濟學會曾討論這個問題『經濟學是否別於倫理法律為另一科學?』在這個討論中勒昂色 Léon Say 自持其意見,以為經濟學不當單獨的研究,要與倫理法律聯起來研究.參看"Journal des Economists" (September, 1886) Page 421.

代表，如意大利的維王特(Vivante)馬列利(Marghieri)及最著的維大利(Vidri)法蘭西的里翁堪(Lyon-Caen)勒挪(Renault)及特勒(Thaller)。

法蘭西科學之重生，從一八九五年以後帶着一種官的氣味。因爲那時候政府出了一道命令，從兩個特點上改良法律學校的課程。第一，這命令將政治學與經濟學之講授置於顯要的地位，——這兩項學問在以前大家視爲平凡的不關緊要的；這命令又在法律教授會之下設立些政治，經濟學的博士學位，作他們研究的目的物。但是這項改良一旦出現，那些視拿破侖法典爲法律教授之基礎而以爲研究政治學經濟學是於法律家無用的人羣起反對。第二，這道命令已經不像以前專按法典的次序——分配法律的題目於三年的研究，然後與以第一個法律學位("Licencié")他將根於法學的綜合的題目來代替那法典上的順序。

法律之教授現在是振興到十足完成的地步了。但他目前的進步及趨向，——就是薩雷耳(Saleilles)為領袖，而傑雷(Gény)浪白特(Lambert)及其他許多名人所發展的，——本篇不能討論．

四、近代法律變遷的趨向

我們現在概括的，觀察那些主要的社會變遷，以及這些變遷已經將法律制度或法律制度的基礎，原則，改變到什麼地步．或將來將他們改變到什麼地步．

民治主義之生長，大產業之勃興，大都會人口之增加，人類活動力之伸張，文明與道德理想之進步，——這都是一般的變遷狀態．這些變遷又轉而生出同重要的變遷：個人間各種關係之增加，國外國內的經濟競爭儲資生活者利益之團結，階級戰爭，國家職能之擴充，各項活動上組合理想之發達，社會學說道德學說之廣播，——這些理論使公道的觀念漸漸寬廣．

要想明白這些不同的現象在法律關係上所生的影響，我們可以分三項討論——政治的，經濟的，學說的(Doctrinal)。

五、政治變遷在法律上的效力

政治變遷，在國外政策與國內政策上都發生了影響。國際法的基礎，在法蘭西定民法典的時候，就是國際相對各有自主權及絕對的自立。這個是因爲從歷史上看來，國家生存皆是孤立的；所以一班深通自然法的精神的政論家任縱這些理論之發達。自立及主權的理想甚至於極其誇張，以爲在一個國內應用一個外國法律，只是從禮貌上看來可以允許，而絕無義務之可言。國際政策只於是保持歐洲的均勢，對於一國人民所有的物質的利益(這物質利益在那時實算是新東西)或倫理的利益(Moral interests)通同漠視了。

人口之增加，大規模產業之進步，商業與文明之進步在十九世紀之中，完全改變了國際政策；而結果就改變了國際關係的基礎原則。

今日國家的物質利益及倫理利益已經越過自己領土界限以外，各種利益到處皆聯成一氣的．有些國家，在別國領土內所有的物質利益道德利益，往往是不可限量的．歐洲幾個列強之在亞洲非洲海洋洲及美國之在墨西哥灣內或灣旁的國家皆是此例．政府的利益增長出自己的領土以外，於是國際政策生了兩個表面上相反的結果．第一，帝國主義在各方面興起；第二，用國際會議來規定幾種利益．

這些會議有兩種；有些提倡要採用一致的規律以解決法律的爭執．一八九三年，一八九四年，一九〇〇年在歐洲各大城的會議，都是爲達這個目的．這些會議的結果使海牙會議在一八九六年十一月十四日簽定了一些民事訴訟手續上的事件；於一九〇二年六月十二日簽定了結婚，離婚，析產，及幼年保護等事件．拉丁亞美利加在這一方面也著有成效．一八八八年八月二十五日至一八八九年二月十八日在孟特維第阿(Montevideo)

烏拉圭的京城的會議經營了一個國際私法的法典草案•

在別的方面，有幾種經濟的社會的利益的聯合，已經藉著會議實現，這就是『國際聯合會』(International Unions)• 這些聯合會就是關於郵政，電報，運輸，專賣，商標，著作權，衛生規則等事務• 這種會議的數目有繼續增加之勢而且想包括各項事務，最要者就是關於社會經濟的•

這類政策的結果最初影響於國際法，後來又影響到法律的各分支，而影響私法上的特多•

(1)在國際公法上• 這些政策在國際公法上，改變了國際關係的基礎• 實在說來，帝國主義的政策已經不允許一切國家均有絕對的自立，或同等的自立，或同等的主權• 今日有許多國家，其自立與主權已多少受了影響：國家有中立的，有一部分自主的，有附庸的，有爲一國所保護的，有爲一國所直轄的；更自治的區域，屬於一國而爲別國所占據而處理的區域，自治

的殖民地，中立地界，勢力範圍的地界，因主權之長期租借而讓與的區域等等・

帝國主義——特別如英國及美國——更將向來視爲國際公有的疆域，視爲一國的，竟屬於他自己的保護，最著的就是海峽及海洋間的運河・

再者，國際聯合會最初的行動本限於建立些均齊的法規的，後來就建設些國際局(International Bureaus)；這些國際局原來只做報告的中心，但近來有些國際聯合會漸漸增加了這國際局的權力・最近的一個『砂糖聯合會』於一九〇二年三月五日在布魯塞爾會議成立，在結這契約的各國之上，設立實在的國際的權威(International Authority)與以權力；就用這個權力限制各國在特別事件上的對內主權・這些國家於是不得不棄去這個範圍內的自由立法權・這一件改革，決不會成了一個特例；不但不成特例，而實在是個正路，我們可以預料國際聯合會將來定要全仿效他的・

(2)在國際私法上．新政策及國際關係在國際私法(或法律的衝突)上所生影響，也是很顯然的．在法蘭西民法典成立的時候，國際私法幷無很廣的目的，不過要調停兩國或兩國以上的法律衝突．到後來，因爲國際關係的密切及國際親愛(International Brotherhood)的理想時時發達，德意志學派薩維尼之外，還有其他就指定了國際私法的目的不是要擇取一國的法律放在別國法律之上，是要在衆多不同的國家現行法之中，尋求一個調和的規律，要尋求一個理性的聯絡，保證每國的法律必有他當有的勢力，及其應有的應用範圍．今日國際的互相依賴已很顯明法律關係；因爲紛擾不清及一些國際條約的效力，已漸成爲國際的．所以國際私法不僅是要將兩個相抵觸的立法聯合起來，尙要爲新的關係發明些新規律以適於他們的國際性質．這是國際私法的第三種態度．國際私法將來的進步就是根據於所觀察的一般法律關係的進化，根據國際條約之研究，更特別根據比較法之發現，而定立新規律。

國際條約實在是就所包括的各項題目，爲所有參與的國家創立了共同齊一的規則。這些規則即是法律，在締約的國家內皆要遵守的。這些國際條約將以前專屬每國國內立法問題變爲國際法的問題，所以這些條約立刻將所規定的各題目變換了性質。研究這些題目已不是僅僅與一國國內立法上所規定者有關，這些題目有國際的一方面，要解決與這些題目有關的衝突，定要使他適合於這種關係的性質，而不能仍照私法上的規條。

我們相信，即便是私法上固有的契約，因爲實在影響到國際共同的利益(例如建造聯海洋的運河與聯大陸的鐵道，博得移民權，及安放海底電線等)也越過了私法的界限；要規定這些契約，必依照他們眞正的性質。法蘭西民法典疏註派的人當然不承認這個見解。但這個見解漸漸盛行，是可

斷言的・各國家實在皆保護這些超過國界以外的企業，而有些企業實在享有國際共同的保護，與純粹私法規條的性質不相容的・

(3)在國內的公法上・　近世各國的國內政策上已見民治主義與普通選舉之興起・這是最重要的事實，因爲人民既然自己管理自己，所以要將所有的制度化爲民治的，解決一切問題使最適於他們的利益・

所以團體的利益在今日無論何處是在私人利益之上・公法新發生一支派，而且正穩重的發展以滿足這個新期望；這就是行政法・法蘭西，政治的單位，如省制(Department)自治區制(Municipality)是根於共同合體的利益利便社會事務而設立的・政治上團體及公共團體如一九〇一年七月一日所定法律第五項與第十項各種組合爲政府所承認爲合於公共利益的時候這些組合的權力是與法人所有很特別的權力一樣并沒有別的宗旨，不過是要滿足特別團體的利益・

行政法於是提議要規定那多少屬於私法的事件使與公共利益相適

合．試以財產權爲例．直接或間接爲公共役使而加於財產上的限制已經變了性質，嚴限他那絕對的性質，以便於公共利益．財產權利於是漸成爲公法上的制度，不是私法上的制度了．這個變遷大家尙不是十分承認，就是那所謂均地的事件(Agrarian Crisis)的原因之一種．但這現象不是特別現於財產權上的，多少已經現於一切法律制度上了．

行政法大體上使應用民法的範圍窄狹，有的事件脫離民法有的事件，改變性質．總之，行政法中一大部分實在就是民法中的材料，不過是從公共利益的方面而不從私人利益方面觀察罷了．

這一點一直到現在大家還沒有看重，因爲公法的範圍大不同於私法的動作範圍這個理想向來爲人所深信．不過兩種法之間有關係之存在也是大家所承認的．有些著作家已經表明這兩種法的關係不像普通所相信的那樣疏遠．但是法律家不但未曾將公法的性質加於私法上的制度，反使私法的規條占優勝地位而居於行政法之上，又將前者注入於後者．例如，他們說，這兩種法律間的親密的關係明顯於國家活動的範圍之內，就是政府管理事業．他們說這種活動雖是從最高主權中發出，然應當構成一種新式的事業；而公民權之關於此種行動的，應當受民法典的支配．

對於這個理論雖有爭論，而大家承認公家的活動，種種不同，程度不齊，可依序排列．這個次序就是從最高主權之施行到私人所有權，——從那些屬於公法及爲憲法所統轄的行爲到那些私法範圍內及民法典權力之下的行爲，或因情形的變動，補助民法典的立法所管轄之下的行爲．他們又甚至宣言行政法有兩重的來源；他的基本原則，有時是從憲法中抽出，有時是從民法中抽出的；所以這法，好像憲法與民法之間一個聯絡線．

我們相信行政法的大部分，不過是從一個新觀察點上去觀察民法中的關係．行政法是規定私人關係的新形式完全根據社會利益以支配私入關係．行政法如果發達，就漸漸要消滅公法私法間以前極明顯的區別，使以後的法律制度必兼有這兩種法的性質．

行政法已經改變了私法上的制度，最著的就是財產．因爲大家承認行政法的性質是別於私法的性質，所以百年以來的變化，缺乏統一，不容易看出來的．

因此研究法律制度的，如果以爲法律制度只爲民法典所支配，如現在普通人所想的，那麽，他對於這些制度的觀念一定錯誤．如要恢復這些制度的眞正性質，必須將公法與私法合起來；最末，私法問題有關於行政法的時候，我們的選擇應當以行政法的解決爲主；因爲他注重公共利益，公共利益是超出私人利益之上的．

六、經濟變遷在法律上的效力

十九世紀經濟的大發展震動了，而且差不多推翻了，過去政治的，經濟的全部組織，又引起了許多大問題；這些問題影響到全部的政治範圍（國內的或國外的）：國外或國內實業競爭的問題，勞動力團結的問題，階級戰爭的問題；總而言之，就是最廣義的社會問題。

國際法，國內立法，政治，哲學，道德，文學，——通同感受了這些現象的影響；結果，并感受了這些現象的科學的影響。因此，政治科學成了社會科學；因為這兩類科學雖保有同樣目的，然已不像以前專從政治方面觀察，而以社會方面為觀察點了。於是，社會問題之重要，今日超過那些純粹政治的問題；而政治的本身，無論在何處，（1）都帶着社會的性質。（2）

（1）即使在那些國內（此等國內的政治問題包括國民性自由宗教等大大惹起輿論）也有上述的情形例如在奧大利——匈牙利及巴爾幹各國。

（2）以前的政黨如保守黨與自由黨等漸成廢物了。自由黨早已達到他的目的而保守黨也決不能竭力保持那已成古物的而為已有的社會變遷所不容的制度。因此所

十九世紀中經濟發達的蹤跡，及其各方面之擴張，我們不必研究．我們要指出這個運動的最顯然的情形，及其在私法上的影響．

經濟的變遷已在民事立法上產出三層效力．第一，擴張私法的有效範圍；就是脫出現在存立的立法形式而依賴些新原則以建設一個新法律系統．第二，毀去法律之統一，而羅括許多題目創造許多性質特別的法律，專爲勞動者的大社會階級設想．最末，播了些新種子；這些種子一到發芽的時候，就要在最近的將來，產生更深遠更激烈的變化．

我們依次來考究這幾點．

(1)民法之擴張．我們第一應當注重那動的財富(Movable Wealth)之大發達．(資本之發達)這個財富大見增加，是由於信用之生長，由於股分公司

以事實已將這兩黨的黨綱改變了．無論那一黨如果仍要保持他往昔的黨綱，那就算是反對社會的東西．

之增加(股分公司這個東西，在拿破侖法典成立的時候，差不多沒有人知道．)又由於土地之貿易．管理這些事件的法律，雖是屬於商法，實在是屬於民法，又改變了民法的性質(改變的程度，不像表面的觀察那樣淺的)；因爲這些事件使那動產與不動產間截然的區別化爲烏有(這個區別是拿破侖法典的基礎)而將兩者的利益交互贈與．

我們又當注意所謂農業立法與工業立法(Rural and Industrial Legislation)．這種立法不過規定民事的關係，然而人總看他是民法典以外的東西．這種立法是認農業或工業的利益在個人利益之上．倘若這些立法不曾出現，那麽，這種關係就應當爲一般的民法規條所支配．所以這些立法，雖然毀了民法的舊組織而成了獨立的立法體，而實在是擴張了民法的施行範圍．再者，前邊說過，這些法律雖是依照農業工業的公共利益而不依個人利益，實在仍是民法上的關係；因此，我們必要由這些關係的眞面目上研究這些關係；解決這些關係所生出的問題，必不可依照那法典上的普通規律，而必依照這些關係自己的性質及這新立法的特別意旨。

(2)勞動立法．整千萬的工人，集在工廠裏邊，爲同樣的利益所束縛，爲一個感想所鼓動．他們相信，現在經濟的法律的組織，剝削屬於他們的或應屬於他們的．他們投身於反對社會現狀的事業，其熱烈亦與十八世紀第三階級攻擊貴族的政治特權相同．他們的要求引起了階級戰爭．他們的憤懣不是個人的，是團體的．由個人發出，而集成大聯合．他們也有國際的性質，因爲同樣的要求，無論在何國都有，不過程度不同罷了．這些平民的羣衆，無論在何處，皆持激昂的態度，抱有絕大的熱忱；造出輿論的潮流，往昔大家所夢想不到，今日已不可抗拒了．民治主義在政治上的勝利，各處都採用普通選舉，就是這方面第一個大勝利．結會權及同盟罷業權這兩件東西已經解放了工人，使成了一種社會階級．他們集合能力成了一個政黨將所要求的及所怨苦的通同交付了立法機關。這勞動階級，將各分子的利益通同結合起來，遂發生了社會主義這主義不斷的廣播，深入到我們的社會組織的裏邊了。

立法者感觸了勞動階級的戰爭，（這階級每次在立法院的代表，範圍日益加大）允許他們至少一部分要求之滿足。各處都制定勞動法，其中最重要的，就是勞工契約。這個立法從新的社會情形中產出，所以他有些特點大反於那民法典所包括的法律。

上文已經說過拿破命民法典是代表兩重的個人主義：這法典的規條是感於私人的而非社會的利益；相互關係的個人彷彿是孤立的個人。這法典保護有財產者的利益，將義務一層——包括勞動契約——讓與個人的自由意志。現在的立法者採用與此不同的觀察點。他看傭貢生活者所有的利益是與其他同樣職業者的利益束縛在一起的。他規定他們與雇主的關係是想在資本與勞動之間保持一個安穩的狀態．這個已不是私人利益的問題，而實是社會利益的問題．所以立法者不讓個人自由的立勞動契約，以免不幸的結果．他規定這種契約，意欲保護工人的生命，健康，及工作的能力，而將工人的利益與雇主的利益聯絡起來．這種規定，是根據些新原則，與別種形式的契約的原則大不相同．契約當事人的能力，契約的題目，契約的『約因』(Consideration)，契約所引起的權利與義務，及契約的期限，皆爲特別規條所制定．

不僅勞動契約是如此，全部勞動立法皆是根據一個反個人主義的新原則．這新原則就是利益的『團結』(Solidarity)，將工人互相聯束起來，又與雇主聯束起來．那一八九二年十二月二十七日關於和解與仲裁(Conciliation and Arbitration)的立法，明認這一層．這種解決爭端的方法是證明了這新基礎．勞動立法的基礎已不是個人主義，個人意志已不占主要勢力；這立法的規條已不是解釋或補助當事人的意志的，而實是命令式的了。結果，又不許將這些規條降成『合同』(Agreement) 式，立法者又甚至設備些嚴厲懲罰的條例，以戒違犯的人。

勞動法如此之多，差不多各處皆編成法典。即便在英國，雖只有部分的法典編定，勞動法也成法典。法蘭西於一九〇一年，商部總長指定一個委員會編制各種勞動法規成爲法典。但是這些部分的法典編定，不是『法典編定』(Codification) 的原來語義，不過依照事實而有方法的分類。實在我們也只能作到這個程度。不能眞正的編定的。

大家相信勞動立法是別於民法的一個獨立支派。這個當然是專門研究勞動法律的見解。但是，實在說來，幷不如此。譬如行政法，大部分不過是民事立法中專顧慮公共利益的一個新方面；又譬如工業法與農業法，專爲工業上或農業上的利益，構成民事立法上的新進化；所以勞動立法也不過是將民法應用到傭賓生活者的特殊階級。這立法所依的原則，從立法的目的看來，就是固結工人相互的利益，及工人與雇主的利益。勞動立法影響民法上的變化，沒有行政法的影響那樣普遍；因爲勞動法只應用到工人階級上。結果就是在往日管理一切私人關係的民法以外，新立法成立，既無一定的系統，又毀壞了民法的整齊；這些新立法就是在那民法典之外，爲傭賓生活者特別制成的(因此那民法典所有的『中流階級』的成見，更覺顯明)。這種重複的私法是現代最可注意的現象。(1)

(1)不僅是勞動立法在法律關係上生了影響，一切關於勞動的制度皆間接的——但是，很大的——影響私法。例如家族在民法典所規定的制度中，似乎是最小的題目要改變的了。但勞動制度已經將家族在社會上的作用改變了。關於這個理想參看：Alvarez, "De l'influence des phénoménes Politiques, èconomiques et sociaux sur l'organization de la famille modern" (Thesis, Univ. of Paris, 1899), PP. 56, 102-104, 162-215.

(3)別種將來的效力。 前邊說過。經濟變遷已經有了些新種子，(第三及最末的影響，)種在民事立法；這種子不久將成熟爲更深遠的變動。

勞動立法之應用實在不僅及於工業上的被傭者(當初立法者是專爲這班人設想的，)而幷及於各種的被傭者，如商業的雇員，農業的勞工，有時幷及於小雇主。 立法在這新方向的重要，是很容易了解的。

此外尙有一個新趨向，要合各國的勞動契約由國際會議把他規定齊一；結果要將勞動契約從私法中抽出，使居獨立地位。這個目的雖是爲自由派的經濟家看作『烏託邦』的空想，然已漸漸實現。這目的不但爲幾種國際聯合會所採取，而又爲幾種國際會議所採取。一八九〇年在柏林曾爲這個目的召集會議，但不曾收實在的結果。後來又有『國際工人法律保護聯合會』(International Union for the Legal Protection of Workingmen)成立。這個名稱足能表示他的目的。這個會的目的已經實現了。一九〇四年四月十五日的法意關於此項的會議代表國際關係與社會立法的新紀元．

再者，勞動契約漸趨爲團體的．『職工聯合會』(Trade-Unions)極力設法取消工人與雇主間各別的契約，就一種工業的事業或同類工業多種的事業，設一種共同的團體的契約．工業上或是同樣工業．(1)我們又當注意，立法者漸漸允許勞動團體及雇主團體，在法律已定的事件上，有自設規律的權柄，使同職業中全體人有服從的義務，如最多量的工時，最低的工資，

(1)英國汽罐製造者鐵船製造者的聯合會曾在工人與雇主間立了三個不同的團體契約——一個在一個的上頭．參看：Raynaud, "Le contrat collectif de travail" (1901); P. Boncour, "Le fédéralisme économique";(1900) Jay, "Une réforme nouvelle d'organsation du travail par les groupements proffessionels" (1901); Bureau, "Le contrat de travail, le role des syndicats proffessionels" (1901).

學徒的條件等等。

以上四種趨勢，日益獲得事實上的成功，將來影響於民事立法之大，是不待言的。

最末，更有兩種別的趨勢，也是日漸明顯的，結果，將使法律關係全體改變。

第一就是社會主義(國家的與地方的)這主義的目的是使國家或地方於政治的職能之外，盡經濟的職能，結果，將這些職能組織起來。這主義又打算將許多法律關係變成公共事務，——這些關係現在本是個人隨意造出，而為民法所管轄的。

第二個趨勢就是地主權之社會化。這地主權已不是純粹私權(如在拿破侖法典之下)而認為一種社會的義務。於是土地問題日漸急迫；這問題在各國情形不同，如英俄的國家有廣大的土地產業者多，這個問題最利害．英國在過去三十年關於此項的立法比他國都多些；因此，他鼓動了所有別的國家，而惹起全社會（全人類）的注意．

七、新的社會學說在法律上的效力

有些社會事實（我們稱這種事實完全在政治的經濟的範圍之外）也影響法律關係．人口之增加，大都市之發展，人類活動力之擴張，已使個人與個人成更密切的聯合．人類已越出從前獨立的地位而追求共同利益．

各種的集會或各種的聯合主義（Unionism）在十九世紀中已大發達，成爲現代生活之基礎．集會的結果增殖個人的活動力，凝結同羣分子的利益．集會的各種，不僅是國家的，甚且漸成爲國際的；社會上所有的階級，所有的職業（政治的，經濟的，工業的，科學的，文學的，等等）．無不有集會．

因爲有了集會，所以這些因公共利益聯絡起來的衆個人（農人，商人，工人，消費者，及各種職業）宣布他們的要求．法律遂漸漸趨向於保護團體的公共利益；在這團體中，個人算是一部分。

各種集會（法文Société與Association兩個名詞包括各種的集會前者是爲利益而設的有各種形式爲民法商法所支配後者不是爲利益而設的爲他自己的特別法律所支配）（商業的及非商業的）已從法律上受了個人所不能享有的權力。有些法律甚至以政治性的權力給與各種集會（或聯合）。那些集會行使這些權力以會員的利益爲主，這些會員的利益不是個人的，是公共的；因爲這些權力必由團體行使，個人享有這些權力只因是會中一份子罷了。因此，以前所說的個人主義的第二種現象，——個人與個人雖有幾分關聯，而實獨立生存的，——就消滅了。立法者漸漸把個人看作會員，而不看作獨立的個體；將他們不同的利益團集起來又在他們中間創立些同等的團結的羈束。

團體行動及團體（或集會）權力（從法律上受來的）之發達，使法律對於這團體性質的觀念生大變動。這觀念現在仍繼續變化。團體的眞正性質

及其財產保有權的性質在各處皆爲大家所爭論。關於此項的新學理正在出現，將來一定在法律關係上生很深的影響。(1)

別種現象也影響法律關係。有幾種由政治經濟變遷的影響而發生的學說，已經發達，影響道德，也就影響法律。這些新學說也好像他自己所因而興起的那些事實，是在過渡的變化的狀態中，又表示從過去的個人主義的制度到一個新的社會主義的制度、社會主義終極的性質，我們知道的尙少。這些新學說先後從個人主義，社會主義借來各種原則甚至相矛盾的原則，——然後聯合起來的。我們不要多舉例，只要舉勸卜勒(Le Play)推因(Taine)利南(Renan)栗馳(Littré)考色爾色奴意爾(Courcelle-Seneuil)的學說就够了。(2)有少數著作家想使這種衝突的變遷中止，但他們未曾成

(1) Vareilles-Sommières. "Les personnes morales" (Paris, 1900).

(2)這些學說的概略及這些理想的證明看 Henri Michel, "L'idée de l'État" (Paris, 1896), bk. V, Chap. I.

功是不待言的．(3)在所有這些不安靜的狀態中，有一件事是很明顯的：全十九世紀中，對於個人主義不斷的反動；個人主義的原則及應用，是神治派人及最近科學的社會主義家皆所極力攻擊的．(4)

八、團結主義

新學說在道德標準上產出極明白的影響，結果，又在法律關係上產生影響的就是社會主義，團結主義(Solidarity)及民治主義．

我們早說過，道德包含兩方面的動作；一是法律的動作，屬於立法者；立

說到各種經濟學說的區別及混雜，看 Pic, "Traite élémentaire de legislation industrielle" (2ded., Paris, 1902) §§17–69.

(3)例如 Fouillée 及 Renouvier 論到他兩人的學說及對於他兩人理想的評賞看上述 Henri Michel 的書 bk. V, Chap. III.

(4)上述 Henri Michel 的書 bks. I–IV and Conclusion, §1.

法者就這種動作規定法律關係．二是私人的動作，在立法勢力以外．我們曾經指出：法律上倫理的基礎（爲立法者所承認的）就是十八世紀的哲學；因爲這哲學以私權之絕對崇敬爲法律的基礎，完全忽略團結的理想．私人道德就是第二種動作 就是基督教的教理，以同胞觀念爲個人間關係的基礎．

社會主義與團結的理想在十九世紀已完全推翻了，這個狀態，在法律關係上想拿基督教的道德來代替個人主義的倫理，因爲基督教的道德可稱爲團結主義．

這些理論不僅感動新經濟學及近時立法，而且感動法律的執行及裁判；又改變法律上之自由觀念（結果，變了民事責任的觀念）道德上公道觀念，及公共政策的觀念．這些觀念都是在拿破侖法典中，占重要位置的．

團結主義的第一個結果就是引起了一種科學，這科學的目的是限制經濟學上個人主義之過盛．這個科學就是社會經濟學(Social Economy)；他的人道主義的目的，是減少人類的苦痛，加增人類的幸福；他相信幸福之增加是可以供獻到社會之平和的。近代法律已不是，像拿破侖法典，爲成訓所感化，爲哲學家的理性原則所感化，或爲經濟家的個人主義所感化，（這班經濟家的學說，以爲『公道』就是拿那應當屬於個人的給與個人；換句話說，就是設立『互存的個人間的關係』）。近代的法律是爲一個新的公道觀念——團結主義——所感化。這主義支配經濟學與社會道德，又假定與個人相對的協同的關係。

（1）實際的運用。團結主義見於新立法的如下：

（A）制成條文以規定公共利益爲宗旨，這些利益的影響是多少可以在法律關係（行政法）上直接感覺的。

（B）法律關係之規定是以公共利益爲主，這公共利益現在是超出個人的利益之上。

(C)有幾種法律關係，最著的就是關於勞動階級的，已不讓個人自由立定．立法者設備條文只以公共利益爲本．他採用那些條文就是爲公共利益．

(D)這新立法建立輔助的原則，因爲有些個人是需要輔助的；雇主對於他所雇的人，國家對於工人的幾種利益尤切需輔助的．

(E)有些權利之行使雖不必生出實質上的損害，而新立法是漸漸要限制他的；不但限制，又且設立責任的規條，換句話說，就是加入權利誤用的原則，擴張民事責任的原則．

(F)這新立法增加了國家干涉的機會，因爲他想幫助各種的集會，承認團體之於公共有用．這些團體是集會的原則未曾到造出的．

(2)責任與過失的理論我們已經指出，這團結的觀念對於法律的執行及判決，改變法律上自由觀念及民事責任的觀念．

拿破侖法典承認個人有隨意行動的權利，他的權利除爲他人的權利所限制以外得正當享用．只有個人越出這些限制的時候，是要負責的，然亦只對於所生實在的損害負責．精神上損害的賠償及別種非身體的傷害的賠償，是不許可而且是未曾夢見的．再者，個人行動，從心理學上看來，是自由的．於是，個人不但在民事上負責，而且要賠償他所做的損害行爲．這種兩重的個人自由的觀念，結果，縮小民事上的責任而在他方面擴張刑事上的責任．

在今日，團結的理想及心理學精神病學的進步，已完全將自由觀念的這兩點改革，民事責任大見增加，刑事責任反被限制．

刑事責任的限制，是由於法律家，因諸種科學(及公共良心)的結果，已深信犯罪人不是道德上要擔過的，罪人的動作是多少外界勢力的結果．所以犯罪問題，不是要討論對於罪人不能全部負責的行動，如何加以懲罰；這

問題是用如何適當近理的方法以償贖他的罪過．(1)

民事責任從三方面增加．

第一，法律著作家及裁判官漸漸不承認個人權利是絕對的．他們的趨向是要拿『誤用權利』的理想來代替拿破侖法典的舊訓(卽行使權利無所謂賠償)損害行爲者雖無法律上的過失也要負責任．大家漸漸承認已得的權利不能逸出通常的作用之外，大家又承認無論何人，卽便在法律所限制的範圍內行使他的權利時候，如果懷了一個不良的意志，或背乎原來在社會上或經濟上所認可的宗旨，那麽，他必失其權利，使他賠償作出來的損害．如果是由契約發生的權利問題，也可以消滅契約取消權利，或由

(1)這一層解釋了一個事實(初看是很奇怪的)公共良心對於法律的負責心雖是很強，但對於上帝的負責心是很微弱的．參看：Abbé de Gibergues "Nos responsabilités" (Paris, 1904), PP. 1–20.

法庭將這權利限制於他正當的範圍．

第二，法庭對於由傷害的行爲發生的責任，懲罰日漸嚴刻．拿破侖法典成立的初年，對於精神，及別種非身體上損害的金錢賠償，法律家或法庭都不承認的．但是他們在今日也承認這種事件發生民事賠償．但法庭對於這種傷害——由於不履行契約或違背契約的結果，仍躊躕不肯設立金錢賠償的原則．然法律家早已申明對於違背契約或不履行契約，應該承認民事責任．這個原則或者將不久就要爲大家所採納．

最末，著作者與裁判官已經想到過失以外，必仍有責任，例如工人的工作上意外危險．這種新觀念因客觀的責任或職業上的危險的法律理論成立．後來的立法者顯然將雇主對工人的責任規定．這個責任實在是根據輔助的原則，又不過是團結主義之實現．

(3)『衡平』(Equity)『道德上的公道』(Moral Justice)及『公共政策』

(Public Policy)．這三個觀念在法律執行及法律解釋上所生的變化，也就是團結主義在法律上的效力．這些名詞，像立法者那樣用法，是很不正確的．這些名詞漸漸要與當代的思想學說相一致的．法律上的『衡平』及道德上的『公道』的觀念，在拿破侖法典成立的時候，是狹窄的；『公共政策』的觀念也是窄狹的，而混入公法的觀念中．現在情形已經改變．道德的基礎就是團結；著作者與法庭漸漸將各種事體與社會團結的理想相反的，都看作與『衡平』及『道德的正義』相反．『公共政策』的觀念也是如此，漸漸與公共利益的觀念相同一．

這兩種觀念的進化，是不可限量的．這進化將使著作家及法庭能夠平平和和的與生活的需要相諧和的解決許多問題．

九、民治主義在法律上的效力

團結主義，既然在法律關係上，產出可注意的影響，如立法，法律著作，及裁判錄所表示，民治主義這個理想也是如此的。這理想的勢力，在家族法特別可見。

我們前邊說過，拿破侖法典對於合法的家族與不合法的家族，區別嚴密。又根據貴族主義的及專制主義的團結理想以建立了管理合法家族的法律。民治主義之降生，漸完全推翻那法典所定的兩種家族的區別；并減少合法家族所受法律上的束縛，及家族內的主權。（即父權或家長權）人與人在民治國家是沒有什麽區別的。托克維克（Tooqueville）說得很是：對於『優越權』的了解，將從此日漸薄暗。立法者，雖仍想置受令者於發令者之下，但是無用的了；習慣已經日日把這種人混和起來，不知不覺的引了這兩種人到一個平行線上。

（1）在夫婦關係上。　夫婦的法律關係已爲上述理論的勢力所改變。所謂『婦女運動』者不過是施行這個新理想。爲夫的家主權及經理公共財產權已因爲妻的利益減輕．聯絡夫婦的法人資格及財產的羈束已漸開放．從夫婦法人資格的聯合上觀察，爲妻的順從爲夫的義務已漸微弱；而大家已漸漸把婚姻看作拘束，這個拘束漸漸容易用離婚來解除的．至於夫婦財產的聯合的趨勢是要擴張爲妻者的參與管理權，又甚至要分劃夫婦各人的財產．

爲妻的獨立，不僅毀壞了爲夫的權力，而且毀壞了二人關係的團結．但是我們必要注意這毀壞中的例外，就是，近代立法運動漸漸拿夫婦中死者的財產權贈給那未死者．這雖是個例外，但社會主義的理想進步得那樣快，夫婦的法律關係或者不久可以全部消滅．(1)無論如何，我們決不必爲家族的前途擔憂；因爲家族實在不是，像普通所相信的，以法律羈束爲基

(1)關於這一點社會主義的論調之不一致；看 Menger, "L'Etat socialiste" Fr. Trans, paris, (1904), bk. II, Chap. XII, PP.176－192.

礎，而實以倫理與感情為基礎．(2)

(g)在父子的法律關係上．　民治主義的理想在父子的法律關係上也生出兩重勢力，一方面摧弱為父的權威，一方面又給他一些義務包括他的責任——好像是他的權利的結果．為父的已不能像拿破侖法典的時候，自由行使他所有的權利而沒有限制．今日，已不承認為父的是負純粹個人主義的職能，但是負社會上的義務；履行這個義務是與全民族的進步相關的．因此這義務為父的不能隨意拋棄的；他的權利，如果行使不當可以被剝奪．社會主義的理想對於父子的法律關係，也好像對於夫婦關係一樣，惹起激烈的變遷．但這些變遷決不至將家族這件東西全部毀壞．再者，家族也是倫理與感情的方面比較法律的束縛為多；倫理與感情是人

(2)夫婦間的法律羈束已繼續的被摧弱看: Alvarez, "De l'influence des phénomènes politiques, economiques et sociaux sur l'örganisation de la famille Modern"

類本性中的遺傳，而極能保護家族的永遠存在。

(3)在私生子上。　最末，民治主義的理想在家族法所生的影響，就是不斷的改進非法子(私生子)的狀況；這一層與一八〇四年的立法不同沒有注意到合法的家族的弊害。改善私生子的地位，是用兩個方法。第一，擴張那調查私生子的家系權。第二，使私生子的地位與合法子一樣。這個運動是要歸返到法蘭西革命時代的立法原則，拿破侖法典正與此相對。但是，我們大可注意，拿破侖法典正是藉『社會利益』的名義，所以不給私生子與合法子同樣的權利。今日，也正是用同樣的『社會利益』的名義，在法律上將合法子與非法子放在一個同樣的立足地上。

民治主義對於家族有了兩個顯然反對的影響。一方面漸漸解放那聯絡家族分子的法律束縛。一方面漸漸凝結了那自然結合非法律結合的家庭分子的羈束。所以社會上及法律上所組織的家庭有兩種；在拿破侖法典時，本是一種的・解放合法家族的法律束縛而擴張這些束縛到自然結合的家族上，是一個主要的起點，所有現代社會中的家族問題都以這起點爲樞紐。

大陸近代法律思想小史　上編終

周蓓 主編

『民國專題史』叢書

方孝嶽 編 陶孟和 校訂

河南人民出版社

大陸近代法律思想小史

（下編）

本書系根據智利阿爾哇列茲（Alvarez）《法的研究及民法編定的一個新概念》一書中的兩篇編譯而成

序

本編是今法國的都貴Duguit及夏爾曼Charmont兩人所作。都貴的一篇是專在那些重要的法律觀念上——如自由，契約，負責，財產，等等，——敍述從拿破侖法典直到最近的（最時髦的）瑞士民法典中間一切詳細的背景上的遷流。這種「體大思精」的記錄，足證明作者確是現代法律思想界的大人物。至於夏爾曼那篇有國際性的文章，更是將光彩直射到現在的人類上。他是從拿破侖民法典中家族關係上作一種分析的研究；又看出這些關係爲十九世紀經濟，社會，變遷所影響的情狀。他對於近代團體會社的批評，對於勞動法的檢查，及他所研究的婚姻法，父權，幼年保護的規定，其價值更不待言。

自由，契約，負責，財產，人格，家族，——這些觀念一不正確，就成了人類社會上的致命傷。然而這些觀念構成了社會組織的「本位」(Unit)。這些觀念不改，這本位也決不改。中國現在的社會還不配說歐洲十八世紀到十九世紀初的個人主義。那時候的個人主義，無論如何，總是從全人類的幸福上推想出來的。這主義的失敗，可以說是由於方法上的錯誤。（無論什麼好主義如施行的方法有錯誤弊端皆不小的不但個人主義是如此的）至於中國的社會直到現在仍是以「宗法的家族」為本位。家族中的主權，過分擴張，是不待說的；即便政治上經濟上的組織，也是為家族思想所支配。一切企業的心理固明明是個人主義，然細細推求，實多是根據家族幸福上發出的。這些情形的大原因實在就是上述的觀念之不正確。我們固然知道，這些觀念在當初是人類組織的習慣所造成；然而習慣這件東西，現在看來，多少總是後時的，或不進化的了。要改造社會，必從社會習慣所造成的東西上著手；這是現在無論那一項人事建設的進步所必用的方法。我們要變換我們的社會本位，所以必先糾正那些觀念，——這個事業，簡單言之，就是求一個關於倫理的實質上的大改造。這就是我翻譯第二編的時候的大感想。

這書的原著者皆是將法律明白露布出來，當作一件社會上的物事；使人知道法律是與人類生活中別種成分居同等地位。這個方法，是從德國薩維尼(Savigny)傳到英國梅因以來法學者所公認而風行的。所以這個書的內容極不枯燥，不一定學法律的人可以看，凡是對於人類社會組織有理想(Ideal)的人皆可以看出興味的。

關於這篇序文所論的，參看：

T. H. Green, "Principles of Political Obligation," pp. 154-179.

Ernest Barker, "Political Thought in England, from Spencer to To-day," Chaps. VI, and VIII.

Frederick Pollock, "An Introduction to the History of Political Science," Chap. IV.

Great Jurists of the World (Continental Legal History Series, Vol. II), pp. 561-599.

The Series (mentioned above), Vol. XI, Pref. and Introds.

大陸近代法律思想小史下編目次

大陸近代法律思想小史下編

第一章 自由、契約、責任及財產上原則的變遷

一 主體的權利與社會性的職務新舊的理論

一 題旨。此編研究的目的，是考查歐美各國自十九世紀初年以來法律上——尤注重私法上——變遷之大凡；詳言之，就是研究那在文明國家歷史上占重要階段，據可注意之位置而永為紀念的兩個事件——即一七八九年的人權宣言及拿破侖法典——以後的變遷。

我們的研究，是從一個純粹的科學的觀察點出發。無先定的意見，亦無因政治的宗教的教條而起的成見，對于一切信仰皆深致其崇敬。至於我個人，絕不容納任何信仰上的教條。我惟依科學的指導，以對於事實上公平的觀察為基礎。

我們須先了解題目的意義與範圍。我的宗旨不是要表明在歐美主要的國家中，立法上實在見成效的變遷。這是一種難而無大意味的研究。況且我以爲法律是繼續不斷之事實的產物，不是立法者的勞績。法典與定律雖繼續存在，而永無條文上的修改，也無妨害。因爲新的法律觀念，自然因事件的力量及實在的需要不斷的發生。法律的條文雖永遠存在，但必有時成爲死的。有時用一種有學問的，巧妙的解釋，與該條文以一種新意義及應用，爲當初立此法者所夢想不到的。

我不去逐條論近代的律例，僅以人權宣言及拿破侖法典爲起點，專就那些立法條文爲這兩件名著的原則所影響的國家爲範圍，去考查法律上大概的變遷，而尤注重私法。再者，歐美各國立法的細目與條律的文字上雖不無差別，他們在文化上實已經到同一的程度，——至少所有拉丁民族的國家是如此的。

二　法律發達之繼續性；主要的階段。若果法律是永遠的變遷，新法律的概念不斷的發展我們何故要限定觀察的時期呢？何故以一七八九年的人權宣言與拿破侖法典爲起點呢？

法律理想有不斷永遠的變遷，自無可疑。但是我們爲研究的方便，要指定限制，標出時期。現在所定的時期，固然是不自然的，但也實不可少。我相信凡國家的進化都有時期以重大的事件爲終始的標記，不能逃出有心人的注意的。我以爲如忽略這個事實，實在是社會學上的大錯誤。所以我們定要標明這些時期，表出各期文化上的大潮流。

三　人權宣言，拿破侖法典。拿破侖法典與一七八九年的人權宣言，對於歐美國家的文化，標出了一個長時期的法律進化之終點，一個莊嚴堅固的法律系統之完成，已無可疑。一七八九年的政治家，拿破侖法典之編訂者，以及十九世紀前半的法國及他國多數法學家，（除去薩維尼

（Savigny）一派，）皆相信法律是一種嚴確的制度，用他的嚴重與不可駁的邏輯，迫人服從，與幾何學相同。他們以爲無論何時，無論何國，凡文明團體的法律只能根據那兩個名著所制定顚撲不破之原則爲普通合理的發展。正如近代幾何學必以歐几里所制的定理爲基礎一樣。

法律系統之構造未曾完全成功，其弱點即已發現。十九世紀，是人生活動特別發達的時期。社會的努力，有很重大的運動。這個運動不特不爲法國革命時及十八世紀初期（一七〇〇——一七三〇）政治家所相信爲一七八九年所規定的原則的正式發展，反對之爲一大反動。在過去百年中，破壞的事業進行不已，現在仍未終止。二十世紀以來，新法律制度已現出明瞭的模形，但是這個也不能算爲最終。世界上决無有所謂最終的事體。事事有過去，事事有變遷。現在生長的法律制度，終有一日退讓其他法律制度。至其他法律制度，是將來社會學的法律家應當研究的。

人權宣言與拿破侖法典所設立的法律觀念之消滅，及新觀念之生長，不是法國特有的。這些運動之在法國的進行或較他國爲甚；新法律建設之規模，在法國或較在他國爲更完成；我皆不敢斷言。但變遷情狀是普遍的。無論歐美，凡已到同一文化程度的國家都見變遷。這變遷在一處或較他處爲近於實現；或在此現於一事，而在彼現於他事。但他的性質是普遍的，在歐美各國現同樣的特點。這個變遷影響法律的全範圍，不論私法公法。但是我要特別查考私法中之變遷罷了。

四　他們的法律制度，是形而上的，是個人主義的。　法律學說的深遠的變遷的普通的特點，可述爲二。

(1)人權宣言，拿破侖法典，及所有爲這二名著所感化的近代法典，皆以純粹個人主義的法律觀念爲基礎。今日發達的法律制度，則根據純粹「社會的」觀念。因爲沒有更好的字，所以不得不採用社會的三個字。這三字並不含有屬於任何社會主義的意義；不過是表明兩種制度——一種以個人主體權利之理想爲基礎的法律制度，與一種以個人應守公民行爲之規矩之理想爲基礎的法律制度——相反對的情形。

(2)人權宣言與拿破侖法典所設立之法律制度，是根據於主體權利之形而上的觀念。但是今日法律的基礎是要在對於個人與團體所共有之社會的職能的知識中。個人主義的法律制度是形而上的。正在做成的新制度是唯實主義的。

現在我解釋以上所言。即一七八九年與一八〇四年(1)的法律制度，及所有被他感化的立法的根本觀念皆是主體的權利；即國家（人格化之團體）的主體權利與個人的主體權利。這個觀念完全是形而上的，所

(1)拿破侖法典(現通稱爲民法典)出世的時期。

以不得不與近代國家的趨向，與唯實在主義，與今日之實證主義，（Positivism)對敵。

什麼是主體權利呢？從討論主體權利之眞性質而起的無窮的爭辨看來，可見這個觀念的牽強與薄弱。在德法意及阿金廷國，所有論主體權利的性質的著作，其題目已足編成了一大卷書。這些討論對於主體權利所下定義，皆以爲是個人意志的一種權力，如不爲法律所禁，即可以其意志制他人的意志。德國耶里納克（Jellinek）教授謂主體權利爲一種施行意志的權力，或責他人順從一人之意志之權力。(1)

照我所大概承認的權利——就是那些最常見的權利——講來，這些權利實在就是我所用來在他人身上施行我的意志的權力。例如，自由

(1)密蕭(Michoud)在『人生道德之理論』之第一卷中，反對以上所解的主體權利之概念。

他採取伊赫林(Ihering)那個有名的定義「權利是法律所保護的利益，」而稍加竄改，以解答這難決的問題——團體所享有的「法人格。」他說「權利之存在，必定有一個直接隨著的保護；所以我們解釋這主體權利爲：個人或一團體人所有的利益，爲法律所保護，而用那意志上被認可的權力以代表之防衛之。」但是無論如何，密蕭到底不能不拿主體權利當作一種意志的權力。設若主體權利的惟一基礎就是利益，那麽，這權利自身，只不過當這利益被這權利所有人方面或他人方面的自動的宣布出來的時候，方見證實。這個又足證明主體權利到底不過是一種意志的權力。再者，密蕭曾明白承認：申明這利益，或申明他行使這利益，實是這權利所有人自己的事。他又說「這個意志不必是在一種形而上意義中屬於這權利所有人的自身。這意志或可被社會或被實行習慣所指定爲屬於他的。」「主體權利的表示不過是法律的本質在那裏發言；並不是離開了法律本質，不過是法律本質的一部分。法律的組織是根本上有「法人格」的。這表示是這組織的一種結果。」所以在密蕭的心理上，實在是這種法律本質的意志之自身，拿這利益見諸實行；而權利一物，不過是那爲利益所有人所見諸實行的利益；換言之，就是一種屬於利益所有人的發動其意志的權力。

是一種權力，是一種責他人以尊敬我那任意發展我自己身體智慧道德的意志。我有財產權。這個權就是責他人以尊敬我那自由使用所有物的意志的權力。我又有一種權力，能夠將我的意志勉強他人以有所作爲。

所以主體權利之理想，時時包含着兩種相對的意志：一個意志是對於別的意志有所責取的，一個是高於那別個意志的。這個解說包含一種意志的階級(Hierarchy)，對於意志有計量。這種解釋包括着一種論及意志原素的性質及能力的『假設』。這樣看來，這個解釋是一種最高度形而上的說法。人類意志的表示，我們誠然可以察出。但是什麼是人類意志的性質呢？什麼是他的能力呢？一種意志的本身能高於別種意志嗎？這些問題皆不是實證科學所能解決的。

因爲同樣的理由，主體權利之概念完全推翻。這種形而上的概念，不能在這種唯實主義與實證主義之時代中保存。大哲學家孔德 (August

(Comte) 在五十多年以前，已經說出這種道理。他說：『「權利」(Right) 一字在正確的政治學上不能用，正如「原因」(Cause) 一字也不能用在正確的哲學上。這兩個都是神道的形而上概念；「權利」的概念是不道德的，無治的；「原因」的概念是非理性的，是詭辯的。眞正的權利，除非像一種構成的威權 (Authority)，從超人的意志中發出，不能存在。因爲要反對這種神性的威權，五個世紀以前的哲學採用所謂人的權利，這個權利不過供給一種消極的需要。（否認這種神性威權）這種權利在積極方面的職能，就立刻現出反對社會的性質，漸趨向到個人的。在存在物之實在狀況之下，（這種存在物不容納威權之神性）權利之觀念將永遠消滅。每人皆有對於他人或全體之義務。但無人有那嚴格講來的權利；換言之，除非那永遠盡責任的權利，人並無權利。』

但是一七八九年之人權宣言，拿破侖法典，及近代立法之大部分，仍然以這主體權利之不自然的舊式的概念爲他們法律制度的根據。如『人類是生來自由的，永遠自由的，權利平等的。這些權利，就是「自由」「財產」……』『財產是一種權利，使人在最絕對的狀態中享用一種物件，』等等，這都是常見的辭句。

例如阿金廷的立法。其憲法第一章標題爲『宣言，權利，保證，』第十四條曰，『所有本國內居民皆將依所規定的權利之施行的法律享用其權利。』其民法典(1)第二五〇六條解說所有權爲：『對於一個物件上的權利；因這個權利的能力，這個物件是絕對服從一個人的意志和行動。』主體權利的形而上概念，與一種對於社會與客觀法律的純粹個人

(1)阿金廷民法典是在一八六八——一八七〇年那有名阿金廷法學家 Dalmacio Vélez-Sarefield 所草。

主義的概念相連。客觀法律，就是那種作個人或團體人（卽指國家之人格化）行動之規則的法律。

個人主義有一個很長的歷史。他是一個長期演化之產物。他發端於斯脫阿(Stoic)派哲學中。而表現於羅馬古典時代之法律。自十六世紀至十八世紀，個人主義達到一個極端完全的形式：人生來就是自由的，獨立的，絕羣的，又是那不可推讓或遺失的固有權利的主人。這些權利叫作自然權利，附于個人，不可脫離。社會之發生，由於許多個人自己有意的集合，以博得對於他們個人及自然權利的防護。因爲集會，所以各人權利上設了限制，但是這些限制，不過是因爲打算，保證他們各人得自由使用權利。有組織的社會（卽指國家）唯一的目的，就是保護各人固有權利而定入法律之中。法律（卽指客觀的法律）就是根據於個人的主體權利。法律就是使國家有防護及保證個人權利之責任。凡干涉個人行使權利的法律或動作，客觀法律禁止國家制定或履行。客觀法律使各個人有互相尊重別人權利的義務。所有對於個人活動的限制，皆須根據於那許給衆人權利的保護，以此種保護爲權衡。人權宣言第四款中說，『「自由」所包含的意思，就是允許一切不傷別人的行動；因此，個人行使自然權利，除非要保證同社會中別的分子所有同樣權利之享受以外，不受任何限制。這些限制只能爲法律所規定。』第五款中又說，『法律只能夠禁止那些傷及社會的行動。』一七九一年法蘭西憲法第一節第三段說：『立法的權力，不得制定任何法律有損礙於自然公民權之施行。』

五　這種制度爲唯實主義的及社會的法律制度所代替。純粹個人主義的法律概念，與主體權利的形而上概念皆是很不自然的。兩種都是歷史的產物。個人主義的法律概念固然有時有用，但是不能支持長久。第一，他與主體權利之理想相連。倘若如上所說，主體權利之理想是形而上的概念，不能保存於今日唯實主義及實證主義的社會中，那麼，法律上個人主義的概念當然亦必失敗。

但是個人主義的理論，卽便無所牽附，亦不能長存。那種理想，——以爲人類是居於一種自然，絕羣，獨立的狀態中，懷有起於社會成立之前的權利，他自己將這些權利攜到這社會團體之中，——是絕對錯誤的。以人爲絕羣獨立的東西，是純粹謬妄無稽之談。人不曾在這種狀態中生存過。人是社會性的生物。他只能在團體中生活。他向來是團體中的一分子。

若謂人類爲獨立於自然狀態中的權利者，若只論個人自身與其同類相隔絕，皆不免陷於一種矛盾的意義。無論照什麼定義，權利都包括兩個主體間的一種關係。倘若把人當作孤立而完全與同類隔絕的，那麼，他就沒有權利，不會有權利。魯濱孫(Robinson Crusoe)在荒島的時候，不會有所謂權利。他到了與別種生物生關係時，就有了權利了。所以個人只當他居在社會中的時候，只因爲居在社會中的原故，纔能有所謂權利。若說權利是未有社會以前的東西，實在是說一種不可能的事。如上文所述，人旣是社會中一分子，就不能有所謂主體權利。那根據主體權利之觀念及個人主義之理論的法律制度之全體，就不能成立，爲他自己的那些假前提所推翻。

因此，在巳有同樣文化的歐美國家中，更發展一個根據別種前提的新法律制度。他所到的程度，依各國程度而情形不同。這個新法律制度因事實之壓迫漸去代替那舊法律制度；這種新舊交替之進行，是無所賴於立法者，立法者的緘默或惡意的干涉皆不能妨止他的。

這個新制度是根據一個純粹唯實主義的觀念，卽社會職務 (Social Function) 的觀念。這個觀念漸取主體權利之形而上概念而代之。

個人無權利；一團體的衆個人亦無權利。但是社會中之分子，人人有應盡的職務，應履行的事業。法律的基礎明明是這個職務或事業。一切人類，無論大小，無論治人者或被治者，都須遵守。這個正是一種唯實主義的與社會的概念，積極的改變了那所有舊的法律觀念。在解釋這個思想以前，我先舉兩個例來形容這個變遷的情形及其所包括的內容。這兩個例就是自由與財產。

在個人主義的制度中，自由的定義可以說是可以做一切不妨害別人的事體的權利。這樣說來，可以說是一種不能做什麼的權利。近代的自由觀念不是這樣了。今日，每人應當有社會的職務要去履行；所以履行是一種對於社會的責任。他要去盡量發展他身體的，智慧的，道德的個性，以預備有効率的去行他的職務，正是他的責任。他這樣的自由發展，沒有一個人可以干涉他。但是，人不肯永久的靜止的，他不能阻礙他自己個性的發達。他實沒有懶怠不作事的權利。政府可以干涉他強他工作，或竟可規定他的工作。因爲這樣做來，政府不過是強他做他本身上的社會職務。

財產在近代法律中，亦不把他當作人對於財物上的一種絕對不可破的權利。財產權是必定存在的。這是一種不可免的情形。社會的興盛與壯大就根據這個情形。集產主義就是回復到野蠻。但財產不是一種權利，他是一種社會的職務。財產的主人，因爲他的所有，就有了一種社會職務應當履行。只要他履行他的職務，他這種財產主人的地位就有了保護。倘若他不去履行他的職務，或者履行得不好，譬如他荒廢了他的土地，或者讓他的房屋毀陷，那麼，這國家干涉他，強迫他履行那財產主人地位的應盡的社會職務，就是應當的。這種干涉，是使財產主人取得他財產的應用。

這些根本的理想，我們取作我們思想的線索。

六　社會職務之觀念。　我已說過，個人主義的法律制度，在近代國家中，必然消滅。主體權利之理想是形而上的，亦不能存立於今日。個人主義之觀念是自相矛盾。法律制度所以成立於兩元基礎上的是因爲有特別情形，實不過歷史上一種過渡的產物。這個產物，在一個時期中，固然供給了一種社會需要；但是他的鼎盛的時代已告終了。在所有近代國家中，一個新法律制度正在那裏進化，而根據於一個純粹的唯實主義的社會的觀念：這就是社會職務的觀念。

社會職務的觀念，不過是說一人或一團體人皆沒有權利。若說個人權利，社會權利，或個人權利必應與社會團體的權利相調和時，這都是說些不能成立的事。但是無論如何，每人在社會中，都要盡一種職務行一種事業。社會決不能允許他不去履行他的職務與事業；因爲假使他不去履行，這社會就要紊亂，至少也要受損傷。再者，所有他的行動，如果有違背他自身職務的時候，社會也要禁止他的。但凡他進行他的——因爲他在社會中地位的原故而有的——職務的動作，是要爲社會所衞護保證的。

從此可見特別法條或客觀法律有社會的基礎。這基礎既是唯實的，又是社會的。——說他是唯實的，因爲他根據一個可以直接觀察證明出來的社會職務；說他是社會的，因爲他根據於社會生活上那些要素的自身。法律的規條發生効用於人類的身上，就不是以那對於無稽的個人權利的尊敬爲根據，又不是以那對於個人權利的保護爲根據，也不是根據於那不能影響社會之個人意志的表示。這些規條，是以社會組織爲基礎；根據一種需要，這需要就是保存那組成社會的各原素當中因履行社會職務之完成而生的一種聯合。這種社會職務是每個人及團體所當盡的。所以這實在是法律上一種社會的概念。這個概念，現在正推翻那舊訓的個人主義的概念。

七　社會團結，或社會互賴，及法律規條。　社會聯合上的各樣原素，已經被許多社會學家(1)明確指定。我們無庸詳論。這些原素可在社會團結(Social Solidarity)中尋出社會團結四字，因爲被人亂用，已經引起了多少紛爭。普通的人往往亂下己意，改變這個字的眞意。所以，我願採用社會互賴(Social Interdependence)這個名詞。據我的見解及我所相信應當承認社會依賴的科學的意義，這名詞（社會團結或互賴）不是一種感情，不是一種教條，也不是行爲的原則，他是一個存在的事實可以直接證明出的：他是社會組織自身上的事實。依觀察與分析的表示，無論人民的文明程度如何，社會團結或社會互賴是爲兩種原素所組成。這兩個原素，在一切時期和一切人種當中，往往由不同的形式中現出，雖混在一起，而根本上各保有同樣的形式。這兩原素就是：那組成社會團體的人類所有的同樣需要，及組成那同樣團體的人類所有的異樣需要與材能。

(1)就中以杜爾凱姆(Durkheim)爲最著。

屬於同團體之衆人皆是互相聯結起來的。第一因爲他們有共同的需要；他們必須有共同的生活，纔能夠滿足這些需要。這就是那因有同樣利益而起的社會團結與社會互賴。但是，人之聯合，又因爲他們有不同的需要，而同時又因有不同的材能；又因爲，他們既是生存在一處，就不得不盡互助之役而尋求他們各人異樣需要之滿足。這就是因爲分工(Division of Labour)之故而起的社會團結或社會互賴。

八　社會中之分工。因分工而起的社會團結，在我們近代文明之社會中，是引起社會聯合的一個根本原素。文明之自身，是要用個人需要之增加及用最短時期而滿足那些需要之方法來計量的。這個必須有很完備的分工，個人職務上必須有很細的分配；因此今日人羣中必須有很大的不平等。

社會工作之分配，在現今時代，是最顯的事實。他彷彿是今日法律改革的關鍵。每個人及每團體，無論是一國的最高的執政者，或是最服從的人民，無論是大權獨攬的行政部，或國會，或一個微小的聯合，都有一種事業要去履行。在那組成社會的廣大的組織中，這個事業或職務，是因個人或團體在社會中所占據的地位派定的。個人沒有主體權利，他不能夠有主體權利；因爲主體權利是一個沒有實在的抽象物。但只因他是社會團體中的一分子，所以他在事實上就有義務要去盡一種社會職務。他用這種目的所做的行動，有社會的價值，爲有組織的社會所保護。

孔德就是有這個意思。他說：『換言之，一個人除非時時盡他責任的權利，不能爲任何權利之主人。』個人沒有權利，治人者沒有權利，任何社會團體也沒有權利。我們尋出應盡的社會職務及對於這種職務的一切行爲的保護，來代替這權利。但是，只有這種行爲，並且因爲這種行爲是可以滿足社會職務纔可以被保護。

九　個人主義的制度的要質。社會職務之觀念，對於那構成人權宣言，拿破侖法典，和大部分近代立法的形而上的個人主義的制度，有何等深廣的變遷，很容易看出。所有組成個人主義制度的原素，都正在變遷的程序中。法律上各名詞雖然存留，或將永久存留；但是實際上，他們的意義已竟很不同了。

什麼是組成個人主義的法律制度之首要的原素？現在應當敍述這些原素在唯實主義的社會的意義中的變遷。

家庭組織姑不具論。（因爲這是一種專門的研究，有許多原故不能論列；特別因爲這種組織的演化，向來因各民族的不同而有所不同。）那組成個人主義法律制度之首要原素有四種：

（a）個人自由之原則。這個在一七八九年人權宣言第二及第四款中又在阿金庭國憲法第十四款中正式規定。

自由按拿破崙法典第六及第一一三四款及阿金庭民法典第十九，三十，及九四四款所規定之意含個人意志之自治權。個人意志自治權，就是依法行使他的心志的權利，這個權利，使人在某種情形之下，由一種意志的行為，去創造些有法律結果的事實。

（卜）契約。在個人主義制度中，這是法律行為的完備的格式。

在理論上，產出法律結果的事實只能發生於兩個人由契約而成或為法律所明白制出的關係中。這是合乎邏輯的事實的新狀態即含有法律條例上的變遷，或兩人行動範圍上的變遷，——對於動作者為積極的，對於動作所及者為消極的。但是各人行動上法律範圍的基礎和標準，就是各人自己的意志。他的法律行動範圍，不能受人的影響，只可受他自己的意志的影響。結果，一種法律行動為兩個人（兩個有權利者）的一種關係，只能發生於兩人之意志之和台。這個理論在今日的變化如何，於下文可見。這個理論，也如個人主義制度上一切的理論，正經過深廣的變遷。

（c）個人主義制度第三根本原素就是對於有損傷的動作的個人負責的原則。

一個無動作權利的人因動作而傷及別人，那動作者負賠償損失的義務。這種行動必須越過動作者權利之外；簡言之，即動作者方面必有過失。這個就是過失上負責，及主體負責的原則。這個原則，在個人主義制度中，是絕對的重要。這個原則，爲負責的唯一理由，因爲他不能承認其他負責之理由。拿破侖法典一三八二款中，規定此原則如下：「任何損傷別人的動作，要這動作者（就是因爲他的過失而發生的損傷，）賠贖這損傷的。」這個條文，在此後諸款中，又有更細的規定。阿金庭民法典第一一〇九款與此相同：「無論何人，因爲他的過失或大意而行出傷及他人的動作，是要他賠贖這損傷的。」與過失之主體負責相連，近來又發展一種爲意外危險的客體的負責，這個客體的負責直接從法律上社會觀念產出。

(d) 財產不可侵犯之原則；就是對於物品有絕對的使用享受，或處置的權利。

這個原則在人權宣言第十七款規定：「財產是一個神聖不可侵犯的權利。無論何人的財產權利是不得被褫奪。……」阿金庭憲法第十七款與此相同「財產是不可侵犯的。國內，任何居民，除非被一種合法的判決，這個權利不得被褫奪。」我已經引過拿破侖法典中解釋財產權的第五四四款。這款的模形，就是阿金庭民法典第二五〇六款：「財產是對一個物件的權利。因爲這個權利，這財產就服從一個人的意志和行動。」私人所有權，是全體個人主義制度的根本原素；拿破侖的法典就可以說是一個財產權的法典；這個法典將來一定將要爲工作法典 (Code of Work) 所代替。

二　自由之新觀念在各方面之應用

十　自由觀念之變遷。　個人主義制度上最首要的最普通的原素，就是自由權。自由二字有很廣大的意義。他包括所謂政治自由，及所謂民事自由。前者就是一國中每個人民在一定程度上可以有參與本國政治的權利。這個自由，我不討論。我只討論民事自由；民事自由之意義，爲人權宣言第四款所規定：『自由包括那對於所有不傷別人的行動的允許。……』又在阿金庭憲法第十四款中規定。如此規定則自由爲社會中的人的主體權利。他是一種動作權，又是一種發達個人身體，智慧，道德的能力的權利。不特此也，他還是一種發動有法律效力的意志的權利。他是一種權利，能因意志之施行，在幾種情形之下，產出一種有法律效果之事實。他就是我們所謂『意志之自治權。』

自由既被認爲個人之主體權利，他的影響就顯然了。人有權可以自由發達他自己身體，智慧，道德的能力。國家或立法者不得干涉這個權利。但是他們可以制定法律規定個人自由及思想自由之施行，但那些法律只以適於保護一切人類自由的需要爲限。這個普通原則，對於各國的個人自由的法律，出版自由的法律，言論自由集會自由教授自由乃至宗教自由的法律，皆有影響。按主體的理論，國家干涉不能越過這個範圍。他不能爲社會利益以外的利益對於個人自由之施行有所限制。譬如爲個人自己的利害而加限制，那個人就是這限制的目的物，那麼，那限制就是不應當的。再者，國家不能加個人以任何肯定的義務，國家只可爲社會需要徵收租稅，租稅之形或爲金錢，或爲產物，或爲血肉。按主體的理論，國家不能要求個人以工作的義務，或求教育的義務，或爲將來生活預備的義務。

但是許多近代的法制顯然與這些理論相衝突。這是人所共知的。今日歐美各文明國家中各種法律，都多少限制個人爲自身利益的活動，或將受教育及養老金定爲義務。這些法律絕對與自由上個人主義的主體觀念相反對。辯護個人主義的，辯護自由的理論的，往往太息抗論以爲這些法律與各原則都相反。但是太息，抗論都是枉然的。這種變遷是演化的。他與自然現象的力量相並進。他或者可以一時被阻礙，或被遲延，但終久必發生變化。他是我所解說過的那個普通變遷上自然必有的結果，——就是自由上新觀念的結果。自由不是一個主體權利，但是一種義務的結果。各人有此義務，充分發達他的個性，（他身體上智慧上道德上的活動，）與他所有的能力共同協作。以趨於社會團結。

十一　這個定義主要的結果。　這個義務，是根本於分工的社會團結的直接結果。分工是社會聯合中主要的成分。社會聯合就是因爲尋求人生各種異樣需要之滿足而有的社會團結。所以個人不得不在社會中盡他的本分，完成一種事業，而因此充分發達他各方面的能力或天性。自由不是本有的東西，他是負一種社會責任，要去動作，發達他的個性，盡他的社會職務。無人可以反對他這種宗旨的行動。但是他這行動不得損及別人的同樣自由。國家不得干涉或限制個人這種目的的活動。國家應當保護所有趨向這種宗旨的個人動作，而懲罰壓制那反對這趨向的動作。

按以上所述，新制度所發生的效果完全與個人主義制度的效果一樣。但是此後，就現出深廣的異點。倘若人的自由只能用以發達他個性，他的自由只以趨向這種目的的行動為限，那麼，他就不得去做阻止發達的事，而國家——客觀法律的發言者——可以並且應當禁止他這樣行動。國家這樣做來，並不是妨害今人所謂權利，不過是應用那社會團結的定律，這個定律是所有近代社會中的根本法律。

那麼，顯然的結果就是：凡懲禁自殺行為的法律都是適當的。這個法律當然不是想恢復那舊時處置死者軀體的習慣，也不是否認自殺者之埋葬權。懲禁自殺之命意，就是要懲罰自殺的計謀，要追究自殺的助犯。法國法律在今日不懲罰自殺行爲。但是因基督教所影響，從前的法國法律皆懲罰自殺。關於懲罰，當然各處有不同之習慣。但禁止自殺，是各處所同的。不特自殺未遂者須受懲罰，即自殺成功者，其財產也須充公。這個法律，完全爲大革命所取消。當時宣布個人自由之原則。因爲這個原則，就有了自殺之自由。人有自殺的自由即不受禁止。近代立法已採取這個觀察點；今日沒有一個地方的法律尙懲罰那圖謀自殺者。(1)

(1)一八〇三年的奧國刑法典，在十九世紀的歐洲爲絕無僅有的懲罰自殺的法典。這法典區別甘心中止的自殺企圖，及因外力而失敗的自殺企圖。對於前者，自殺者爲行政官所訓勸。後者之自殺乃被囚禁，加以嚴重監視及適當衞生道德的待遇。倘若自殺得遂，那麼，他的軀體當法庭宣告之後，當葬於普通墳地之外。這些條文在現在施行的一八五三年奧國刑法典中，無存者。

但是有些國家仍懲罰自殺的助犯。例如英國對於幫助別人自殺的人視同殺人兇手一樣。巴西荷蘭西班牙及匈牙利皆監禁自殺的共謀者。這自然是相矛盾的。倘若自殺行爲是合法的，那麽，第三者參與的動作，就不會構成一種違法情形。但是對於自殺共犯之懲罰，實在就是爲禁止自殺行爲之自身之地步。我們的良心既漸漸明確了解社會團結之事實，必定會卽刻要求用一切的文明立法來禁止這行爲。(1)

(1)在法國刑法典中，倘若是一種不犯法的自殺行爲，其同謀者不得受罰。因此，激起自殺行爲的人，或預備自殺行爲的人，或促成自殺易遂的人，皆不受懲罰。但許多有勢力的著作家曾說參與自殺的人，雖不能視爲有罪，但那得本人允許得本人命令或本人請求而殺人者不可與此並論。瓜勞(Garraeud)說『在這後一例中，被殺者，雖自己求死，但實處一被動地位；而動作者——卽殺人者——總是弄死人的人。結果，這等事實，就是殺人及暗殺的定義所包含的情形了。』

法律應當禁止決鬬(Duelling)，也是根據同樣原則。有些立法懲禁決鬬，這種禁止必能漸漸成爲普通的。人不應當去做無益的拚命。決鬬行爲是野蠻時代的遺物。是沒有公道的組織時的遺物。又是對於上帝判斷的迷信的遺物。(1)

(1)大多數近代立法皆懲禁決鬬，說這是特別的違法。他們對決鬬所下定義，爲：因爲要求人格尊敬上的賠償，兩人間或兩人以上間在公證人面前用致命的兵器而先有佈置先用一種挑戰法的戰鬬。在法國古代歷史中，從亨利第二到路易十六，有許多嚴懲決鬬的御詔。但革命時代之立法及現在的法國刑法典既皆不懲辦此事，又竟未說及此事。當法國革命曆第二年第十月二十七日，(即一七九四年七月十五日)非常國會(Convention)發出一道佈告，說：對於防備或懲罰那決鬬及激起決鬬之事，沒有預備一條法律交付過修正法律委員會；這委員會是負了對於禁鬬方法的檢查之任的。那麼，什麼東西引得法國革命時代及帝政時代的立法者解放決鬬的禁止呢？我們用

法律又應當禁止一切危險的遊戲(Games)。因爲這是冒生命的危險而無益於社會個人生命是社會上的一種產業，所以不能允許他去作無益社會的危險。例如，那玷辱西班牙的鬬牛，禁止他的法律是極正當的。在前幾年中，這種遊戲不幸從西班牙傳到法國南部。法國下議院已經計畫

不著捨那風行一世的個人主義的理論而遠求。立法者不能懲罰決鬬，因爲決鬬者自願拼死，又因立法者無權禁止個人自己尋死自己拼命。法國法庭的判決，爲此理想所感動者，爲時甚長。在那時，決鬬中殺人者或受傷者皆不視爲罪過與冤曲。但在一八三九年六月二十二日，法庭中人，爲律師長杜平(Dupin)所鼓動，一齊聯合起來，最高法庭(Court of Cassation)就改變了意見，而判決道：『刑法典中第二九五及第二九六兩欵所稱各節（對於決鬬中殺人者的定義及懲罰）是全權的，是不許有例外的。……立法者所定律例雖未將決鬬，決鬬之預備，或決鬬之同件，視爲犯罪；但是也不曾有法律條文將殺人，傷人，打人視爲適當。……無論何人不得隨意自決公道：是公法上不可叛

一個完全禁止他的法律，將來或者可以通過。但是這法律引起了反對，反對者說他違犯個人自由；這種反對是沒有價值，用不着我們討論。

有一類的工作，是危險的，但是不可少的。立法者應當干涉此種工作定出相當的計畫，去減少這危險至最低限度。不能以個人有任意作為的權利為理由，來反對這種立法。立法者頒行保安的計畫，不過是衛護社會的個人生命的產業。許多國家，對於此端，有很完備的法律。法國對於實業界工人的衛生及安全，有許多法律及部令，最著者就是一八九三年六月十二日之律例。及對於採礦工人之安全上於一八九〇年七月八日，一九

的精義。……「這件事體後來定了法國裁判法律(Judicial law)的趨向。在今日決鬭之自身，是不能當作一件罪犯及一件特別過失來懲罰的；但是決鬭中之死傷，總是懲罰之證據；而決鬭的公證人是近乎同犯的。這不過是應用刑法典中第二九五款以下的條文。這種制度現出很深的弱點；在我們法律當中，自然是一個破綻，應當急要修補的、

○一年三月二十五日，一九○五年五月九日，一九○七年七月二十三日，及一九一○年三月十二日所頒諸律例。這些法律詳細規定推行方法。採礦工人自己指出代表，這些代表的責任，是要察看這種法律是否嚴格的施行：「指定代表去注意礦工之安全，他們訪察礦工在地下的工作，……因爲他們惟一的目的是要查考在那裏的傭工的安全情形；再者，倘有意外之事，又要查考引起這意外危險的情形。所有這些代表及代理代表，要同時投票舉出。凡在某區域中的選舉者，必須爲該區域地下工作的傭工。……」(1)

法律本同樣的精神，可以或竟應當限制每日最高限度的工作時間。不久，文明世界中，對於工作時間，或將通過同樣的法律。制定這些法律的

(1)參看一八九○年七月八日的律例第一，四，五，條。

理由，就是採用一種以自由爲職務之觀念，代替以自由爲權利之觀念。我們無庸注意關於這件事的無窮的爭辯。這些爭辯，在許多國中，仍是未解決的。我相信，這些爭辯的主要原因，就是無論何處，（特在法國）沒有將這問題陳述清楚。一個政黨，以階級戰爭爲基礎而要求限制每日工作時間的法律。這個政黨又宣言，立法者應當保護勞動者，以防止資本家的剝削。對於這種要求的有力的答復，就是，主僕間或雇主工人間之契約，必永爲自由的；立法者對於其他契約既不能干涉，對於這種契約也不能干涉。

這問題的陳述不當。此中幷無契約自由之問題。這問題不過要斷定每日工作若超過一定的時間以外，工人是否就傷了他自己的衞生，傷了他生命，傷了他智慧道德的個性。倘若這個事實是有的，立法者就應當去干涉他，而禁止那超過合於衞生的最多量工作時間。以上的情事，他這樣做，不過是保護人類生命，因爲這生命是社會所有的產業。法律應當干涉的，不僅是工人為他人的工作，但他為自己利益而工作過度，也要禁止的。這法律的根本目的，是對於工人自身而保護工人，不是對雇主而保護工人。從此可證明這個問題並沒有契約問題。

在法國，規定每日最多工作時間的法律，是很複雜的；但是仍然很不完備。一八四八年九月九日的舊法律，限制工場與商店內工作時間為一日十二小時。一九〇〇年三月三十日所謂密勒蘭（Millerand）的律例規定，各種工場中雇用，成年者，幼年及女子的工作時間，每日不得過十小時。一九〇五年六月二十九日的特別條律，規定採礦工人最多工作時間為八小時。(1)法國下議院的勞動委員會現在正計畫一種法律，限定一切工場中最多工作時間一致為十小時。(2)

以上所說關於最多工作時間者，與關於每星期中休息日者相同。立法者，當然不能隨意擇取星期中之一日，禁止商店，工場或農場工作。(1)倘若他如此做，我不說他是妨害工業及商業的自由，因爲我不承認有這種權利；我說他是阻礙社會能力之發達，因此逾越他的權力。但是法律可以并且應當禁止工人的工作超過繼續六日以上，——他應當禁止工人在第七日仍舊工作，——因爲不間斷的工作，可以減少人的能力，損及每個人工作價值，已經成爲事實。這個可代表法國一九〇八年七月十三日的律例所採取的觀察點。這條例與普通的意見相反，不要求商店，工場在一

(1)當寫此文時，法國下議院中礦物委員會擬制定關於礦工八時間工作的法律。這法律是打算改正并擴張那一九〇五年六月二十九日的法律。這法律在下議院通過之後，上院稍加修正即通過之。下院希望這項改良即見實行，對於上院略與讓步；而在一九一二年三月三十日之會期中，這新法律竟通過下議院了。

(2)在一九一二年二月八日之會期中，法國下議院討論到要定十時間工作爲常例的法律，這討論到現在尚不曾終結。

星期中之一日，應當封閉，但要求工人應當在第七日休息。第七日自然是星期日。再者，這條例使人得自由指定各種工作的輪流休息日。

十二　關於工人及恩俸的法規。一切對於個人要求義務的法律都可以自由為職務之新觀念，解釋。以工作義務加諸人人的法律，完全是對的。推行這種法律，或者是頗困難；但這困難可以用徵重稅於遊民的方法來解決。像這種的法律我尚未有所聞；或者此事用不着立法權的干涉的。蓋近代社會，競爭極猛，生存競爭如此之烈，遊民必不得不歸於消滅，不得不為社會的力量所毀除。

(1)我想起從前布納斯阿利斯(Buenos Aires)(阿金庭京城)城內一個難問題。一九一一年八月十九日我剛到這城內，警察廳的布告令一切商店——包括酒館及咖啡館——星期日要關閉。這個計畫引起很大的反對。但這反對不久卽消滅，因為市政廳答應推行這法律，但對於酒館及咖啡店特寬。

關於義務教育的那些法律，也屬於這種自由的新觀念。立法者當然有這責任與權力去要求每人應受一種最少限度的教育。當法國共和黨(Republican Party)投票通過那一八六二年三月二十八日的律例——爲對於小學校的義務入學而設的——的時候，那舊教黨(Catholic Party)就明說這是侵犯父母的家長身分的自由。義務教育誠然與一七八九年人權宣言所設立以自由爲權利的觀念相反，又與拿破侖民法典中之父母權相反。但在他方面，義務教育是那以自由爲職務的觀念的必然的結果；因爲立法機關當然有責任與權力去要求個人應受最低限度的教育。這教育使他成一種社會的價值，成就在社會實驗室中的工作。

最末，這些觀念也是影響關於義務保險(Obligatory insurance)的法律。特別受影響的就是一九一〇年四月五日法國工人及農人籌設義務恩俸的律例。被傭者或工人必當從工資中取出一筆款項，與雇主及國家所付給之款相合存儲起來，預備作六十五歲以後的恩俸。(1)如上所述，觀念之進步，如是之速。那法律的義務性質，在前數年雖曾被人痛駁，却已在法國下院由大多數投票通過。這律例之應用，在法國內曾遇着阻力。但現在是一種過渡期。數年之後，勞働階級較爲開通，必承納這律條之普通應用，是無可疑的。

三　自由的新觀念（續上）

意志之自治，非自然的人格，集會。

(1)一九一〇年四月五日的律條中第五十四——六十二條，被一九一二年二月二十七日預算改訂了許多。那對第五十五條的改訂，頗值一述。開始付給恩俸的年歲，從六十五減到六十。但是擔任保險者，有權得延遲這付給到六十五歲。依第五十七條所稱各節，政府加給之最高數，是從六十法郎加到一百法郎。

十三　意志之自治是自由的一個原素。我在前邊說過：意志之自治是通常自由中一個原素。他是合法的自由。他的簡明定義就是：人的一種權力，能由一種意志的行動產出有法律結果的事實。換言之，照個人主義的制度講來，意志之自治是發動一種合法意志的權力，因此，就是一種使個人意志爲社會所扶助的權利。

意志之自治，在邏輯上，與權利主體的問題，又與非自然人格的問題有關係。這些問題是最重要的。這些問題，正在演化中完全與我所敍述的變遷相同，換言之，就是唯實主義的及社會的意義的演化。

我們論到這個問題的中心，因此有很大的困難。但是我不打算避去困難，因爲這是近代法律中的根本問題。我竭力按嚴格的邏輯的態度討論。

十四　拿破侖法典關於意志，自治的條文。我們先解釋個人主義制度下意志自治的原則，認定他的結果。我最好是引用阿金庭民法典中各種條文。這民法典之起稿者的確是有一種很博深的法律學者，希望造出一個理論與實行相並重的法典。在這個法典中，意志自治的制度，與意志中其他原素，現出極分明。在拿破侖法典中，這原則也極顯明。因爲大部分的近代立法都是襲取法蘭西法典。但意志自治的原則，在這法典中，是意在言外，沒有顯明的說出。

在拿破侖法典中，模模糊糊的規定這個原則的條款，只有第六條第一一三四條第一節，及第一一五六條。這些條文上說：『私人間的契約，不能不管那些影響公共秩序及善良道德的法律。』『依法製成的合同就成合同當事人的法律。』『在契約中，應當尋求契約當事人的公共意旨，不應只求字面上的意義。』

阿金庭民法典，有幾個條文非常清楚的表出這個原則及其效果：『

一切法律之放棄是無效的；但是法律所賦與的權利，可以讓棄，但必這法律的影響只是止於個人利益上的，而這種讓棄是不被禁止的』（第十九條。）『一切物體，能取得權利，能結義務契約者，皆視爲有人格』（第三十條。）最末『法律式的行動，就是意志的合法行動；這些行動的直接目的，就是要在人類當中，設立法律關係，或製造權利，或修改，變動，移轉保存，或破壞權利』（第九四四條。）這些條文皆極端重要，又寫得非常之好；用簡明的辭句，將個人合法自動權上所有的影響都總括起來。

十五　權利主人就是意志主人。　在法律上，一切的人皆是能得權利的實體。人就是權利的主人，是負有權利的實體。但是我已經說過，主體權利不過是一種意志發動力；那麽，權利的主人，就是意志發動力的主人。無意志的生物不能爲權利之主人。

密蕭(Michoud)故意要持反調，以伊赫林(Ihering)的定義爲後盾：『

主體權利是社會所保護的利益。」但是密蕭的說法完全被推翻，因爲主體權利即便以利益爲根據，而剖析說來，他也不能以主體權利爲意志發動力。凡有意志的生物皆有若干權利。這些權利是法律賦與他的，至少也是在他身上承認的。這些權利構成他的分位，構成他的法律行動範圍。這一點在阿金庭法典第十九三十兩條中，明白的現出。

權利的主人有自動無拘束的意志。他可以本著這種意志的行動去修改他的法律分位或他法律行動的範圍，但是他所發動的意志是不爲法律所禁止的。這樣他做出一種法律的動作；法律式的動作即爲社會所保護的動作，因爲他是一種意志上的動作，有爲法律所許的目的。

這種法律動作的效果，可以減少這個權利主人的法律分位或法律行動範圍，而增加別個權利主人的分位與行動範圍。在阿金庭法典第九四四條字面上，這效果就是成立一種法律式的關係。凡產生法律效果的事實，就是引到兩個權利主體間的關係，這兩個權利主人就是兩個意志主人，就中一個是有權力者，一個是有義務者。

在個人主義制度之下，意志自治之理論可以縮爲四種命題：

（1）每個權利主人必定是意志主人。

（2）權利主人所做出意志的行動，是爲社會所保護的。

（3）這行動之保護，是以他目的之合法爲條件。

（4）能生法律效果的事實，是兩個權利主人間的一種關係，其中一個是自動的主人，一個是被動的主人。

十六　這個觀念與生活上事實不相調和。　這觀念好似邏輯，是自成圓滿的，是從個人主義的前提引出來的嚴格演繹。但不幸這觀念已絲毫不與事實相合。歷史上曾有一個時候，這種制度甚爲合宜。他曾適用於純粹個人主義的社會，如羅馬社會，或十九世紀初年的歐美社會。但他與現今團體的社會的趨勢，完全反對。現在還有許多法學家仍舊深信個人主義及形而上的觀念；他們對於這些觀念視爲不可破的教條；他們努力設法用奇詭方術，不顧如何犧牲，強將近代生活上複雜的事實一齊納入那狹窄的舊式制度中。

伯克爾（Bekker）想出一種關於權利主體的妙論來。他說這權利是由於兩個不同的原素所組成，一個就是享受（"Genüsser"），一個就是施行（"Verfüger"）；一個是獲益的原素，一個是施行意志的原素。詰爾克（Gierke）用他自己的博學主張團體人格的實在性。載特爾曼（Zitelman）用黑格爾（Hegel）式的邏輯，表明總體意志之實在性。耶里納克（Jellinek）造出一個有力的公法制度，這制度完全以國家之人格性爲基礎。在法國我們可以舉出若尼（Gény）霍利奧（Hauriou）密蕭（Michoud）德冒（Demogue）薩勒伊（Saleilles）諸人，而薩勒伊曾經用他的敏銳心理打算在唯實主義的趨勢與形而上主義的趨勢之間做那不可能的調和。

這個衝突是不能調和的。密蕭在祝賀詰爾克七十壽辰的文章中，論述此點極好。密蕭說「公法範圍中的爭執，是從兩種人之間發生的，一種就是那班保守私法上舊觀念的人，保守法律人格的觀念，保守權利主體的觀念，保存法律事實上互關之必要的觀念等等；一種將這些觀念看作窄狹專擅過於形式的，用那些很近乎社會實在性的觀念來代替他。」密蕭是不錯的，但是這兩個大本營不僅在公法範圍中有所爭持，即在私法中也是如此。在這兩種範圍中，衝突者是一樣的，衝突情形也是一樣的。唯實主義最後的勝利，近在眉睫。任何形而上觀念一定要從法律學中逐出，正如同他從別的科學中被逐出一樣。這就是法律進步的價值。

我們現在依次來討論個人主義制度中意志自動的四個原素，用事實的證據來表明這制度如何消滅，如何改變。我不大熟習阿金庭的法律，不能正式引他。但是我相信，這些條例在法國比在阿金庭更明顯。

十七　非自然人格之教義。第一條定理可以說是每個權利主人必定是意志主人；因此，非有意志的，不得有權利主人；除非有意志，沒有物體是法律性的，沒有物體能現出法律關係。法律上的人格必須有意志。

只要社會中的活動爲衆個人所擔任，這條定理的矯揉造作不合事實的弱點是顯不出來的。對於幼年或瘋人的法律人格的解釋，即說他們有造作性的意志或可能性的意志，足使他成爲權利主人。即在極端個人主義的社會中，有幾種團體是永遠存立的，有幾種團體的法律行動之能力，也是應被承認的；他的分位也應被保證的。但是在這些團體中，並不能發現何種意志，即便可能的意志也是沒有的。組成團體的衆個人的意志，或投資者的意志，當然是有的；但是這些個人的意志，不能作爲團體自身法律人格的基礎。因此，想像出一個『非自然人』(Artificial person)作爲解釋只有個人是自然人，團體不能離開他的分子而獨有意志，但是法律有絕對的權勢可以賦與團體以法律人格。所以團體可以因立法權或行政權的行動，成爲法人。行政權的動作權是法律賦與的。

這種解決法，稱爲『本體的理論』(Entity theory)，最主要的發揮這個理論者，要推薩維尼(Savigny)。這個理論，在一個長時期中，人視爲無可辯駁的。我記得我學法律的時候，教師說這是無待證明的眞理。大多數的法律制度已採取這個理論，拿破侖法典阿金庭法典都採用他。阿金庭法典包括許多很詳細很精美的條款，這些條款表現這本體的理論極明瞭完備。例如第三十一條說『人不有非自然的存在性，即有自然的存在性。……』第三十二條說『所有那些能得權利能定義務契約的本體，沒有自然存在性的人格，但有非自然存在性的人格或法律人格。』第三十三條更詳述法律人格各主要的分類。有些有必要的存在性，國家就是這一類；有些有可能的存在性，如被承認爲公益的機關(Public utility institutions)，公共團體(Public corporations)，集合事業(Associations)資本公司(Stock of Companies)，合股事業(Partnership)等等。各種規定中最重要的第四十五條說『公共團體，集合事業基金團體等等的法律人格之存在性，是從立法者賦與行政者以權力的時候，他們結合的規則被承認以後纔發生的；有宗教性質的團體，在曾正承認之後纔能發生權力的。』所以在阿金庭法典之下，團體自身不是本來享有法律人格，他只有爲法律明白宣布或爲政府允許而後纔能有法律人格的存在。

十八　趨向集合的運動。這種制度，在那集合團體(Associations)較少的國家中，纔能保存。在阿金庭共和國中，只有那些公共團體與集合團體政府贈以人格者，纔算爲權利主人。在那些趨向聯合活動很強的國家中，這種情形是不可能的。歐洲有幾個國家，趨向聯合方面的運動，在半世紀以來特別在二十五年以來進行非常之猛，因此所有這本體論的矯揉造作褊窄不合宜的情形，就清清楚楚的表現出來。這個制度的破裂如摧枯拉朽。

聯合的運動，在德英法三國最強有力。

在法國這運動值得特別的研究。我現在不能詳細研究。但是我要特別的注重一個事實；這個事實就是法國革命結果的反動力已經在集合的運動中現出他自己非常的魄力。這大革命相信集合就是否認個人自由。所以敘述個人權利的時候，故意將集合的自由遺漏。大革命甚至於絕對禁止一種類的集合即工業機關的聯合。一七九一年六月二十七日的法律（名 Le Chapelier Law），一直到一八八四年三月二十一日規定『工團』(Trade syndicates) 的條律頒行之後，纔失效力。但是一切禁止集合的立法已無價值。事實總是較人的命令爲強。法蘭西全國的各種集合已重重疊壘如羅網；如勞働組織，各種工業組織，甚至官吏聯合，互助的聯合，公益團體，及文學科學美術的團體。無論立法者願意與否，已不得不容納這已成的事實。承認這些組織。這些組織自然漸漸的生長起來，不顧那些禁令。在一八八四年時候，法律就不得不承認工業聯合。在一八九八年，就不得不承認互助團體。而最末，一九〇一年就不得不承認一切聯合運動的自由。那個時候，法國發生了一個與集合權有密切關係的問題，這問題已多少將法國立法改變。這就是宗教機關的問題。可惜那個問題受政黨的影響，所以我不去論他。

同時，德國也有同樣的運動進行；這種運動在德國是不大驚人的；不是因爲這運動根基較淺，蔓延不遠，但是因爲德國的法律，對於聯合與協作的組織，絕不曾像法國立法者那樣決意的反對。但是德國也像法國，充滿了各種聯合協作的組織，這種潮流仍進行不已，不見退落。

事實的力量是不可不服從的。保護集合運動的法律，不能任政府的專斷。因爲每個團體都是追求一種合法的目的，所以絕對的應當許他去自由組織，許他在法律中得着行動上必要的保護。

再者，本體之理論，實在無所解釋。一個團體不能離開他當中的分子而獨有其意志，因此不能算是權利主人或負有權利的東西。法律無論怎樣有勢力，總不能產出那本不存在的東西。一個團體，在事實上，或有一種與他當中分子的意志相異的意志；那麽，他自身當然是一個權利主人，立法者與行政者之干涉即不必要。因爲他已有權利，又何必人家再給他。

十九　舊理論之無用。爲什麽五十年以前德法法學家中，發起努力，從以上所說的可以解釋。這種努力在法學史上是最奇怪的。他們打算要證明爲合法的目的而組織的聯合，雖不依賴法律的賦與當然可以成爲權利主人，不倚賴他的分子可以有法律人格。

在德國法學家中，我早已舉出那有名的詰爾克。他用可驚的才能，根據那『建設的法律的發言者』(Constructive Legal Voice) 的假設，發揮這理論中的要素。耶里納克繼續擔任他的事業，他在公共團體 (Public corporations) 的範圍內，研究得更深，說得更明瞭。伯克爾尋出那警妙的複合的權利主人的理論，說權利主是兩個原素所組成，一是享利 ("Genüsser")，一是動作 ("Verfüger")。載特爾曼之名我已舉出。他用一個敏妙的分析，表明每個團體，有與他的各分子不同的意志，但是這些分子是團體人格的基礎。他又說，倘若基金算得是權利主人，那麼，就是因爲這施與基金的人的意志是永遠存在；即便他死了幾百年，他的意志仍算是權利之主。我又已經說過，密蕭在法國的勇猛的奮力，要爲團體人格建立完美理論。他這理論在外表上是很靈妙的，但到末後，不是引到了『非自然本體』(Artificial entity) 的理論，即採取伯克爾的理論和詰爾克與耶里納克的『建設的法律的發言者』的理論。(1)薩勃伊近來對於這些理論，曾做出很透澈的分析；他是一種調和的心理。他竭力證明這些討論，根本上皆沒有什麼大重要。但是我總不能贊成他那個概括的結論：『說到這些理論，我們覺得是因爲有不斷的誤解而生門戶之見。只要大家同認一個名詞，這些分別將自消滅；這就是我的努力。』

(1)密蕭的理論大意是說：主體權利不是意志發動權，是一種被保護的利益。『這權利是一個人或一團體人所有的利益，這利益是由意志上被認爲代表利益保護利益的權力而得法律保護。』所以權利主人是『任何合體或個體人。這人的利益是這樣被保證的。但那表現這利益的意志不必本來屬於那人的。社會可以將意志歸與那人，或意志自已從行動中顯出來。這一層足使法律不得不將這意志視爲那人所有的了。因此法律不離於解釋社會現象者的地位。』現在，卽便假定利益爲主體權利之基礎，倘若我前邊所說『主體權利必然是一個意志發動權』爲不錯，密蕭的說法就完全破碎。

他這個說法是不對的。因爲那兩種人——一種是堅持要在近代法律中保存那已經過時的形而上的權利主人理論的，一種是（像我自己）要求認清事實，否認一切形而上的觀念，特別否認主體權利權利主人或權利負有人的觀念的，——之間，是絕對的不能相同的。如將此點保留，薩勒伊的論調就對了。這些紛爭，不過是引人鬬智罷了。這些爭論實是勞而無功，因爲他們所要解決的問題是不能成立的。

密蕭說：意志是必要的；這意志是社會所賦與的，是爲團體人或個體人的行動所顯出的；這團體人或個體人卽是權利主；這意志卽是他的『建設的法律的發言者』與本體是永不可分的。這樣說來，下述兩層必有一是：或者密蕭要像我們一樣，承認那追求合法的目的的意志，因而否認權利主人或權利負有者之存在；或者他定要保守權利主人之觀念，因此，不免將這權利主人變爲非自然的東西，或像伯克爾視這權利主人爲兩個原素所組成；這後者實在也是無稽之談。我以爲密蕭不得不主張前者。

二十 拋棄權利主人之觀念。

團體，集合，社團，合資，基金等，天然爲權利之主人麽？我不知道，這個問題也引不起我的興味。他們是負有主體權利麽？我也不知道，我也不注意。因爲主體權利既不存在，這權利之主人當然亦不存在。惟一的問題只有事實的問題。第一要問那團體，聯合，社團，或基金等是否追求一種目的，與一定時代的某國家的一般人所想像的社會團結相合結果就是與那國的法律相合。倘若相合，所有按著這目的的行動，定當爲法律所承認，所保護；爲這個目的而應用的財產也應被保護的。我們不必去研究團體是否爲權利主人是否可以爲法律行動的當事人。我們所要問的，不過這團體的目的是否合於社會互賴之義，他的種種行動是否與這目的相合。我們不必問團體是否爲權利主人，是否有負有財產之可能；財產既爲一種主體權利，即與別種主體權利一樣，不能成立的。我要查考的不過是問財產是否爲團體應用，倘若團體使用的宗旨是合於社會團結，那種用法就應被保護。至於那爲團體宗旨而行動而發意志的個人，是否爲『建設的法律的發言者，』是否爲團體人格的代表或代理人，我們無庸研究。

關於此問題產出許多枉費心機的爭論。這個道理就是：那依團體宗旨而決其意志之個人，所施行的意志是合於法律的。他的行動所產出的結果應受保護。因爲法律對於法律行動所保護的，就是那決定行動的宗旨，不是意志之自身。

二十一　法律的保護根據社會目的或行動功能。我們常常要回到社會職務之事實及社會職務之實在觀念。這觀念處處將主體權利之形上觀念推翻。近代社會不特爲衆個人所組成，又爲衆團體所組成。個人當然是組成社會原質的細胞，但這細胞是要構成團體的。每個團體負有一種職務的責任，在社會分工中應當做成他一定的事業。凡輔助這職務之完成或輔助這工作之實現的行動，必當爲社會所保護。意志的行動永遠是個人意志的行動。團體意志不能存立，也沒有人能證明他的存立。若說團體有總意，或社團有總意，或地方的總意，或民族的總意，那都是抽象的意思。個人意志雖受團體目的的制限，但那意志仍舊是個人的。法律不保護團體意志，實在也不保護個人意志。但他實在保護個人意志所追求的團體目的。

那麽什麽團體，組成近代社會的神經中樞呢？一班人仍舊相信家族是第一重要的團體。或以爲工業團體（社會中組成工聯（Unions）或工團（Syndicates）的那些階級）是社會的神經中樞。我相信後者是重要的。但這個純粹是一個社會學的問題，我不欲討論。

二十二　在法國集會法中，『宗旨』（Purpose）之觀念。立法者與裁判者不知不覺的趨於我所表示的那個方向。這就是證實我所發表的理想，又證實我所說的話，法律之發生是自然不費力的，是那些供給法律成分的人所不知覺的，甚至於常常不顧他們的。最好的例就是一九○一年七月一日法國的集合法(Law of Associations)，這個法律常稱爲瓦爾得克盧梭(Waldeck Rousseau)法，因爲他是這個國務總理擔保通過的。

法國一八四八年的憲法，是最初宣言集會自由的原則的。這宣言結果，不過是哲理的。因爲以後過了五十多年，規定這種自由之施行的法律，尚未出現。關於集會自由之規定最重要的阻力，當然就是各宗教教會的問題。但是法律雖然緘默，立法者雖立禁條，而法國全國已發生了無數的集會。法國下院議員因事實之壓迫竟通過一八八四年規定工團(Syndicates)的法律，及一八九八年規定互助社的法律。但是還沒有規定集會自由的概括法律。一八九八——一八九九年德悅夫斯(Dreyfus)事件發生，全國騷然，那些教會所做出的事，與政府以口實，頒布一種法律，以極端嚴酷的態度對待各教會。而同時竟規定各種集會自由的原則，即宗教的集會如不帶教會的性質，皆可有集會自由。因爲這原故，一九〇一年的法律分爲兩部分；其第一段及第二段是關於不帶教會性質的集會，第三段是關於教會的機關，使他們服從極嚴的懲罰，實在就是不承認他們的自由罷了。這一部分我不去討論。

凡讀這個法律的，必詫異的就是那傳來的法律人格或非自然人格完全不存。此語在一九〇一年以後的法律中，當然是常常見着的，但是此語不見於集會的有機法律中誠然可怪。這可以表明立法者承認合法集會之保護爲適當，不以法律人格爲滿意的根據，而另依一個根據，刪棄「非自然人格」一語並非偶然之事。因爲瓦爾得克盧梭最初提出的草案曾有此字，當時想擬出一個非自然人格的定義，稱爲一個法律玄談；但是在最末次議案文中一切不存。這個事實之重要，是未可忽視的。

這個法案各條文中，都可以尋出近代法律所根據的新觀念，即宗旨之觀念。這個與我上文所解釋者相近。近代立法者不保護集會的合體意志。因爲這種意志是不成立的。立法者也不保護團體人格，因爲這人格也是不成立的。但所要保護者就是其中分子所追求的總目的。這法律第一條載集會（Association）的定義因目的不同之故與公司（Company）有別：『一個集會是兩人或兩人以上的契約，爲一個與利益分配無關的目的。共同貢獻他們的知識與活動。』第二條說『人的集會可以自由設立，不必等政府授權或命令；但他必須與第五條所規定的各條件相適合。纔有法律的能力。』第三條說『每種集會以不合法的目的（Cause）爲根據，或有不合法的宗旨的，或與法律相反，或與善良道德相反，或其目的危及國土，或危及共和政體者，皆爲無效。』集會目的之作用在下列條件中敍述甚明。『每種正式立案之集會不用特別授與權利。……即得獲取與完成其目的相當之不動產。』『這些集會（認爲公益的）可以履行一切不爲集會條律所禁止的民事動作。但他們不得享有那於完成目的不必要的不動產。』這樣看來，全部條律，處處顯出宗旨之觀念。

這種立法與非自然人格之觀念相反。因爲倘若集會有法律人格，爲什麼他的行動範圍只限於一種目的呢？倘若法律的能力對於那依照規則的集合，賦與權利主人的性質，那因目的而設的限制就無理由，就不可解釋。(1)在他方面，我們可以看出，這全部條律證明立法者不知不覺的爲

---

(1)與『宗旨』之觀念相違，尙有那特別用場的規則（Rule of special use）。這規則往往應用在行政團體（地方區域，省，府，公共機關，或國家自身）之上。這規則是爲行政法庭的判決所定，今日已成立。照這個規則，每個公共基金都是爲法律所定爲着一種或多種用場的。只有那合於這些用途的法律行動，是有效的。此處可見人格觀念已經爲宗旨觀念所代替；法律已經不保護那玄想的團體人格的意志行動，但保護一種目的，這

那近代法律的大潮流所感動。人人可以組織集會，只要他目的是合法的，就不必先得認可。再者，立法者不曾下合法宗旨的定義；這立法者關於此點是很聰明的；因爲所謂合法的觀念根本上是一個變遷的觀念，因一時間一民族對於社會團結理想之不同而有改變。集合分子合法目的的行

目的是正當的行政官依法追求的。用本體理論(Theory of Entity)解釋這特別用場之規則，是不可能的。即便密蕭也不得不承認這規則之存在，而因要解釋這規則，他就不得不注重這目的之原素，此規則雖與他自己全部理論相反他也不能顧及。他說：「那班相信團體人格之實在性者，不得不承認這規則（特別用場之理論）因爲那共求一種指定利益的團體人如果存在，則團體人格之實在性即包括在其中。這一層就足使團體目的有別於個人目的。團體的目的是一個法律的成分，其重要遠過於個人的目的。法律不規定用場，對於個人利用他所能得着的法律的輔助不加規定。但法律在團體上實規定這用場，因爲這些輔助本是預備去完成那團體所注目的利益的。」這些話豈不就是宗旨之理論麼？

動，在法律下，是安穩的。爲着這目的應用財產，也是被保護的。

這就是一九〇一年條律的全部原則。他是純粹唯實主義的，避免個人主義制度上所有形而上的難點。

不幸法國立法者不曾將這條律引到一個邏輯的結論。立法者被法國向來的畏懼所拘束，就是恐怕永久的寄贈（Mortmain），恐怕團體的產業擴張過大。這種恐懼，是不合理的，是與事實相反的。無論如何，一九〇一年的立法者是爲這種迷信所拘束，禁止寄贈財貨與集會；但是如集會已得政府命令認爲公益的團體也得受寄贈的財貨。這種限制當然不能持久，因爲事實的壓迫，消滅必就在目前了。

所以意志自治之形而上原則，在文明程度相似的國家中，慢慢的消滅了。一個極重要的新觀念，根據社會職務的唯實理想，漸漸發展，代替那個舊原則。

四　法律行動；遺囑法，契約法

二十三　意志之自治。　個人主義制度上第一結果既被推翻，那些附屬於意志自動原則的別種結果，即法律行動之觀念，及法律狀態之觀念，也漸漸消滅，或完全改變。契約在個人主義制度中，占據法律的重要地位，契約雖不必確依據意志自治之觀念，而實與這觀念有密切關係。所以現在契約也發生深廣的變遷。

我們先將以前所定的原則敍述一番。

第一，在個人主義制度下，每個權利之主人必定是意志之主人。現在這一點已經證明不實了。權利主人之觀念已被推翻。團體雖然不能認爲權利的主人，但近代的法律保護團體的法律行動。

第二，在個人主義制度下，每個權利主人的意志的行動是受保護的。此點乃個人主義制度的法典中極重要的原則。這個原則是這個制度的嚴格邏輯的結果。倘若我們承認，在個人主義觀念之下，每個人有一定分位或一種法律行動範圍，而以他的發動意志之自然天才爲根據爲標準；倘若我們承認一個團體的法律分位是其中衆分子的法律行動範圍所聯合構成的；那麽，這邏輯結論就是個人意志是完全有權力的，而這意志既能製造出每分子的法律行動範圍，就能夠改動這些範圍；所以一個特種法條必實實在在的保護這意志之本身。

法律行動可以解作任何意志行動；這意志的宗旨，是更改個人分位或個人法律行動範圍。這實在就是阿金庭民法典所下的定義：『法律行動就是意志的合法行動；這意志的直接目的，就是要在人類中設立法律關係，或製造權利，或更改，移轉，保存，或毀壞權利。』只有個人意志是被保護的，其所以被保護的原故，就只因爲是個人的意志。

有許多著作證明上節所述實在是那班起草個人主義的法典者的

思想。阿金庭法典已如上述。拿破侖法典上那些根本重要的條文，也已引用。但拿破侖法典上有一條文是我特別注重的：「在解釋合同的時候我們應當查明當事者的互關的意志，少考究文辭上字面的意義。」這當然規定以下的原則：能生法律結果者卽是意志之自身卽是意志主人所內含的意志。

此點誠然是超過羅馬法上形式主義的一個大進步。但是起草編訂拿破侖法典者，爲個人主義所浸潤，完全爲上述原則所拘束，對於業主之移換及財產權之成立諸事例中，也誤以爲應用此原則。不知在此等事例中應當以其行動之公開爲條件，不能以意志爲根據的。

二十四　意志之宣示。　近代法律之全部都是反對這上述的原則。關於業主移換及財產權之製造，到處皆發生一個完善的制度，這制度使這些行動有眞眞社會的性質。這一層我將在後邊解釋。再者，近代法律漸漸承認：那能生法律效果者，不是，也不當是意志內含的動作，（心理學家稱爲『願欲之動作』Volition）而當是意志之外現或意志之『宣示』（Declaration），如德人所稱的"Willenserklärung"。

這又是法律社會化的直接結果。若各條法律只代表一種對於意志主之保護，那所謂法律行動者根本上不過是權利主人的意志內含的動作，而法律所保護者不過是這種內含的動作。一旦我們承認，凡法律狀態之事實，非合於一種社會性的宗旨者，皆不該受保護，而每種法律狀態之事實，所以能有能力與效果者，只因爲他有合於社會的目的，那麽，這種事實狀態只能從那本身有社會性質的行動上發生。照這樣的推論，這種事實狀態只能起於意志的外現動作之中，因意志之不曾向外表現者，總是純粹個人主義的性質。意志的動作，只有因意志之表示方得成爲社會的動作。

所以近代法律都漸漸只保護那宣示出來的意志。但是，近代法律幷不是要回返到古羅馬法的形式主義。近代法律幷不堅持意志之宣示須用一種指定的形式，如口頭的或文字的，其所求者不過意志定須表出而已；表出所用之形式不關重要。意志內含的行動總不能受保護的。

但是迄於最近，現在近代法律所要求者不只是『宣示』還須有眞實的『志願』(Intention)扶助那宣示。必須有實行出來的意志。非有眞實的志願不能有所謂法律行動。但有時這個意志是含蓄的，而法律結果似乎仍附於外向的動作，而不附於內含的意志，這一層也實在是有的。

我們現在來考究這新觀念上幾個更重要的實在結果；這新觀念是直接因近代法律之社會化發生的。

設若眞實的意志與宣示出來的意志實不相符，設若二者之間多少有區別；那麼，這問題就是那不相同的一部分能否產生他眞心希冀的法律效果而不產生他宣布爲所希冀的法律效果？在前代傳來的制度上，這種證明是可以允許的。拿破侖法典第一一五六條即如是斷定的：『在解釋契約的時候，當斷定當事者的互關的意旨，而略視文辭上字面的意義。』在新制度中，即意志宣示之制度，——竟可以不許契約當事者作此種證明。他或可以證明以先他沒有『意志行動』(Act of will)。但是法國法庭中有些判決似乎在這種說法也不許。法庭對於契約當事者所不曾表出而實是眞心希冀的效果不能承認。

法國民事及行政法庭有許多有名的例，都應用這個原則。德國民法典（自一九〇〇年施行於全國）似乎更進一步。這法典不許意志宣示者證明他的宣言中有些事體不是他實在心願的，凡宣言上所稱各節照例一切皆爲有效。德國民法典第一一六條即含此意：『一個意旨之宣言不能因爲宣言者對於其中非眞願的事體私自保留遂認爲失效。倘若聽受這宣言者先知道有這項保留，這宣言始可作爲無效。」這個條文在其繁瑣的應用上實有許多難點費解釋，這些難點我不能在此處討論。但德國民法典所提出的解決法似乎在實行上有許多便利之處。(1)

二十五　法律行動之目的。　無論如何，我所主張的第一點就是近代法律既成了社會化，那被保護者決不是內含的意志，而必是宣示出來的意志；因爲只有這宣示出來的意志是影響到社會上的行動。

在討論意志自治之個人主義的理論之時，我曾聲明第三個定理爲

(1)梅尼阿（Meynial）說：「照德國民法典講來，法律行動的基礎——即主管這行動之動機及決定這行動之意旨的東西——卽是行動者之宣言而非居宣言背後之意志。除非用宣言形式將意志向外達出，那意志是無人過問的。從這宣言上推測意志之存在，根據這宣言，使這意志有一定的效力而不顧這意志眞存在與否，皆是合乎邏輯的。

意志行動之被保護，是以這行動目的之合法爲條件；而這條件是意志行動之法律保護的一個直接的滿足的試驗。在拿破侖法典及阿金庭法典中有許多條文成立這一點。就中如拿破侖法典第六條及阿金庭法典第九條，都包括關於意志自治的根本重要的宣言。此外，如阿金庭第九五三條：『法律行動之目的，必須無妨害於商務的，必須不被禁爲法律行動的目的的，必須非不可能的非違法的，不與善良道德相反的，或不爲法律所禁的。……』這個條文用反面的說法，明明指出那能生法律效果的意志行動的必要條件，卽是那行動必須有合法目的。

拿破侖法典也有同樣的結果。這法典第一一〇八條，於『目的』之外更要求『這契約義務之原由(Cause)必須合法。』第一一三一條至一一三三條都以『論原由』爲題目。第一一三一條說：『一種無原由的義務，或根據謬誤非法的「原由」皆不能有效力。』百年以來，評論家費盡腦力以求草定法典者用『原由』一詞之命意。古典派的個人主義者，如卜蘭尼阿（Plainiol），認『原因』與『目的』爲相同的名詞。例如他說，在買賣的契約中，賣出的貨色與價格，前者是賣者義務的『原由，』後者是買者義務的『目的；』在債務契約中，這『原由』就是債主對貸者的借貸物之交付，同時這借貸物就是借貸者義務的『目的；』所以在無『約因』（Consideration）的動作中，是完全無『原由』之可言；在法律行動中只有『目的』是要討論的。

但是現在有使古典派的自由主義者吃驚的，就是有許多判例法（Case-law）發現，其中『宗旨』（Purpose）及宗旨的社會價值占居重要地位。一個能生法律效果的意志行動當然要有合法的目的；但是不特此也，這行動一定要爲一種宗旨所限定，這個宗旨必定是一個社會團結的宗旨。換言之，就是一種有社會價值的目的，這目的是依照各國家中所流行的客觀本位的社會價值。這個顯然是法律社會化的結果。

從此可見一個新原素影響了變更了歷史的法律。指出社會宗旨在一般法律中而特別在近代法律中——公法及私法——極端重要的。就是大法學家伊赫林。

我現在可以詳細討論宗旨在法律上而特別在法律行動上的重要。但是我只舉幾點觀察與事例。

什麼是法律行動的『宗旨』與『目的』的區別呢？這區別是與意志行動的『目的』與『宗旨』的區別一樣。謂意志之宣示爲必要，并不是說法律行動不含有意志行動。意志行動之目的或法律行動之目的即是行動者所願望之事；例如，我願一個當事者允許給我一種物件或一種行動，這個物件或行動就是我的意志的目的。至於，我的『宗旨』就是我所以願此之原因：就是，我爲什麼願望某種義務發生，爲什麼願望某法律狀態發生，或爲什麼願望某當事者對於某物或某種行動允許給我的原因。無論我們承認意志之自由與否，（此是形而上的問題，我將謹謹規避，）意志行動的背後，總有一種決定行動的動機。這種動機明明就是這法律行動的宗旨；這法律行動就做成意志行動。伊赫林區別『宗旨』與『目的』曾舉出一個簡單明瞭的譬喻。他說，譬如我願飲一杯酒，飲一杯酒乃是我的『目的』，而欲自醉或欲解渴乃我的『宗旨』。那麼，這意志行動，雖有同樣目的，而因這兩種宗旨或此或彼所決定，實有大不相同的價值。

用近代法庭——特以法國法庭的案件，很容易證明近代法庭對於法律行動與古典派的理論相反，漸漸注重『宗旨』之原素。我評論幾個特著的事例。

我們先舉金錢借貸上幾個種類的契約。按歷來的法律觀念，倘若金錢已經由貸主交付與貸者，那貸者即是爲這契約所拘束的。這個有一個合法的『目的。』若依據拿破侖法典而尋求這『原由』(Cause)，就可以尋着這『原因』是從貸金所有權之交付時成立的。這個契約是物件上的契約。無論這借貸當事者心中的『宗旨』如何，那契約是有效的。這個道理在往日，看作爲無可辯駁的。在今日，法庭往往宣言，倘若這契約之結合與公共秩序或善良道德的宗旨相反，譬如貸金以設妓館，這契約就不發法律上的效力。

我們再舉一例。拿破侖法典第一九六五條宣言：『對於賭債或對於賭物之交付，無有法律行動之規定。』但是這個規條按條文本義明明是只能應用在賭債之自身；而按往日普通承認的觀念，那因賭博宗旨而結的貸金契約，是完全有效的，又是能夠產生法律效果的。今日，與此相反，那因賭博宗旨爲本人或爲別人而結的貸本借貸約，在民法之下，不發生效力。這是法庭中一向的法規。至於證明這種不良的意旨，他們竟以這些事實——如這借貸約是結於賭博場所或鄰近賭博場所，或結這契約者是專以貸金與賭博者爲職業，——爲依據。

第三個例就是拿破侖法典第九〇〇條的遺囑法。這條法律引起許多爭辯。在阿金庭法典中，沒有與他相當的條文。法國條文說：『在任何種類的財產移轉（或生人中的(Intervivos)移轉或遺囑的移轉）如所提出的條件，無履行之可能的，或與法律或與善良道德相反的，則視同無有。』這個條文沒有將『條件』(Condition)與『擔保權』(Lien)區別出來。這個區別，在阿金庭民法典第五五八條中是定得很清楚的。譬如那種遺囑附有不合法或不道德的目的的條款者，法國法庭久已依拿破侖法典第九〇〇條決然要除去這非法或非道德的『動因』而後纔與這遺產以效力。例如，遺產往往是一筆留與承受者的金錢，而以承受者之不結婚或不再婚爲條件。這種遺產以先就認爲絕對的遺贈，不承認那條件。在今日，法庭中已判決過許多有力的案件。法庭對於這些案件，必究問遺產者的宗旨，或其決意的動機。倘若他的遺贈的意旨，是要禁止一個人之結婚或再婚，則他的動作是由於一種不法的或竟不道德的反對社會的目的。因此，法庭必宣告其動作之無效。

可惜我不能詳細討論法國國家法院 (French Council of State) 對於『權利濫用』(Abuse of power) 之問題所應用『宗旨』理想的許多著名的判決。這個法庭遇有有關係者的請願，曾將行政官，(上自總統下至最低的官吏) 所作的公共行政的動作與法律授權時所默許的宗旨不合者，宣佈失效；即便這動作的意旨多少在一種行政官的法權範圍以內，亦認爲無效。所以，法國國家法院終至將那些所謂『隨意行動』(Discretionary) 的動作禁止。這隨意行動以先行政法之草訂者認爲一種信仰。

二十六　事實之法律狀態不能做成兩個主人間的關係。　我的第四個又是最末的定理，根本於意志自治之原則者，就是「每種法律狀態可以溯到兩個權利主人間的關係；這兩個權利主人一個是自動的，一個是被動的。」歷史的個人主義的理論中，只有這個可稱爲理論。在古昔羅馬的法學家已經說過『結合法』(Vinculum juris)，近代的著作者，仍爲個人主義的理論所支配的說：「可以使法律爲科學的那些根本概念如權利主人，自動權利，被動權利，權利目的等根本概念，本身固無實在性，但是，我們仍不得不承認他在實行上是必不可少的。」

我已經說過，按個人主義制度上的意志自治的理論，那事實的法律狀態只能認作兩個主人間的關係。阿金庭民法典第九四四條，對於這一層，表示極明瞭。有些個人主義者，固然仍舊主張物主的法律分位（換言之即是負有物權 Entitled to a right 'in rem' 的人）是一個例外。他們誠然說過，一種物上的權利（A right in rem）幷非兩個權利主人間關係。當事者直接對於物件施行這種權利，絕無被動的權利主人存在。但是，卜蘭尼阿，（他那有名的著作就是想努力維持那個人主義的制度）竟不躊躇的說這種說法完全與個人主義制度的根本原則相反；他以爲物權主人之法律分位，分析出來，當視爲兩個權利主人間的一種關係，這兩個權利主人一個是負有這物權的自動的主人，一個就是那反對施行這種權利的人。

大凡在實行上，那事實之法律狀態，往往是代表兩人間的一種關係；就中一個人必須履行一種積極的或消極的動作，另一個人可以要求履行這個動作。但是在現代文化中因爲他的社會的趨向，這一層不是重要的。有時有些事實狀態之存在，必須得承認及法律的保護；但是其間並沒有兩個人間的關係，其間似乎有（或只可以有）一種加諸意志上的義務而決無相互權利(Reciprocal right)之可能。這種事實狀態受法律的裁可，因爲按着『假設』推論，一種意志行動是以合於社會目的的宗旨爲原動力，又因爲『社會團結』(Social Solidarity)對於這行動有一種直接的利害關係。『簡括言之，事實狀態之能生法律效果者，不是兩個權利主人間的一種關係；我們無庸尋求那不存在的私事中的兩個成分，但應考查那意志的動作的宗旨是否與法規相合。』

二十七　私人基金爲遺囑所指定者。　以上所說的不僅是個『假設，』還可在許多的法律上看出，特以德國法律與法國法庭關於遺囑指定之私人基金之判決。——此類案件現在漸漸加增。

我現在舉一個最簡單的例。譬如我要遺下一筆貲財爲設立醫院之用，或者（如幾年前在法國引起多少評論的那龔枯爾(Goncourt)弟兄的遺囑）去建造一個文學院。按個人主義的理論，這遺囑不發生效力是無可疑的古典派著作者，如保地利拉康惕勒（Baudry-Lacantinerie），竟視此爲無庸討論。第一，這種遺贈之無效是依據拿破侖法典第九〇六條之第二節。此節規定，欲一種遺囑有效，至少當遺言者之死時，必將這受遺贈者認出。將設立的醫院，在遺言者之死時，不曾成立爲人格。這醫院非待到政府給以人格的時候不能成立，而政府給與人格當然在遺言者之死後。第二，這遺產之無效因爲他不會產出一種法律關係。每種發生效力的遺產，必須有兩方面的一種法律關係，就中一方面爲遺言者的後裔，即是這遺產之債務者；他方面，爲承受遺產者，即遺產之債權者。如上所舉之例，被動的權利主人（欠者）明明就是後裔；但自動的權利主人（被欠者）不甚顯而易見的，因爲在這個事例中，這遺產承受者不存在。

今日，對於這問題的這樣解決法（多少個人主義者雖然仍敢爲之辯護）是不能承認的了。在上述諸例或同樣例中，那遺產者目的極端的與社會團結相合。所以他的意志行動必當爲社會所保證。陳腐的法律，雖然禁止這種遺產，狹陋頑固的理論雖然否認這種遺產，但是無論如何，現在須認可的。守舊派法家的詭辯一定不發生效力，新的法規一定成立。反對者說，這樣做來，要製造些離開屬主的權利，——這實在是怪現象。我的回答就是：我們絕不創造什麽東西；這是客觀法律的一種規則，這規則是自然發生保護一種有社會價值的意志行動。我們絕不製造離開屬主的權利，因爲法律的保護絕非認有什麽權利主人之觀念。我們前邊已經說過，既無主觀權利之存在，亦無權利負有人或權利主之存在。

這種解決法在德國已經成爲法律。德國民法典第八十條說：「對於設立有法人格的基金，這捐助者之動作必爲這基金所在的州政府所承認；倘若這基金之位置不在任何邦界以內，則聯邦法院 (Federal Council) 之批准是必須的。」這樣看來，這法典承認遺囑所設立的基金有效。這基金的人格，固然只有政府有認可的權力；但這遺贈之有效，總是重要之點。他的效力之承認，彷彿是因爲這個基金是贈與一個機關，當遺言者死時已經存在而有法律人格。

二十八　法庭對於這個題目的判決。　在法國，關於這種事體，有兩種極有趣味的判決，一個是行政的判決，一個是司法的判決。現行法律雖然阻礙，個人主義者雖然抵抗，而法庭終能自由承認私人基金使其發生效力。我可以略述龔枯爾兄弟遺囑之事件；塞因（Seine）審判所與巴黎法院（Court of Paris）宣布這遺囑爲有效。龔枯爾兄弟將產業捐作建設文學院之用；當時有人說這種遺贈是無效力，因爲這遺贈是贈與一種當時不存在之人格。但是法國法庭絕不爲此種不合時宜的反對所窘；他們承認這遺囑的效力；今日這學院已經成立，盡行他的職能。（法國有名文學家如 Clarde Farrere 即藉着這個學院得以發揚他們的天才）

法國最高法庭對於另一案件，谷勞爾(Graule)的遺囑以其產業建設一窮老院也有同樣的判決。這個法庭更進一步，因爲他以爲政府雖然不使這基金有人格，但是他的後裔必須監視這基金用在目的上。此種慈善目的的基金在普通法律之下可以自己存在。這個判決對於這個問題，確定他爲合乎法律。

二十九　契約理論的變遷。　我們現在討論契約觀念的變遷。

契約在一切個人主義的法典中的地位，是很顯明。契約在衆個人間衆團體間衆國家間的關係中，事實上所保持的地位，仍是很重要的。但是契約也有與上文所述性質相同的深廣變遷，根本於同樣的原則，向同樣的方向發展。通常的見解，以爲只有契約能引起一種可生法律效果的事實狀態，現在已經不的確了。與契約並行的，又發現出些新種類的法律行動；這些行動那班個人主義者誤置於舊的契約範圍以內；其實這些行動明明是別爲一種，或者可稱爲單方面(Unilateral)的行動。

三十　個人主義的契約觀念。

按個人主義的制度，以爲只有契約能夠建立一種能生法律效果的事實狀態，是合於邏輯的。倘若每個人的法律分位或行動範圍是以個人意志爲根據，以個人意志爲標準，倘若能生法律效果的事實就是兩個人間的一種關係，就中一個人是自動之主一個人是彼動之主；那麼，這兩個意志之會合當然要更動法律行動之範圍，或縮減此人之範圍，或增加彼人之範圍。簡單言之，能生法律效果事實之狀態既然是兩個人間的關係，那麼，這狀態只能由兩個意志中一種關係之結合發生；有法律結果的事實狀態既然是聯起兩箇人的一種約束物，這當然代表兩個個人意志的約束物。

這個原則，在拿破侖法典及所有根據拿破侖法典的法典中，表現的很清楚。這個原則淵源於羅馬法，所有的法律家又都承認他爲不可磨滅的道理。嗣續之行爲認爲一個例外，但卽在嗣續之行爲內，嗣續者之承受遺產也是約束嗣續者的義務。只在生人中的交互行動上(Acts "inter vivos")認有極少的例外；但是卽便在這種例內，也不能否認一種義務之存在。但是，既爲契約的理論所支配，解釋這義務時，以這事實之發現，彷彿是已有契約存在。換言之，這義務似乎是「從契約中」("Quasi ex contractu")發生的。

那有名的熱心的個人主義的辯護者卜蘭尼阿，我已屢次稱道。他說，義務之根源只有兩種，卽契約與法律。在那正統派教義之下，這當然是合邏輯的。契約之外，換言之，卽更改各人行動範圍的兩個心理的同意之外，只有法律。因爲法律是全能的，所以能夠造出能生法律效果事實狀態。

三十一　羅馬的契約觀念。　羅馬法中關於契約的堅強的組織，一直保存在我們近代法典中。現在契約之種類，當然已不是如羅馬法中所限制的。契約自由，現在是一個原則。在拿破侖法典與阿金庭法典中，只要合同是有合法的目的，即成爲當事人的法律。這樣表示這原則，是不能滿意的。但這態度頗能將契約創造力提出。凡持有創造力，成爲一個契約的行動，一定要具羅馬法所定下的幾種條件；這行動一定要合於格烏斯（Gauis）帕匹尼安（Papinian）等所嚴格建造的模型，這模型已經完全無缺的傳到杜茂林（Dumoulin），泡第阿（Pothier），又傳到十九世紀大部分的法典編訂上。

這個模型是羅馬法上『誓約』（Stipulation）的公式：汝允諾否（Spondesne）？我允諾（Spondeo）。今日之結契約，當然不需何種誓詞，也不須加何種特別形式。但是兩個人的心理，必定要相會合；一個心理是要承諾某種事件之履行，一個心理是要享受這履行的利益。契約之發生，只在兩個心理由商議而接觸因而同意於一種行動目的之後；這就是契約之所以爲契約了；這就是在兩個個人意志會合以後發生的對於目的上的合同。人嘗說欲成功一個契約，一方面當事者的意志行動必定要爲他方面當事者意志行動所指定。

三十二　非契約之法律行動。　若上述各種條件不同時存在，照羅馬法制度與個人主義的法律制度說來即無契約。意志之會合實可以不要契約；而這種會合亦未常不可以稱爲契約；但是名同而實異，就引起多少糾紛謬誤。

在近代的社會生活中，有許多例可以產出那能有法律效果的事實狀態；但這事實狀態之根源實不是我剛才所說的那樣性質。這一層是無可驚奇的，因爲以契約爲事實狀態之根源的理想是根據一個觀念。這個觀念就是這種事實狀態總是兩個意志間的關係。我們既然承認那沒有那種性質的事實狀態也可以產生法律效果，我們必然要承認這種事實狀態能夠從契約（這契約一字是按着個人主義法律中所用的意義）

以外的其他根源上起來的。

但是大多數的法律家總是爲正統派的觀念所支配。他們看不出在這些行動上有個人主義的法律制度所不知的新的法律機能，又不去分析這些行動的奇異的性質，但竟將這些事實一齊放在那腐舊狹陋的契約模型中。他們正與對於『團體人格』所做的相同，煞費其辯解之力，證明所有這些新的行動實在是可溯源到契約上的。他們當然不能證明。因爲他們不能夠證明非契約的東西爲契約。此外，他們豈不是已承認契約一字之上必須加一個形容辭嗎？倘若一種行動實在是契約，這些形容辭豈不是不必需的嗎？他們用『表示允諾的行爲，』及『等於契約的行爲，』『過渡的契約』(Gate Contracts)，『合體契約』(Collective Contracts)，『協作的契約』(Contracts of Collaboration)，等字。這幾個字中沒有一個眞是契約。

三十三　等於契約的行爲。表明許多法律家所稱爲「表示允諾的行爲」及「等於契約的行爲」的最簡單的例，就是那習見的自動機(Automatic Slot-machine)。製造者，或政府的一個管理局，將這樣的一個自動機器放在一個公共地方，就成立了一種事實狀態，就是使無論何人以一種相當的錢幣置於這機器之中者，成爲這機器上所廣告的目的的債主，或所應還以這錢幣的債主。這種事體稱爲由「表示允諾的行爲」而成的契約，因爲用這個機器的當事者由他的行爲表示他對於一種事實狀態的允諾，這種允諾就成爲契約。

對於一種事實狀態表示允諾的行爲，誠然是有的，我不駁詰的，但是欲尋求這種行動的根源於那舊式契約，的確是錯誤的。我們尋不出兩個意志能面面相對而會合而同意。這兩個意志實完全各不相知，不能由任何公共的同意來指定正式契約上的文辭。這裏有兩種意志，一種發生一個事實狀態，這狀態之性質不是孤立的，不是暫時的，是普通的，永久的。一種意志是要享受那種事實狀態之益的。實則所謂主體權利，實是從一種單方面的意志中發生。當事者之目的是要去做一種法律行動，而用這種機械，合法的，有効的將他的欲望實行。因爲這種機械是合於一種合法的事實狀態。並無心理之會合，只有片面的意志表示。

三十四　利用一種公共服役之行動。　這個說法也可以用在個人利用公共服役之行動上。個人利用一種公共服役，對於這種服役付給法律所規定的費用。這個動作最合式的例，就是貼用郵票郵寄信札。個人主義者說這些行動造成一種運載的契約(Contract of Carriage)於國家與寄信者之間，國家爲載送者，寄信者爲被載者，這種契約是爲那運載契約上通常規則所支配。這樣剖析，我覺得是完全錯誤的。此處實無所謂契約；不過只有寄信者一方面的動作。那組成公共服役的法律，已經造出一個法律情勢，使任何個人能夠發動意志發生法律效果。他只要付出一筆爲有機法律所規定的這個服役的費用，他就可以隨意傳遞一個物件。此處所能夠發現出的只是一班合法的行爲。寄信者只須拿信交給郵局，他就是依法而發動意志，這就是合於規定這公共服役的法律。他的意志行動必須受保護。像這種契約，若當事者預先受約束，而又不能决定他們契約的條件，那豈不是一種很奇異的契約嗎？倘若我們將這契約認爲一種單方面的行動，其所以能生法律效果者是因爲合於公共服役的法律，那麼，這個情形就解釋明白了。

這些話不僅是辯論上的巧詞，亦不是純粹理論上的考慮；即使如此，亦應該解說這幾點，因爲一個觀念在理論上眞實，是極端重要的。但是這實在利益是顯而易見的。倘若一個負載的契約是存立的，國家（負載者）的負責必將爲那管理運輸契約的規條所試驗；這是純粹契約的問題。倘若不過是社會分子的單方面行動，而這分子是想依照法律來利用一種爲大衆利益而設的公共服役，那麼，這又是另外一個問題。這就是一個公共服役之對於私人負責的問題。這問題之解決，將依據一班另外的觀念。可惜我不能在此處討論這些問題。

三十五　構成所謂合體契約之行動。　近代法律關係上所發現的最有趣味的新行動，就是人所妄稱的『團體契約』。這個名詞的本身就是自相矛盾的。契約，在性質上，在定義上，完全是個人主義的。這一層我早已證實過。契約的性質與團體的性質是不相容的。法律家往往使自己的錯誤深陷欲犧牲一切而將這種行動強拉入那歷來的契約模型中，故將這種行爲叫作『團體契約』(Collective Contracts)。

兩年以前，法國立法研究社(Société d'études Législatives)（會中人員有法國最博深的法學者）打算草訂一種條例以管理勞動的團體契約，希望以這條例來指導下議院關於這個題目上的立法。這社中委員會所預備出之法律，直接爲民法上契約的綱領原則所感化；他們的事業竟沒有耐久的結果。有一個對於他們極適當的批評，說這草案上一個無可救藥的弊病就是將這種新式樣的法律動作歸併到那舊式的契約，而不知這種新的法律動作實代表一種完全不同的性質；這委員會的草案在下院討論時未得通過。

人所妄稱的團體契約，我將稱爲與法律相等之盟約(Compacts Equivalent to Laws)。我現在來討論這命名的意思。

三十六　對於履行公共服役之讓許。近代社會的團體契約可用兩種動作作例。履行公共服役的讓許(Concession)及所謂勞動的團體契約。

讓許在大體上是一種行動，一個社會(國家或省或府或地方)可由這種行動，以一種有條件的爲公共服役的義務加諸一個當事者之身；這受義務的當事者往往是一個公司(Company)。這些行動在細則上雖各有區別，但在近代國家中這些行動所在皆有，且皆有普通同樣的根本性質。今日允許這些行動專給公衆設備運輸的方法，（鐵路，市街鐵路，或公用汽車的路線）以煤氣與電力供給公衆照夜。

讓許的行爲當然即是契約。這些行爲包括一種有嚴格契約意義的原素，就是包括專支配社會（允給服役者）與被允給者間的關係一些條文，譬如關於允給原因的條件。但是『讓許』行動又包括（實在這是最重要的原素）許多影響第三當事者（公衆）的條文。例如那些決定這項『讓許』的施行條件的條文：譬如價格的計算，服役工人的工作條件等等。這後一類的條文，在歐洲許多關於這種讓許的契約中，可以尋得出的。按法國，一八九九年八月十日密勒蘭(Millerand)的條例，這些契約必須列入那所有為政府所締結的法律行為中。

這些條文的性質是什麼呢？個人主義派的法學家覺得很難決定他。這樣的規定直接的影響那些與這契約無關的人如公衆，乘客，煤電氣的用戶，傭工。這班人明明不是所謂『讓許契約』的關係人。契約的一個原則，就是關於契約的條文只能影響契約當事人，而不能有利或有害於第三者。拿破侖法典第一一六五條說得很明瞭，阿金庭民法典第一一九五及一一九九兩條也是如此。第一一九九條頗值得一引：『契約不能夠作反對第三者之用，或利於第三者之用，但第一一六五條及一一六二條所規定的事例不在此內。』個人主義者，明明是依靠這些例外的事例及類此的事例，（拿破侖法典中管理那對於第三者的利益允許的一一二〇與一一二一兩條所包括者）來解釋讓許行為上這些條文。這幾條款允許一種利於第三者的契約，并且宣言如果第三者承受這契約，則這契約可為有效。我覺得這些條款解釋不出什麼東西，絕對與讓許行為的問題無關。這些條款固然允許契約內加入特別條文之有明顯的決定的目的而能在第三者方面造出一種權利或義務者。（但第三者須允諾這個條文）但是，在讓許行為的契約中決不如此。契約中關於第三者的部分，決不包含有利於第三者或有所要求於第三者的條款。契約中往往包含許多規則，在事先設立了那被允許者和被傭者的分位，他方面設立了被允許者和公衆的分位。在這種事例中，並沒有什麼約款有利於第三者或有所要求於第三者的。所有的不過是一班規則將來依次應用在許多單獨的行動上的。

現在無論如何，這些規則不過是一種法律。這些規則的性質是普通的，普通正是法律的真性質。管理公共服役的法律就是這樣的按契約設立。普通的契約法律已不能應用，事實上已為一種新法律所代替。普通的契約法律本是打算規定個人間的關係的，但是現在所討論的是規定公共服役之條律。二者的區別是不可不承認的。

這種理論的變遷有極重大的影響；但是我不能在此處討論。今簡單述其影響。即倘若被允給者或政府行政之官吏不尊重關於第三者的條文，這第三者無論是公衆中的一分子或是被傭者，皆應以所在國中屬於一個契約關係人的一切強制執行的法律方法爲後盾，而督促這管理公役履行的規則之施行。

三十七　所謂勞動的團體契約。　勞動的團體契約發現的情形與上述的情形稍有不同。但是這契約的法律的性質有類於讓許行爲。我想阿金庭沒有許多這種契約的例。英法兩國常常用這種契約。這契約是非常重要；所以法國商部竟將關於這個題目的兩個議案報告於下議院。但是照我的意思，關於這個題目的立法時機尚早。

發生團體契約的根源最常見的就是勞動罷工。假使有一班泥水匠宣言罷工。俟雇主的組織與泥水匠工會有了諒解之後即恢復原狀。依照這種諒解，大家同意從此以後在該地方上雇用泥水匠的個人契約關於工資，時間等等問題必須合於這種諒解所決定的條件。這樣合同當然是合法的。這合同之目的是合法的。這合同是爲一種合於社會團結的宗旨所決定。什麽是這種合同的將來的效果呢？照我看來，不過是如此：倘若雇主不按這勞動合體契約所約定的條件範圍內雇用工人，這種個人的雇用契約就不發生效力。

但是什麽人來取消這種個人契約呢？取消又將在什麽時候呢？假如一個雇主雇用一個工人；這工人當那諒解成立的時候，即合體契約被採用的時候，倘不是那泥水匠工會中一個會員；或者他從那時候卸脫了這會員資格。這種個人雇用契約能因其不合於合體契約就無效嗎？倘若一個雇主會為雇主組織會（這組織會是合體契約一個當事者）中一個會員，而後來脫離此會，那麼，他仍受這合體契約的束縛嗎？工人能否個人要求取消這種背叛合體契約的契約呢？或只有工會能取消而個人不能呢？或必須雇主組織會之加入呢？

這些問題實是很重要的很難解決的。個人主義派（渴想犧牲一切而保守其契約上的正統觀念）只尋出『代理的原則』(Principle of agency) 對答這些問題。在擔任公共服役之履行的契約中，個人主義派勉強用一種利於第三者的條款解釋，在勞動合體契約中既不能採用第三者的條款，故只能用代理的原則。個人主義者說，合體契約乃成立於兩個組合體之間，這契約的效力只能及於那班付與這些組合體權力代表的人等。因此當結定契約之時不屬於各個組合體的工人或雇主，不能受合體契約的影響。再者權力的性質總是可以取消的，人不必永遠在組合中作一分子。所以雇主及工人永遠可以自由脫離或自由停止這合體契約的效力，就是說，合體契約在他們身上隨時可以不生效力。

這就是上文所說的『立法研究社』所採的理論。這個學者的團體討論這些困難抵觸之點，不得不認明解決之不可能。

三十八　等於法律的盟約。　合體契約是法律行動之一種；對於個人主義的正統模型，是新異的，是完全外來的。他是一種等於法律的契約(Compact equivalent to a law)，規定社會上兩個團體間的關係。他不是在兩個權利主間引起特別暫時義務的一種契約。他是一種法律，設立兩個社會團體間，永遠長存的關係。他定下法律條件，這些條件必爲這兩個團體中衆分子所結的個別契約所採用。這是一個眞正合理的觀察點，這觀察點解決了這困難，而供出一個基礎；在這基礎上那所謂合體契約可以成立。

我承認，即使在英法德諸國，這一部分的法律仍在發展的程序中，離結晶時期尚遠。這個法律觀念，假定各種類的工人階級皆已依法組織起來，每種工業亦已結成一種聯合，這聯合強而有力，所有同類的工人皆包括在內，即使有孤立的雇主或孤立的工人也無足重輕。照我的意思看來，許多歐洲國家皆趨向這種社會的，工業的國家。但是他們離着目標尚很遠。同時，這合體契約仍是未完結，未完成。但是那契約即在現在的情形已不合於那舊的契約的模型。

合體的契約引起公法上一個極重要的問題。我只能略略提及。我剛才說過等於法律的契約。但是法律與契約是否爲兩個絕不相謀的觀念？法律是否爲主權者所頒出而加諸其屬民身上的規條？這個定義以先爲人所常用；但現在的法律不是如此，或不是一概法律都如此。近代的公法所發現的變遷與私法的變遷相應合。國家主權漸漸消滅，正如個人自治權之漸漸消滅一樣。個人的主體權利（以『完全所有權』Dominium爲最嚴確的例）既漸漸消滅，所以國家的主體權利（完全主權Imperium）也漸漸消滅。行爲的規則爲許多社會團體間的契約所設立，而爲政府的實質力量所裁可的當然可以爲法律的一種根源。

五　傷害行爲負責之新觀念

三十九　個人主義的負責的原則。我現在沒有時間來討論這重大的負責問題；我只舉出那些根本重要的論點，表明這部分的法律也與一切別的法律一樣，現出社會性質的演化。

個人主義的『負責』原則，在拿破侖法典第一三八二條規定。『一個人的行動傷害及別人者，必定要這行動者賠贖他這種因過失而做的傷害。』阿金庭法典第一一〇九條差不多與這條一字不差：『無論何人做出一種行動，因過失或大意而使得別人受損害者，他是要賠贖這損害的。……』

四十　對於有害行動的主觀負責，及對於意外危險的客觀負責。這規條是很簡單，又與全部個人主義制度的組織相合。

兩個權利主人間的關係所發生的義務只能源於契約。倘若一種錯誤的或大意的行動能歸罪於一個當事者，這種歸罪就引起一個義務，要求他賠贘一個權利主所受的損害。受傷害的當事者，必證明那行動者的錯誤或大意。照最後的分析說來，那導成各當事者間法律關係的動因，實仍是權利主的意志。在這種制度中，權利主所有民事負責及刑事負責的惟一基礎，當然就是道德上的歸罪(Moral imputation)的原則。因此這個制度稱爲主觀負責(Subjective Liability)。

我不說主觀負責已經完全消滅，或應當完全消滅。這負責在衆個人的關係間，是繼續存在，當然要繼續存在於將來之長時期。但是我所主張的就是主體負責的範圍漸漸縮小；衆團體間或團體與個人間所發生的負責問題，（非衆個人間所發生的負責問題）已不能以『歸罪』爲標準。個人間的關係，實往往爲一種衆團體間的關係或團體與個人間的關係。這是不能否認的。在這種事例中，這問題並不是歸罪問題，不過是一種意外危險的問題。這問題就是要決定用什麽利益來始終保證那些團體活動所附帶而生的意外。如果將這問題這樣看來，這麽就發生一種客觀的負責，與主觀的負責不同。欲決定負責之存在與否，我們已不去查問是否有一種過失行動或大意行動之發生，只問那一個團體應當保證這意外。對於這一層僅有的證明，就是那弄出來的傷害。只要這一層一經認定，這負責自然的與往日一樣的出現了。

四十一　團體所有的客觀負責。　這種負責怎樣成了法律社會化的結果我們很容易看出。當個人生活上的行動皆是淵源於個人意志自動權的時候，除非將意志之結果看作義務，很難想像有義務發生。倘若一個權利主依照法律而發動意志，他因此成爲債權者，或債務者。倘若他違背法律而發動意志，他就對於這損害的範圍爲負責者或債務者。

現在社會的生活（即是今日映照於法律上的生活）乃個人活動或團體活動上分工的結果。團體不是意志之主，所以不能要求團體負責。但是團體活動仍是社會活動中一個重要的原素。團體所做的工作當然是利於社會全體的；但他的更直接的利益是囘到團體中各分子的。倘若這後者獲得那接近的利益，他就去防護個人或別的團體。因這個團體的活動而受得着的意外危險，也是公道的。

這是一個很簡單的觀念，所有客觀負責的案件都以這觀念爲樞紐。

去逐條研究近代律例及案件中客觀負責的例，是很有趣味的事。但是我只能提出兩個最重要的事例：一個就是對於工人意外危險的負責，一個是對於公共服役中損傷的負責。

四十二　對於工人受傷的負責。

那關於工人意外的一八九八年四月九日的條律又爲一九〇六年四月十二條律所完成所擴張，——這是在法國建立一個明顯的客觀負責的第一個法律。這種法律在外國，特如英德二國，早已成立。在法國，未曾通過這種法律以前，著作家及法庭人曾努力將證據的責任移轉以爲這個條律通過的先聲。他們宣言，除非雇主證明那過失可以歸罪於工人，就應當對於意外危險永遠負責。他們因爲要辯解他們的理論是對的，所以將拿破侖法典幾個條文的意義，特別是第一三八四條及以下諸條，牽強附會。及至一八九八年的條律就設立完全的客觀負責的制度。我們當然熟知這個原則。倘若工人在工作時受傷，或因僱傭而受損傷，僱主就負着這損傷賠償的責任。法律按着工資定他的賠償。工人只須證出意外危險的事實，雇主不能託詞於工人方面的大意或手術不巧而解除自己的責任。他欲避去負責，只有表明工人是有意傷害自己的。

個人主義派之抨擊這種制度仍甚力。這種制度固明明背乎個人主義的原則；但是這種制度之傳播，是個人主義失敗一個最好的證據。倘若我們只注意那工業界的關係，只雇主與傭工中的單獨關係，則所以能對於雇主而起的顯然只是一種損傷行爲的主體負責。則此處僅有的問題或就是這負責是源於契約(Ex contract)還是源於過失(Ex delicto)。但是在近代社會中情形已不同了。工業的機關在社會中已占重要地位。雇主實是施行一種社會的職務(Social function)。實則兩種相對立的原素卽資本與勞動。這全部的問題就是要決定這兩個原素中那一個應當保證這企業的意外危險，或這危險是否應當爲這兩原素所共同保證，而最末，傭工之災難或傭工之死是否構成危險之一部分。既然資本原素總是享受那企業上所有的利益，那麼這結論就是這個原素應當保證所有的危險，對於工人的災難負責。但這種負責是與『歸罪』的原素完全不相容的。

但是只有資本獨享這企業之益麼？勞動的原素在事實上不也是享受這利益麼？被傭者豈不是漸要增加他所享受的利益麼？使資本與勞動對於意外危險共同負責，（雖負責不必爲同等的）豈不是更合於近代社會演化的趨向麼？無論如何，一切企業豈不應當即刻依照工人是否實在參與利益之享受而區別出來麼？這都是經濟學上的問題，我不能在此處討論。

對於工人災難的負責，應當與法庭承認多次的客觀負責化爲一體。這負責的損傷是認作物所弄出的而非人所弄出的。法庭判定這物主必須賠償這物所弄出的損傷。除非這物主證出受傷者自己的過失，即無須賠償。財產在此處不能成爲權利，已成爲一種社會職務。這個道理我在下章解釋。物主既然享受他的工人健康之利益，那麼他就應當保證這物所弄出的災害。

四十三　公共服役中損傷的負責。　最末，客觀負責又明明在我所簡稱的「公共服役中損傷的負責」中發現。這個應當叫作「因為公共服役上可以發生的事實公共財庫所負之責。」法國國家法院的判決已經對於這件事設立一個理論，保護那享受公共服役的公衆。這個理論比其他國家所有者更為進步。我不能討論這理論。我願意討論公共服役的理論全部；但是那是在我的講題以外。總而言之，法國的理論是完全根據這個理想：公共財庫必須保證那因公共服役而起的危險。法國國家法院已不須個人證明那實在的過失是由於公共服役的代辦人。即為公共服役的傭工再者，無論公共服役是什麼種類，負責總是常在的。因為那種處理上負責的公共服役與處理上不負責的公共服役的舊區別現已完全消滅。最末，國家法院在今日竟容許那對於保安行動（Police acts）的負責了。

六　以財產爲一種社會職務之新觀念

四十四　財產已不是財產主的主體權利，而變成財產所有者的一種社會職務。古典派的法律家或者以財產爲一種職務是一種矛盾說法。他們相信財產自身並且從定義說來在法律上是有定的（Determinats）東西。他必定永遠是有定的東西；倘若他無定就不成爲財產了。我早已討論過這種對於法律先天的（A priori）武斷的方法。我所以不厭再煩聒者，因爲這方法在財產法上勢力之大比較在別的法律上爲更甚。

財產從法律上發生，因爲要應付一種經濟需要，（一切法律皆是應付需要）又將與那班經濟需要并行發展，這是不能否認的。但是在近代社會中，那爲財產法所應付的經濟需要，正經過一個深廣的變更。這種演化也是有一種社會的意義；他的方向是爲社會分子的嚴格互賴所指定。

這樣一來，財產已成為社會化了。社會化的意思並不是說財產變成經濟學意義的合體性(Collective)；他有兩個意思。第一，私有權不是私權，是社會職務。第二，法律所應保護的為團體宗旨而應用財產的事例日漸增多。

我當提出一個重要的限制。我的研究，只限於經濟學家所稱的資本家的財產，不論以消費為目的的財產。後者的性質完全不同，不能說他也經過一種社會的演化。資本家的財產，動產或不動產我都討論。這兩種財產的演化是一樣的。但是在不動產中所現出的演化或更驚人。因為這個原故，所以我用他來做例。

在阿金庭法典中，財產權的演化不及歐洲，特以關於土地所有權演化更遲緩。我或者可以形容阿金庭法律日前所走到的階段，為「以財產權為投機」之階段。但是他或者不久就能達到「以財產為一種職務」的階段。因為各國民的演化（特別是有同等文明的拉丁國民的演化）

是同樣的。

四十五　普通經濟需要爲關於財產的法律理論所應付。財產法所應付的是何種經濟需要呢？這個需要是很簡單的，又是在各個社會中明顯的。這就是爲某個人或團體的目的而應用某種財產。因此，社會應保證這種應用。什麼是滿足這需要所必需的呢？有兩件事是必需的：第一，每個動作合於這兩種目的之一者，照例要被承認的；第二，所有反於這種目的的動作，必爲社會所禁的。因求達這兩重目的而發展出來的社會機能，就是法律上所謂財產。若問什麼是財產的法律觀念，就須問什麼是那社會機能所根據的觀念。

四十六　個人主義制度下的財產。根據個人主義原則的法典如何發展出這個社會機能呢？他們的發展是很簡單的。第一層，那些起草法典者不會考究當時所存在的財產權的法律性，又不考究這些財產權是以什麼爲基礎。他們只承認現存的事實，而宣布其爲不可侵犯。再者，他們既是相信個人主義的，所以他們心目中只有爲着個人目的的財產應用，因爲這種應用正是個人自動權之履行與基本。他們直到現在，除却保護爲個人主義的應用的財產以外，不知更有其他。他們相信保護這種用途惟一的方法，就是拿一個絕對有效絕對耐久的主體權利贈給這財產所有者。附在一種物件（被使用的）上的權利，反與這權利相當的義務，則在物主以外的一切人的身上。簡單言之，他們採用羅馬法中「完全所有權」(Dominium)的嚴格的法律組織。

造成這制度的原則，是人所熟知我早已引用過。一七八九年人權宣言第十七條說：『財產是一種神聖不可侵犯的權利。……』阿金庭憲法第十七條說：『財產是不可侵犯的。……』拿破侖法典第五四四條所下定義就是：『財產是絕對的，享受一種物件的權利。……』阿金庭民法典

第二五〇六條說得更明顯：『財產是物件上的權利；因爲這權利，所以一個物件服從一個人的行動與意志。』第二五〇八條又補充此意：『財產權是絕對的，兩個人不能在同一個物件之全體上各有所有權。……』

這些條文顯出財產之絕對性與以私有爲權利之理想。這後者是個人主義觀念的一部分。財產權是人生意志自治權及個人主權的一個完全表現，正如立法權是國家主權的一個完全表現一樣。實在言之，完全所有權（Dominium）及完全主權（Imperium）是兩個同源的，始終平行的法律觀念。

四十七　今日所否認的結果。　以財產爲權利的結果，現在人都知道了。但是我們仍不妨將幾個主要的結果提出。

第一層，物主既有使用所有物之權，享受所有物之權，及處置所有物之權，（這些都是所有權的目的）他因這同樣理由對於所有物也有不使用之權，不享受之權，及不處置之權。結果，聽他的土地荒廢，聽他的城市房地毀壞，聽他的動產不生殖。

財產權是絕對的；甚至於對於公共權力(Public authority)仍爲絕對的。公共主權固然能夠用幾種警察性質的拘束加諸這財產權之上，但是除却督責一種相當的賠償以外，不能再處置他的財產之絕對即使影響了別人，亦不要緊，照保地利拉康惕勸的說法，物主可以在所有物上履行各種動作，而不問這種履行有否可指明的利益。倘若這樣做來傷及別人，他是不負責的；因爲他不過是做他的權利以內的事。

財產權又是絕對的耐久的，用遺囑移轉財產就以這個性質爲根據。因爲一個絕對權利的所有者，按邏輯有生前或死後的處置財產權。

我們很容易表出這些結果實在都不能代表眞相，至少在幾個國家中，特以在法國，不能代表眞相。我不必過於籠統，我只說全部個人主義的財產法日漸消滅。這種說法并不是沒有根據的；這說法是根據直接的事實觀察；因爲在常定的法律中，及判例的法律中，皆正發現許多直接與個人主義相反的原則。這豈不是證明上述那些結果所從生的法律制度是正在廢毀，正在消滅麼？

這消滅之普通原因又是我們前邊已經研究過的。這些原因就指定個人主義的制度的變遷方向。

第一，以財產爲主體權利純粹是形而上的觀念，極端的與近代的實證主義說相反。資本主人有駕御資本的權利，就等於說他有一種權力，本身超越別人意志之上又可現形於別人意志之上的權力。個人的完全所有權（Dominium）爲一種權利，與政府的完全主權（Imperium）爲權力根據地，是一樣的不可解。

再者，個人主義的財產制度是正在破壞。因爲這制度只保護個人的財產用途，以爲十分滿足。這個制度完全映照當時個人主義的社會觀。一七八九年人權宣言第二條發表這個制度最爲完備。『每種政治集會的目的，就是要保存人的自然本有的權利；這些權利就是自由權，財產權，保安權及抵抗壓制權。』當時法律要保護爲着私家目的的財產應用是因爲心目中只有個人，去注意個人的利益。今日世人都知個人是一個方法，不是目的；他只是大機器（社會全體）中一個輪盤；個人之所以能存在，只因爲他在社會工作之全體中履行他的部分工作。這樣看來，個人主義的制度與近代的心理顯然相對抗。

最末，個人主義的財產制度正在消滅；因爲這制度的發展，本來專是保護爲個人利益的財產應用；而在保護團體宗旨的財產應用上，是無用的。這個原因又引到我們前邊所研究的團體人格的問題。

四十八　財產主的義務。　上邊所說的就是財產新觀念的基礎。在近代生活中，凡是社會互賴之諒解已占勢力的地方，自由一物，已變作一種個人責任，使用他的身體智慧道德的能力來增殖這社會互賴。正如財產成了財產主的一個客觀義務，應當使用他的財產以扶助擴張這社會互賴。

每個人的義務應當履行一種職務於社會之中。這職務是依他的分位而定的。財產所有人，只因爲他的所有，就能夠做出別人所不能做的工作。他利用他的資本，他就獨自可以增加公共的富力。因爲許多社會的原因，他就有履行這種職務的責任。他這種動作將爲社會所保護。財產已不是產主的主體權，是產主的一種社會職務。

再者，在十九世紀中，第一推重這個理想的人就是孔德。他在一八五〇年寫道『照人類歷史上正當的情形看來，每個公民實在是一個公共的官吏。他的職務（多少是依事勢而定）決定了他的義務與他的權力。

這種普遍的原則，當然應該擴充到財產上，因爲財產是實證主義所發明的一種重要的社會職務的範圍。這所發明的職務就是要得到資本，管理資本，每代用這個資本以預備後一代的事業。若能澈底的了解這種財產應用的正當觀念，不特不絲毫縮減任何適宜的自由使用權，反提高財產的地位，或竟增加對於這自由使用權的尊敬。」今日，即個人主義最熱心的辯護者，即極端正統派的經濟學家，也不得不承認的就是，如果保護那爲着個人目的的財產應用，那就是因爲這應用可以有益於社會。考塞爾色奴意(Courcelle-Sencuil)，亦如孔德，曾說及商人的社會職務，物主的社會職務，及資本家的社會職務。法律已不保護所謂『物主的主體權。』法律對於財產主只保證他的履行社會職務的自由；這職務是因爲他的財產天然加在他身上的。這樣一來財產就特別成爲社會化。

我希望不要誤解這個道理。我幷不說，又絕不曾說，那私有權的經濟制度是正在消滅或應當消滅，我不過說財產保護所根據的法律觀念是正在改變。私有制無論如何總是繼續被保護，一切侵害；即國家的侵害也不能受。我將再進一步說，私有制之在新觀念中，較在舊觀念中，保護得更堅固的。

資本的財貨是爲幾個有數的個人所有也是我所承認的。我們用不着去批評或辯護這個事實；因爲這已經成爲事實，不必再白費力。我又不打算考究（如幾種思想派之所爲）有產者與無產者之間，或資本與勞動之間，是否有不可調和的衝突，在這衝突之中，是否應將資本毀滅。但是我不能不聲明，這幾派人的意見是採取一種完全錯誤的觀察。近代社會的組織，不是這樣簡單的。特別在法國，有許多人既是資本家，又是勞動者。鼓吹階級戰爭，是一種罪過。我相信我們現在不是向着衆階級相毀處進行，是趨向一種衆階級的協力，衆階級的階級制（Hierarchy）。

四十九　耕闢土地之義務。　以財產爲職務之觀念，及社會保護幾種財產應用之理想，供給出一個很簡單很明瞭的解釋，將那些與以財產爲權利的觀念的法律，及法庭判決，一齊解釋明白。

這種解釋，曾屢次惹起反對。那些反對者說：『我們了解你們的意見，我們甚至承認現在的社會是趨向一種法律制度，——在這制度中，財產權將以產主履行一種職務之責任爲根據。但是我們尚不曾達到這種狀態。這個證據就是現在尚沒有什麼條律要求一個產主去耕闢其土地，修整其房屋，或利用其資本，這些義務豈不是「以財產爲職務」之觀念當然的結果嗎？』

這種攻擊無以難我。我們不能因爲法律尚不曾直接強迫一個產主去耕闢其土地，修整其房屋，或利用其資本，遂以爲社會職務之理想幷沒有推翻主體財產權之理想。這種法律誠然尚未曾出現；因爲他的必要尚不甚覺得。譬如在法國，地主所荒廢的土地的總計或不生產的房屋的數目與已經利用的不動產的資本相較，爲數是很微末的。但是這個法律問題既然發生，就足以證明有變遷了。五十年以前，這個問題無人過問。今日，這問題則到處鼓盪。再者，倘若一國，如法國，有時土地之荒蕪成爲一個重要問題，那時就沒有人否認那立法干涉是適當的。至於失業問題或動產資本之停積，立法者或很難攻擊他。但是只要他能發現出不生產的資本停積，他就應當去禁止預防，這是無可疑的。

在那些仍在以私有爲投機 (Ownership-as-a-speculation) 的階段之國中，也正發生土地荒蕪之問題。這足以證明，即便在這種國中，以財產爲權利之觀念也漸要消滅。有些人以賤價買得大塊土地，聽其荒廢多年，而這地上自然增漲的價值更與以極厚的利益；這些人豈不是行爲上有罪過，豈不是應被禁止的麼？如果法律干涉禁止了這個行爲，這法律的政策是不容反駁的。但是這種政策與財產之不可侵犯權（產主有權隨意動作或放任不理權）之觀念就相去太遠了。

五十　英德兩國對於自然增價值的地產(Unearned increment)上的徵稅。在歐洲，鄉村郊野的地產，絲毫不靠人工，其價值自動的增漲，雖不像在南美洲（特別在阿金庭國）那樣捷速，也已到處發現。以財產為權利的觀念獨占勢力，不容其他觀念的時候，凡直接的或間接的關係於這自然增加的價值當然不成問題。但是今日這問題已到處顯出。兩個重要的國家如英德二國已對於這自然增漲的地產價值加徵一種租稅。

英國一九一〇年歲入案(Finance act)第一條設立一種稅法名『自增價值稅』(Increment value duty)：『對於地產上天然增漲的價值要徵收一種賦稅；自一九〇九年四月三十日以後生出的這種價值，每五鎊抽一鎊。』又照第十三條所規定，當租地期滿時在這地主所得利益的價值上徵收一種賦稅。這賦稅名『復得稅』(Reversion duty)，每十鎊的價值中徵取一鎊。不僅如此，這歲入案又不利於荒地的地主，對於荒地的地點的價值徵取一種特別稅。第十六條說：『按這條律中這部分所規定，自一九一〇年三月三十一日以後對於荒地的地點價值上徵取一種稅——名荒地稅——每二十先令中抽取半便士。』

德國的地產自增價值稅，爲一九〇九年七月十五日的帝國歲入律第九十節所創設，而爲一九一一年的條律所規定。按這個法律，每次地產移轉的時候，除却幾種免稅的特許外，必估計這地產上增漲的價值而抽取一部分爲賦稅，作爲一種生人中(Inter vivos)不動產移轉之條件。這種規定僅僅限於自然增漲，其產主勞績的價值不在內。關於這種稅法上瑣細的情節，可以讀奥注力(Oualid)的論文。他區別英國法律與德國法律的不同的原因是很對的。英國用這種賦稅爲改良經濟改良社會的器具。

德國的這種賦稅雖然用理論的原則來辯護，但是頒布這條律之眞動因就是要彌補帝國預算之不敷。

將這些條律與法國的條律相比較，很有用處。法國條律是不大著名又少見應用。這條律就是一八〇七年九月十六日所頒行的。這條律第三十條允許凡地產之因公共事業而得益者，可以從這地主所得的增加價値中抽取一部分，『譬如私地主因新街道之開闢，或因其他各種同性質的公共事業，或因一種省或市的公共事業而爲政府所命令所保護者，而獲其地產價値大增加之益；對於這種地產，可要求他付出一種賠償，這賠償率當這樣獲得的利益之半。』

五十一　關於財產用途之新理論。上邊所說的攻擊旣已駁倒，至於解釋以財產爲職務之觀念之範圍，或指出這觀念所藉以表白的公式是完全合於最近的案件與法律，這都是不難的事。可參考上邊已經說過的關於社會互賴與社會分工的話，我就自然的歸到兩個結論：

(1)產主有責任與權力去使用他的財產以滿足個人需要而特別滿足他自己的需要，及使用他的財產以發展他的身體智慧道德的能力。但是我們不可忘記，社會分工之發展，是與個人能力之發展爲直接的比例。

(2)產主有責任與權力去使用他的財產以滿足社會（國家，或國家中部分）的需要。

我的第一個結論說產主有責任與權力去使用他的財產以滿足他們個人需要。這個權力當然只包括那些與個人自由之施行相合的行動。（如上文所解釋者）換言之，就是合於個人能力之自由發展的行動。所以，不是爲公益的宗旨的行動，將認爲與財產法相反，就有被禁止或賠償之理由。

這個對於那些禁止產主挾其產業而作無益的行動的法律規條，解釋得很簡單，很合邏輯。近代的法律用這些理由，是可解釋明白的，用不着假借那矛盾的，無關係的權力誤用 (Abuse of power) 的理論，及限制財產權的理論。這些理論本來根據着一種不可能的區別，即常例的財產用途與非常例的財產用途的區別。倘若一個產主的行動雖然損害鄰人，而能合法的在其地產上建築一個房屋得到他的收入，那麼，必是因爲這產主是爲著自己眞正利益而使用其財產，也是爲著一種有利於社會互賴的宗旨。我履行一種社會職務，這職務是因爲我是那個地產之主纔能履行的。我於是就可以使社會需要得著滿足。在他方面，法庭可以不許我在地上建造籬笆，或在屋頂上設假烟通，或無意識的挖掘花園；因爲我這樣行動，既無益於己，又無益於社會。

但是反對者說法律所禁止的不是這個無益的行動，他眞禁止的就是這行動使得別人受着的損傷。他們這種說法不但完全不對而適得其反。如果這損傷是要賠償的，那麼，正是因爲做成這損傷的行動是被禁止的。我們已經看見，在衆個人間，除非損傷是可以歸責於一種過失行動的，損傷之事不是定要賠償。過失的行動，不過即是違反法律。這個道理即是倘若產生的行動無益於己而有害於人，法律對於此種行動之禁止即以責其賠償爲推行方法。但這種禁止是可以獨立的；因爲如不禁止，也就用不着這種辦法。倘若一種行爲不被禁止，那麼，這行爲就不是違法的；那受這行動之害者，也就得不着賠償。

我們很容易看出那新的財產理論所根據的理想，與那些法律和法庭所設立的原則是相符合的，這些原則與財產舊觀念的原則正相反。

倘若財產是對於物的絕對權，這產主即有權利防止第三者侵犯這物件。這物件就是他的權利的目的，即便第三者的行動絲毫於他無損，絲毫不減少他對於這物的享受，也是不許的。近來有幾國（法國最著）的法律，允許人得在私產上（卽便是爲私的目的）可以建造電報線電話線或使用電力，而不認爲侵占行爲，或應有賠償之責。這些事件除非顯出物質的損害不負什麼損傷之責。我們要注意的就是私家裝設的電報電話，或引用電力到私家工廠，也是允許的。一八八五年七月二十八日條律，規定電報電話線之建造與維持；一九〇六年六月十五日條律，規定電力之分配。這兩條律是現在新發展的好例足以形容科學之進步使社會團結之約束日漸堅強，並且發生新的法律觀念。

法國法庭中更發生一個問題，就是個人能否不假政府之力，強迫一個產主允許電力線或電流線之爲電燈用者可以經過他的房屋，或地產之上。法庭尚不敢趨於極端。但這問題既然鄭重的討論，就足以表明我們與那以私有權爲絕對權利之舊觀念及這舊觀念之應用相去已如何之遠了。這個應用就是在拿破侖法典第一篇第五五二條所表白出的：『地土所有權，包含一切地上地下物之所有權。」

五十二　關於財產誤用之理論。　我們略述近代發展的權利誤用之原則。

在一八五五年那樣早的時候，法國法庭（考爾馬法庭 Colmar）已判決道：「如果財產權在原則上是一種絕對意義的權利，使產主有隨意使用或妄用其所有物之能力；但這種權利之施行，也必如任何別種權之施行，應當以滿足一種重要合法的利益爲限制。」因此當時法庭令一個產主撤除他的地產上的有障礙的牆壁。法庭（格斯 Gex 法庭在一九〇〇年）的判詞說：「某甲保存這無益於己而有害於鄰的障礙牆，不能不妄用他的權利。」最高法庭也判決過，一個地主不得在他的土地上挖掘無宗旨而損及鄰人的穴道。這判決說：「法典第五百四十四條，給與每人以在絕對可能的態度中，享受，賣送財產之權。這個絕對權受一種自然的法律的義務的限制，不許加損害於他人的財產。某甲在他自己地產上所開鑿者，已證明是最有損於他鄰人地產上的水道，而又不能有益於他自己的水道。……」

古典派的個人主義家，曾努力保守以財產爲絕對權之原則，幷且批評這些法庭的判決。保地利拉康惕勸爲此尤力。他說：『建築牆壁於我的地產之上，（我的土地是自由不受他人的役使的）這牆壁遮斷鄰人房屋所享受的風景，然而我不負什麽賠償之責，因爲我只是利用我的權利：Neminem laeditqui suojure utitur。」別的個人主義者，雖是猶疑不定，然已容納限制財產權之理想。但是限制財產是很重大的。這種限制，豈不是毀滅權利的本身嗎？況且這限制是以什麽爲根據，怎樣計量呢？

這些難點引起許多討論及學理上的區別，但是毫無結果。這是當然的。一方面，財產是解釋作一種任意享受或處置物件的權利；而他方面，又宣言這種隨意權是有限制的。再者，欲解釋這些判決案，（這些判決案是現代法律情形之明確的表現，）只說財產權之有限制，是不夠的。如果，財產權只受限制，則產主方面的義務卽是對於財產有些行動不能自由。幷且這義務不僅是不得做幾種的事，這裏已經有肯定的義務（Affirmative obligations）了。譬如，有些事體中，這產主必須先有所預防，倘若他不預防，他就應當負責。法國最高法庭的一個判決，關於此點，特別可注意的。他說：「倘若一個製造家，經營工廠時，不先預行防止損傷，而竟損傷及鄰人，而這損傷又非僅僅拿通常連帶地主的義務所可計量，那麼，他是有過失的；與此意相反的判決（卽上訴所由起的判決）是違反民法典第一三八二條。」我幷不說最高法庭的這樣判決是無可批評。我要袒護他的緣故，就因爲他可以表明這最高法庭已毫不猶疑的承認產主應負肯定的義務了。

有些人想用一種初看似乎很動人而現在也仍見信用的理論來避

去上文所述的困難抵觸之點。德意志民法典及瑞士民法典嘗採用這個理論。法國已經用科學方法研究這個理論。作這研究最著名的就是薩勒伊(Salilles)約塞蘭(Josserand)費倫(Ferron)累帕特(Ripert)。德國民法典第二二六條說：『一種權利之施行只能有損傷他人的宗旨者，是不合法的。』瑞士民法典第二篇第三題宣言：『法律不保護那明明的妄用其權利的人。』

他們構造這權利誤用理論的本事，我很佩服的。但是他們不能有所成功；因爲這理論在發端時，已是自相矛盾。說一種權利誤用是不許的，或進一步說法律不保護一個明明誤用其權利的人，不過是說一個人不得做他無權能做的事，或超過一個指定權利上所特許的事。這些話是絲毫不新奇的。權利誤用之理論本身不包含什麼新奇的東西。我不贊成卜蘭尼阿所說的，『權利誤用是幾個自相矛盾的字；』但是我也同他一樣相信，如果這裏有一個權利，那麼，一經誤用這權利就停止了。

這個道理就是『權利誤用』之理論（或只說這種成語）可以用他的歷史來解釋的。這理論本是法律家所創造的器具，用以避去財產權絕對性上所發生的那些邏輯的結果，而又藉以保存那絕對的特性。因爲這個原因，權利誤用之理論一向只應用在財產權上。這個器具，在別的目的上，也已經應用得頗有成效，就是用這器具置政府行政官的『隨意獨裁的行動』於司法管理之下。政府的『完全主權』(Imperium)，既認爲絕對的，那麼，每種行政行爲如果形式正當，手續合法，而又爲有權作此的官吏所作者，無論他的行爲的宗旨如何，應認爲正當。法國國家法院巧妙的採用這『權利誤用』之理論。這理論後來就漸漸與『逾越權柄』(Exceeding one's authority) 相混。這兩個實本是同樣的東西。一個行政官無論他履行一種無權能行的動作，或履行一種表面上爲他法權範圍以內的動作，而宗旨實與這授權的本意不同的，兩者都是踰越他的權力。「權力誤用」及「權利誤用」本是兩個器具，用以反抗「所有權」(Dominium)及「主權」(Imperium)絕對性的結果者。我們已經承認，誤用權柄與踰越權柄是一樣的事。我們現在也不得不承認，誤用一個人的財產權與超過一個人的財產權上的限制，也是一樣的事。這樣看來，就明白「權利誤用」之理論不能解釋產主負責的理由，就明白主張這個理論者與那班只宣言財產自身是受限制的人一樣受用了。

累帕特及費倫所定出的方程式，表示權利誤用最好。照他們說，這種誤用之發生，就是在一個人越分發達或非常發達他的活動力，他的自由，他的財產權，因而阻害別人之照常發達活動力，發達自由，發達財產權的時候。那末權利之誤用，就是那種權利上之越分施行了。但是，還有須解決者，就是權利之經常的施行或非常的施行，究竟是什麽，特別在財產權中究竟何爲經常的施行與非常的施行。這當然不是容易的事，我說這是不可能的事。在社會學中，『經常』(Normal)觀念，及『非常』(Abnormal)觀念，卽使有杜爾凱姆(Durkeim)爲之辯護，實無結果。據社會學者的杜爾凱姆說凡屬於一切社會行動之中數(Mean)者都爲經常。但是這樣講來，我們必須指定一個基礎以設立這個中數；然而這明明是不可能的。而財產享受的經常態度，特別更難指定。

五十三 一九〇七年法國條律之關於教會者。 我在五十一節中曾定出兩個結論，那第二個就是財產主有責任與權力去使用他的財產以滿足全社會（或大或小）的公共需要，或藉達一種有益於團體的宗旨，——當然以這宗旨之合法爲條件。這一條定論引着承認團體的公共基金之存在。換言之，就是承認爲幾種用途而公共集款之自由。這種說法就掃清團體人格上那些枉費心機的紛爭。

我指出這個規條大可注意的一種應用。因爲這個應用形容出這新的財產觀念（就是我所謂『財產之用於幾種用場』或『無私有主之私有權』）代替以『財產爲權利』之舊觀念。這種變遷見於法國國家與教會分離的法律結果。這個結果實在值得精心的研究。一九〇五年九月九日的分離法(The law of separation)承認教會財產是屬於國家的，或屬於各省的，或是大多數屬於都邑的；但這財產應當讓那些宗教集會（爲禮拜宗旨而組織者）用作禮拜之事。羅馬教皇派惡斯第十(Pius X)一九〇八年二月十一日的教皇告示『Vehementer nos』中，及一九〇六年八月十日告示『Gravissimo officii munere』中正式禁止法國天主教士與尋常百姓合組集會而作禮拜之事。結果，國家與都邑似乎可以使用各教堂，就是說可以自由使用這些教堂之所有權。但是一九〇七年正月二日所通過的白利安法(Briand Law)又宣言：『沒有禮拜集會的時候，那些禮拜作用的房宇及這些房宇內的傢具，將留與天主教教士，教民作練習信心之用。』

這個法律所言不過如此；那些草訂這法律者不會預見到推行的時候必然見出的結果。衝突之發生，往往見於市長與牧師之間。牧師本是天主教照章派定者；但市長以本市為主人之名有時延用一個別派的教士：這個教士所介紹於都市的禮拜形式，也是別派的。正統的天主教徒及教士為天主教所照章派定者，要求以教堂作天主教禮拜之用。但是他們有什麼法律的方法能使他們的宗旨有效果呢？他們不是物主，因為這個都市是物主。他們不能號稱財產的享受應用者，因為他們不是一個法人，不是一個權利主；換言之，禮拜者之團體當然不會負有法律人格，而教士除了他所受之私人格以外也不會有法律人格。所以教會的會友沒有訴訟權利。在個人主義或主體觀念的制度中，他們不能有這權利；但是「法國國家決院及民事法庭已經傳下來許多很重要的判決，承認在一個都市中，正統的教士或任何正統的教民有訴訟的權力，藉這權力以求保護他們，爲著天主教禮拜而使用教堂之權；即使他們對於這都市本身（物主）而訴訟，也是許可的。我們從此可見財產權之本身是可以渺視的，而對於一種用途的財產權應用是完全重要的。這個應用之受保護，甚至於可以反對財產權之本身。這個地方，對於一種用途之財產應用，是保護得這樣有力；權利主或主觀權利這兩個東西皆無發現之餘地了。關於我前邊早已概括寫出的法律觀念之演化，恐不能尋出比這個再動人的例子了。

第二章　家族、繼承、人格上原則的變遷

導言

我們這篇研究，表出拿破侖民法典施行以後法國私法上所有的變遷。所以我們要用這法典草訂者的著作做我們的起點；表出在這百餘年

中，他們的著作怎樣的發展，完成，修正。

有些時候，改良的萌芽含在法典本身之中；只有改良的原則設立。例如，在家庭組織中父母權已不能算是專爲便於使用這權者而設的一種權利。在一八〇四年那樣早的時候，父母權就已經成爲簡單的保護權，換言之，就是爲父者履行其對於子女義務的一個方法。但是當時只將這個觀念表出，他的結果並不曾實地演出。到後來，這些結果漸漸顯出，因而被人承認。在這個事例中，我們要研究這個觀念如何影響後來的法律，習慣及立法者與裁判者。在此外別的事例中，已經有一種對於這法典的反動。一種新潮流已經發生；法律的制裁已經爲一種新精神所感動。法家覺得有些條文是不便的，是不公道的；這些條文已經被删除或被改良。我們只舉那些影響私生子的境遇影響已婚婦境遇及影響工人雇主間關係的法律就足夠了。

我們幷不要作一個完全無缺的調查，無罣漏，詳述每種變遷每種改良。我們只研究私法中一定的範圍，就是那關於家族，關於財產權，關於損傷行爲負責的範圍。

我們觀察家族組織中所有的變遷，就將往日家族與今日家族的區別概括的表出了。

在舊制度之下，家族一物是很穩固的，組織得很堅的，鄉間的地產可以算是家族的主要維繫物。所謂貴族卽是土地的貴族。習慣之保證土地的保守及無分析的土地遺傳，竟較法律爲尤力。這種保守與遺傳，對於家族中一切分子爲永遠保護的根源。

今日的家族是浮動的，不穩的，組織不大堅固的。我們覺得，將家族所受的經濟勢力形容出來，是重要的事；而第一重要的就是那強迫地產分析的經濟勢力。地產是一代一代的分析下來的。這種分析的進行，豈不是毀壞家族及小私有權麼？在團體協作的時代，握財權的寡頭政治已經代替了土地貴族政治。抱有資本的家族是分爲兩類；極少數的家族，保持大企業之處理權及這利益之大部分；此外皆是被動的勞動營生者，這班人離了法律保護卽不能動作。法律對微小的貯蓄者的保護很少，此外應該爲小貯蓄者規定的保護還很多。最末，家庭的組織已經因工業勞動解紐。這種勞動將父母幼童招入工廠作工。要拯救這弊端，法律干涉又是必要的。因此，我們從家庭利益的方面看來要研究那規定工業勞動的問題。

嚴格說來，我們不供出什麼結論。我們的一個目的就是要給出一個時期中的法律演化。這種演化，正如生命之不可預料，其極深的意義，及其眞實的性格，竟不易看出。本篇陳述事實更重於討論理想。我們所討論的問題非隨意選擇所容易解決的。不待我們的允許，事實竟爲我們解決了。無論我們願不願，無論我們意見如何，今日在我們這樣國家中，民治主義，法律前之平等普通選舉，都是不可不計算的事實。已婚婦及幼童之保護，勞動的規則，因社會利益而加諸私人財產上的繼長增多的限制，也是這同種類的事實。

民治主義在法律上的動作，不僅是必要的，我們歡迎他是一種進步。民治主義所成就的工作雖不免令人覺得大有缺憾；但照我們看來，在大體上還是有益的。民治主義因為保證各人權利，所以漸減少世界上不公道的苦痛。

一 往日的家族及今日的家族

一 社會環境之影響。

在過去百年中，家族的組織上有什麼變遷呢？是否已形薄弱呢？是否解紐呢？是否破壞民法典所定的束縛呢？是否……

民法典以婚姻為家庭的法律基礎：從婚姻上就生出兩人關係，生出父母權，生出嗣續權。法國的家族關係制度之全部就是根據於婚姻的。婚姻設立父母家庭與其子女間的束縛；私生的非法子既不屬於父家，亦不屬於母家。但無論如何，我們必須計量那繼長增多的不規則的男女媾合事件，而思考這增多的原因。改良私生子的地位，已成了一件必要的事。立法者不得不思考這些不規則的男女媾合，以這種媾合爲家庭關係的第二個基礎，而在幾種條件之下與以承認幷與以幾種效力。

社會環境在家族上的影響已經到了什麼地步呢？戴因(Taine)論這個問題是這樣的：「教會，學校，家庭，現代的環境，安易，困難，這些東西都是在社會（組織得像我們現在的社會的）所有的環境內生存。」他並沒有解決這個問題。這個問題太複雜，不能籠統觀察而只與以一種解決。這問題之解決必先需許多窮源竟委的家庭研究，追溯幾代時間上，空間上家庭的歷史；了解家庭的來源及進步，曉得他們的勢力是怎樣生長，怎樣保存，他們的衰敗是什麼原因什麼性質。社會學家很少涉及這種論料。只有小說家曾嘗試過。巴爾雜克（Balzac）及左拉（Zola）皆曾描寫一個時代，表出那時代的痛苦，災難，各階級的弊病及經濟制度之不公平。但不幸在這些著作中，終無從區別虛想與觀察，區別玄談與實情。

凡遇著一種過於普通的問題，我們不得不將他分開從各方面上觀察，將那可以決定一種效果的原因一個個的分開研究。例如，我們可以調查幾種制度在家族上的影響，或調查幾種經濟事實（如土地之強迫分析，動產之發生，或工業的勞動制度，）在家族上的影響。我們又可以用一種比較法，區別往日家族與今日家族的主要的情狀。

二　舊制度時代之家族。　若說我們知道往日的家族比知道我們現代的家族好些，這個似乎不大近情理。但是實在沒有比觀察了解現代再困難的事了。照戴因說來，想教我們自己離開我們自己的觀念，「想強迫我們的心理退出那必要的距離，站得遠遠的，採取旁觀批評者的觀察點，想把我們自身我們的觀念及我們這時候所有的各種建設品當作科學的目標來加以觀察，那麼，必須有一種很大的魄力，有許多預防及深長的反省。』我們對於我們自己的家族所知者極少。我們這家族是一向屬於同樣的社會的經濟階級嗎？如若不然，這變遷是怎樣出現的呢？倘若這裏已經有衰敗或窮乏的現象，我們或我們的祖先應當負多少的責任呢？我們所知道的每個家族，只不過外面的歷史，他的顯明的家產，他的職業，他與外界的關係，他所保持的名譽；至於他的忍受，他的內部痛苦，及他的有損尊嚴的動作，皆是隱而不知的。每個家族團體無不設法隱藏或消滅其中各分子的過失與弱點。

在他方面，有些公私紀載札記之類，常極明白的指示我們那過去時代的家族歷史。有些家族紀錄已經刊行；這些紀錄向來是要保存的。所有家族中緊要的事件，如譜系，婚姻，親屬的死生，家產，家常什物，財產文契，皆載在上面的。

將這些重要的事實加以權衡，因而顯出兩個根本區別。往日的家族是比較今日的家族大而堅固；父母權是較強更受尊敬的。在舊制度之下，中等鄉農階級的家族，組織穩固，忠守家風，操一個職業住在一個地點。及家族漸大，有些子女常常離開這地點而自立於別處。但這家族的中樞總永遠保守在這裏，而在每一代中，必在所選擇的職業中，如律師，商人，農人，有一個代表。我們若參考小省府的紀載，我們發見一個家族有在一個地方居留數百年者。這家族是漸漸興起的，每一代必走上一個新階段，泡爾波爾若(Paul Bourget)稱這種進步爲『路程碑』("Mile-stones" "L'étape")。

今日家族的情形遠不像從前那樣穩固。父母當大大的犧牲，爲其少數子女預備將來的自立，將慈愛心集中於子女的身上。家族分子的競爭已極猛銳，骨肉團結一義已形薄弱。各人不必代別人憂慮；各人只能依靠自己。有些分子努力前進，境況自然日高；但那班墮落者不免是自暴自棄陷入苦境。此外有一種很特別的現象，就是城市移居（Urban immigration）。城市差不多成爲一種吸力。在一八四六年，法國城市人口尚不及全國人口四分之一。在一八九六年已經超過三分之一，將來不久必能達二分之一。這種播遷破解家族的約束，親族已各不相知，或竟無從相見。

古代的家族不但是較整齊較穩固，而且是更爲服從家規。父母權是極不可屈的，——特別是在那些南部，所謂成文法的省分，就是仍保存羅馬勢力的省分。父母權是與壽命同終的；其效力之繼續是不顧子女的年齡，除非爲父母者用一種正式自動的解放行動棄去自己的權利，是始終有効的。在幾個成文法的省分中，婚姻誠然解放了。但是這種解放似乎成了特例；而照那反對這種解放的幾個議會的判決，孫子的婚姻不在其父親（這父親的婚姻也未曾受解放）的權力之下，而（正如在羅馬時代）

在其祖父權力之下。吉白特（Guibert）所作里茂生（Limousin）家族的紀錄中，載一段極遲晚的解放的故事。這些解放，恰在革命時代廢除父母權之永久的法制頒行前幾個星期。這紀錄說一個爲父者已到了風燭殘年，法庭人不得不來到他家中審判。這兒子已四十七歲，是巴左謝昂卦傷內（Bzaoches-en-Gâtinais）地方的一個神父。他跪在他的父親的面前，緊握兩手，求他的父親解放他，使他可以處理他的事務如同一個自由獨立的人。這老年的父親宣布允意，從此以後將他的兒子放出他的權力以外；他於是扶起他的兒子，拉開他兒子的兩手，這就是解放的符號了。

除開幾個特別種類的財產（私產 Peculæ）所有兒子的進款是絕對的（或至少在奉養上）屬於他的父親的。即便得着父親的允許，爲子者也不能立自己的遺囑。羅馬時代元老院關於馬塞多的議決（Senatusconsultum Macedonianum）仍是有効的。依照這法，爲子者即便年齡長大亦不能結立什麼借貸契約。

爲父者對於其子的人格有修正指導之全權。這個權利也是羅馬法的遺物。所有關於將來的決意，如婚姻，或前程之選定，皆由爲父者作主，或至少也要由他提議。這種權勢之被尊敬，竟到了如此的地步，我們竟不能問他是根本於法律抑根本於習慣。爲父母者可以自己懲罰他的兒子，但不能超過一種限制；這限制是因時間，地點，而有種種不同。他可以要求一個法庭命令將他的兒子提往監獄；而在許多事例中，拘禁的命令是不能反抗的。在往日，常有一個兒子年歲已是很大的，而因其父之要求，竟下之於獄。但一六七三年三月九日巴黎議會的一道命令決定這種權利當兒子到了二十五歲時卽不能使用。這個規定在那些成文法的省分中似乎也不是沒有勢力。但是不要以爲卽便在極端的事例中，爲父者對於成年的兒子身上的權力，也是完全取褫。倘若是一個高級的貴族，他能夠從國王那裏得着一『緊急逮捕令』(Lettre de cachet)。密臘波(Mirabeau)當二十五歲時，就是因其父之請求由一個『緊急逮捕令』在一七七四年被監禁到亦夫堡(Chateau d'If)。一七六三年七月十五日的命令也是同樣決定：『倘若兒子做了些不規則的事，有危及其家族的聲譽與安甯之可能而又無從宣布他的法律上的罪名者，爲父母者可以要求海陸軍大臣將他的兒子放逐到德色悅島(Island of La Désirade)。倘若父母的理由被認爲正當的，那麼，他們的兒子將由王令押往這島。當他們到了羅西堡(Rochefort)之後，他們的拘留費與生活費將爲國王所擔負。』

爲父者有不滿於其子之處，不必使用這種嚴酷的方法，也可以取褫他兒子的『依法應得的財產部分，』或屏逐他不許他做繼承人。不許兒子繼承之權，不能算是專制。但這權只能有正當的理由纔能使用，如優斯梯尼亞帝的新律例第一一五條(Justinian's 115th Novel)所稱的十四個理由。無父母之允許而結婚，或至少在一定的年齡以前（女子在二十五歲以前，男子在三十以前）無允許而結婚者，已經爲幾道王令所視爲取消其繼承權的一種理由。

三　家人團集上之變遷。　我們現在計算家庭組織上變遷的重要。有兩個觀念已經作長時期的競爭，而結果歸於一個觀念的勝利。父母權已不是專爲便於父母而設的一種權利，已成爲一個簡單的保護權，就是成了爲父者履行對於子女的義務一種方法。從民法典施行的時候更開始一個，新的演化。這個新原則上邏輯的結果漸漸現出，發生效力。爲父者不履行與他的權力相合的義務，或使用權力時改變了這權力原來的宗旨，立法者必要加以干涉。關於強迫教育的法律，關於幼年工人的法律，及保護罪受虐待或放棄的幼童的法律，皆屬於這種必要的。

簡單言之，這個地方是權力少，而仁愛多。今日生命之被犧牲者較往日爲少。均平的析產雖不能使衆子女間永無衝突，然至少已經消滅了許多發生忌妬心的重要理由。家族的組織不特不漸形薄弱，實是更較團集。

試看各種社會階級中爲父母者所負的犧牲，如撫養子女，注意子女的衞生，預備子女的教育，幫助子女自立，幷且希望他們的前程遠勝於自己，我們就明明的看出家族的精神現在並未消滅。國家決不能希望代替父母的地位，而有同樣的親切心與發動力；凡不適當的國家干涉必引起猛烈的反抗。民法典施行以後的法律，甚爲明顯。這些法律實表明政府的干涉是漸漸增加，但是這些法律又定出這干涉的限度。這些法律就是保護幼童的法律。正因爲今日之幼童引起憐愛甚於往日，所以就發生了反對虐待幼童的心理，令人深惡這種虐待較往日爲更甚。大多數的父母，總負有自己的責任心，不肯以自己的地位讓與國家。但危險之事或竟在過分慈愛之中；這過分的慈愛戴因稱爲子孫崇拜 (Paidolatry)。一個獨生的兒子往往吸盡父母的心血，吸盡父母的資財。他所受的極鄭重的教育，往往生不出與父母的犧牲相稱的結果，或不能養成他的健康，他的精力，他的創始力，及負責心。在任何世間的組織中，犧牲精神之發達，與我們所施捨者爲比例；自私的心理，與所受得者爲比例。所以家族也不能逃出這種定律。中等階級的家族之不穩定，就是一種可驚的結果。

二　強迫析產之影響

四　強迫的析產。我們的問題既是這樣複雜，我們知道，這個問題要從種種方位上加以觀察，要將那致成一種效果的事因一個個的分開來研究。不幸社會科學不能利用這方法。在自然科學中，我們可以由試驗決定一個單獨的動因。但社會不是一個試驗品；我們不能把那演成一種動作的事因一個個離隔開來，也不能以爲一個事因可以排去別的事因而獨自動作。現在假設（如經濟學者吉德Gide所假設）兩個國家，在同一時期中，一個採用自由貿易的政策，一個採用保護政策；前者富力日增，而後者日漸衰敗。這個實驗不能作爲定論。此種結果實非由於一個單獨的事因，地土的性質，農業的方法，政治的制度，私人創作力與私人精力之強弱，皆可補助解釋這結果。

所以我們應當小心謹愼的來使用這方法。我們因爲不相信自己和這方法，所以將要追究那三個經濟性質的事實——即強迫的析產，股份公司之興起，產業勞動的制度，——在家族的分位與家族狀況上會有什麼影響。依照勒卜雷（Le Play）的分類，我們可以從無數種類的繼承制度中，分出三個主要的型式。立法者對於物主的意志絕不加以何種限制，讓他自由選擇適於自己的分配法，這就是遺囑自由之制度（The system of testamentary liberty）。或者國家可以干涉幷且規定這遺傳交付的手續，因此法律服從下述兩種趨勢之一。法律或可禁止家產之分析努力用各種方法（長子權，女子除外，『委託管理的世傳遺產』Trust Entails）來保證這遺產只交付與一人，這就是強迫保守之制度（The system of enforced conservation）。或者法律可以主張將家產分與多人，而不欲這種完整的交付。在這一例中，物主的自由就是爲全數後裔的利益而受限制。這就是強迫分析的制度（The system of enforced partition）。這後兩種制度雖大有區別，而現出一共同之點。二者皆以一種限制加諸物主意志之上。但這限制之動作有兩種各別的方向：一種是鼓勵家產之集中，一種是鼓勵家產之分析。

在採用這種分類的時候，我們應當注意，這種分類非顯然合於事實。大多數的立法並不會絕對的設立這三種制度。英國的制度，雖稍採強迫保存之制度而在幾種事例中保護長子權，所以實是遺囑自由的制度。有些別的立法承認一個很寬大的遺囑自由，而這自由往往不大完全；那麼，這些立法將歸到那一類呢？這是我們不敢斷定的。無論如何分類之事，總不免是專擅的。勒卜雷提議，凡那些國家允許持有財產者可以不顧其子女的人數而至少處置他的財產之一半者，皆算是採取遺囑自由之原則結果，那強迫分析的制度所含之意，只不過是說財產中可以處置的部分不得及全部財產之一半。這就是法國民法典的制度。這法典規定財產中可以處置的部分依照後嗣人數的多少而定其量。

現在我來考究這個制度的效果和利弊。強迫的分析（照反對這制度的勒卜雷說）根本上是離析家庭的要素。這制度解散家庭的組織，破壞小的地產所有權，減少生殖率。

五　強迫分析制之實施。　要了解這個制度，我們必須注意他是怎樣實施的。他的效果不是立刻見的，因慣例或因推托規避而一時延緩。農人家庭往往因爲鄉土的成訓，努力禁止遺產之分析。爲父者與其家族中一切分子定合同，生前將所有地產交付與一個選出的後嗣，要求他爲那出嫁後脫離家庭的準備婚姻費，或要求他扶助別的分子。但是這種慣例的勢力不能持久。許多人因氣質或利益所在引起衆兒子的妒恨或貪欲。爲父者於是與他的選定的後嗣諒解，努力設法有利於他而不讓別的兒子知道。爲父者可以用私贈與隱瞞的禮物給與所選出的繼承人。在析產時隱藏財產的眞價值，故意估計一較低的價值。但這種欺騙向來很容易看破的。一個隱瞞的私贈品，可以用一種合宜的證據揭出。析產時私贈品，卽便當收受之後，可以因欺騙理由宣布取消。或將繼承權否認作爲無效。在這些爭端中，結局當然歸到法律。所以因爲畏懼爭訟，目前已到人不敢冒這些瓜葛糾纏的危險的時候了。

強迫的析產不得不發生效力。這裏有幾種辦法。繼承人因與別的兒子立彼此買賣約，或因一種和睦的商議，可以保留全部家產，而自任以金錢償付別的分子所應得的部分。或這家產爲一個第三者所買去，那麼後嗣的全體分取這賣價。或者大家實地上分析這地產。

(1)一種和睦的商議，似乎是保證家族之聯合及家產之保存的極好方法。但那個繼承欲單獨保留全部家產者負擔太重，往往不能支持。所以那欲獨保地產的繼承人，往往是不自量力。他對於這地產的繫戀，竟使他將地產的價值，看得太重。在法國許多部分中，估計田地收入的本錢，是根據三十三對一之率（卽地產的價值必三十三倍於其歲入。）這個典置產者所有三分取息的利益相當。例如地產有一千佛郎之利息者，當有三萬三千佛郎之價格。按這個事例，我們假定有三個兒子。就中，那保留這地產者，當他的父親生前已受了禮物（卽一部分依法可以出賣的家產，）他就應當拿一萬六千五百佛郎付給兩個兄弟作爲兩兄弟分家所應得的部分。但是他除了抵押借貸之外，怎麼能夠得到這筆款項呢？他若借款通常是五分利息，此外公證費，歲入稅，登錄費，合起來，成了他的極重的負擔。因此一個人每歲應付出之數差不多等於他所保留的地產上的歲入。這個樣子，他還能支持生活，償付利息，那眞是神奇的。此外還要留存婚姻費，歸還債本，即便勞碌萬分，又怎樣能夠有救濟的希望呢？一旦債務到期，或天時不利，或遇着別種倒霉的事體，那麽，押品沒收就無可逃避。加以這押品沒收時照例的費用，卑損自己身分，若在兇年，就不得不大犧牲的拍賣。這樣就是他的與歲同降的下場頭——阨運，受苦，勞碌，到末了以自己生命爲犧牲。

㈡他如果退而用第二個方法，當然較妥。父死之後，即刻賣去地產，平分賣價。這個法子已實行於法國幾部分，而特別行於諾曼德(Normandy)。但此法也與前例相同，強迫的分析也能破壞小的農產地的保有權。這地主的後裔就降爲代耕的農人或爲賃地而耕的農人("metayers")，或到城市去謀生。

(3)最末的方法，就是地產之實地的分析。表面上，這是最簡單的解決法。但這解決法並不是盡善盡美。物主的人數增加，但土地的耕作變爲不可能。一個農場，事前必須備有各種房屋牲畜，農具，及定量的土地。這幾種原素互相聯合，纔生出價值與作用。如果各自分開，這價值與作用就會消滅了。

倘若將房屋給與一個兒子，這些房屋於他一個人的耕作上用不了，而別的兒子因爲須在各人土地上重新建築，又不免負債。若將家宅與其屬地實地的分派開，又有別種困難。這個分派使一班欲各自利益不相沾惹的人住在一種糾纏不清的共同生活之中，——這是一種引起互相妨害的原因，又是發生爭觸嫌隙的一個永遠根源。

分析土地，也有同樣的弊病。若將只適於單一家庭的菜園，牧場，田畝，分析開，這各部分的物主就要交互倚賴不能應用機器。而因增加許多無用的籬笆和浪費的道路，就減少土地上能生產的範圍。小地主因境遇之壓迫，求額外的收入，於是不得不爲人服役，最後就降入傭資生活的階級。爲父者恐怕這種經濟上的降級，往往採用一種可憐的防止方法。既不許優待長子，所以就不要大家庭，只有一個後嗣。這樣做來，強迫的分析發生生殖率日漸低減的惡影響。

以上所舉各種批評，有什麼價值呢？這些批評當然有些是正確的，但也有許多過於誇張的地方。

論到生殖率，我們皆知道這低減原因很難斷定的確。有幾種原因是可以斷定的。這幾種原因是同時發生效力的，如嫁女費的慣例，生活費增高，安樂奢侈之增加，官府之麻煩，高等職業上的障礙（因此漸提高結婚的年歲，）最末缺乏向國外移民。無論這各種原因有什麼相關的影響，我們足認繼承法之實施為次等重要，是應當的。我們只要注意，第一，在幾個採用法國法典的制度的國家中（例如比利時及一九〇〇年前萊因流域 Rhenish 幾省，）生殖率並不曾低減。第二，在法國生殖率低減的趨向，在未曾採用民法典以前，早已發端。法國生殖率，在一個長時期間，（最著的就從一八三〇年到一八四六年）本是差不多與歐洲別的國家相等的。

繼承法之毀壞小的所有權之影響，也一樣的說得太過。法國民法典的影響受人攻擊視為有害的時候，有許多事體人皆忘記了。第一層，貴族階級以下的人均平析產，本存在我們的古代法中。遺囑的自由，並不大過於今日的依法必留於子嗣的一部分財產（"Légitimate"）（此是成文法的省分中羅馬的遺物從死者的動產中為子嗣保留一部分）照例是全財產之一半。但在某種財產中，法律要保留很大的一部分。例如為父者只能售去他的另外的產業五分之一。大多數的習慣法皆不許有生前偏利於一個後嗣（而非遺囑上正式指定的嗣續人）的純粹的贈送品。最末遺囑的自由又常常爲那世傳的襲產制（Trust-entails）所縮減。所以我們必須認定，今日遺囑的自由，大概比較大革命時代及舊制度時代，是少受拘束而多受尊重。

第二層，有種種理由可以相信農民的所有權現在并不是勢漸消滅。法國農民所有的土地差不多代表全國土的四分之一，而且漸漸增加，不過增加稍慢。至少這所有權之蕃孳是與土地之重重分析爲比例。商人階級已緩慢的捨去所有的田地，不以田地爲生利的產業。田地所有權已不像往日帶有社會的影響，動產之興起與他大相抗衡。田地上的工作，漸需有良巧時時不離的注意，因此，許多大的或中等的地產，皆已爲農民所瓜分。

最末，子嗣間之平等是惟一的與我們的公道觀念相合的解決法，似乎是無可疑的。遺產上可處置的部分之增加，有時可以利於偏寵的兒子的境況，但顯然有害於別的兒子的境況。設有一筆遺產爲四萬佛郎，而兒子有五個。倘若一半是可以賣去的，那麼這偏寵子或可得着二萬四千佛郎，而此外四人，各得四千（即前者的六分之一。）勒卜雷一派的特點，本是提倡一種堅強的家庭組織，所以不得不認這個辦法使那班不得享用家產的兒子各自分離。那選定的繼承人自然得立足地於先人土地之上，而生存享受一如其先人之所爲。但別的兒子又如何？我們必明白認定，在我們社會目前的狀況，這些別的兒子將應允與這長子（選定的嗣續人）同住，而自居一卑下地位，（如苦威 Cauw's 經濟學所說）成爲一種家庭的奴僕，既無工資，又只得爲獨身生活。他們既只受極小部分的土地，而所受者又只是金錢而非實在的土地，所以這家庭的土地就與他們毫不關連。這種不公道的情形，更增加城市的引誘力，使他們離開鄉土。有些人當然在城市中得著如意的生活，但大多數要落墮落窘鄉，窮而無告的隊伍中。這樣看來，我們只有承認強迫分析之原則爲一種必要的解決了。

六、「田地法」「宅地」「強迫的交換」　以上所述的這些危險，至少想設法減輕，都是不可能的麼？有許多計畫皆已爲這個目的提出。有打算用各種方法防護父權的，有要用法律來保證家庭之保存及家屬的團結的。因爲要保存一個完整的家庭，法國想借用外國立法中的三種制度：『宅地』(Homestead)『田地法』(Hofrecht)『強迫的交換』(Arrondirung)——第一種爲美國所採用，餘二種在德國的幾個地方採用。

在『宅地免稅法』(Homestead exemption law)名目之下，副有許多立法的條例。這些條例的效力，就是要將家宅及定量的宅旁地，置於債權者權力之外，將這宅與地的移轉置在幾種條件之下，藉以限制物主權。法國，一九〇九年七月十二日的條律承認一種『家宅地』(Family land)之設備權爲債權者所管不到的。無論什麽土地，其價值不過八千佛郞者，皆可算『家宅地。』這種置備由登錄員的宣言或遺囑或賍贈的明文始發生效力。這種置備須先公布，并且爲保安執法官（Justice of peace）所承認，而在承認後一月內必須爲官廳所登錄。事前的債權者欲保存權利，應當開示出他所討索的東西。事後的債權者既不能染指於這土地，又不能染指於這土地上的產物。這地主因要保存他的移轉權，或否認一種限度中的法律效力，就失了典押這土地之權。

『田地法』這種制度的意旨是要便於田地產業之完整的移轉。此法也如『宅地法』（Homestead）頗有助於產業之保存；但這法在置備這產業者的生前不發生效力，直到他死後方生效力。在德國幾個地方，最著的就是漢諾弗（Hanover），田地（"Hof"）不許爲後嗣所瓜分。這田地完完整整的付與一個特寵幸的嗣續人（名爲"Anerbe"。）有些法律給爲父者指定這個嗣續人之權。又有些法律讓衆兒子自己推選這嗣續人；倘若意見不合，就取決於『合族會議』(Family council)。大多數的法律明定長子爲嗣續人；倘若沒有兒子，就推長女。反此有少數的法律推定最幼的子女。這『田地』(Hof)的制度通常是以爲父者意旨之宣布爲條件。他必明布他的意旨，指定他所不願後人瓜分的產業，而登錄於一種特別的簿籍，名田地簿("Hofrolle")。德國民法典容許這些地方的互異之點存留於田產繼承法中，讓國內各聯邦在這件事上自由立法。

最末『強迫的交換』Arrondirung是要禁止田地上的過分分析。這是政府行政者所用的一種方法，將所有一個地方的土地聯合爲一整體，而分給各地主以衔結不斷的土地，其價值等於他原來所有散在各處的土地。

我們不必細討論這三種制度，但認定改良之法似很難應用，或似乎效力甚微。以前大家的興趣一時曾注意於「宅地法」泡爾毘羅(Paul Bureau)的論文，勒凡索(Levasseur)的報告及紀載，及社會經濟學社("Société d'Economie Sociale")的討論，皆表明那班熱心信從這個制度的人，在這制度上，實有許多幻想，這是無可疑的。倘若這改者欲法國一九〇九年的法律那樣做的，只去宣布財產不從產主身上取去他的交付權不得奪取，那麽，這改良就是有不可靠的危險。倘若法律竟宣言財產絕對無交付之可能，那麽，這法律又開出一種很重大的弊端。這法律設立一種嫁產費的制度，擴充到爲夫者的財產。這樣一來，竟將那本是所欲保護人的名譽，信用，發動力，及各種負責的心理，一齊剝奪無餘，反使律師的事務愈益擴大，愈爲必要。

「田地法」在法國一定引起反對。這些反對向來是爲恢復長子權所激成。歷來的經驗可以證明這個制度只必須與舊俗相合又爲普通一班的心理所容納的時候，纔可通行。

最末，強迫交換之制度或者只適於德國，因爲德國國民慣習於一種家長式的政治，而集合體的所有權之理想，在德國已留下很重要的印象。我們只要略知法國農民情形，就可以想像這種辦法在法國必能惹起反對。

七　父母遺囑權之恢復。　我們不必費時間去研究那許多打算恢復父權的計畫。我們不必縷述那些計畫，可以說就中最主要的，就是要擴張產業中可賣却的部分，要給他家庭布置之自由，及繼承權取消法之重訂。

(1)可賣却的部分之擴張。——這問題我們在前邊早已討論過。這種改良即便可行，也是無益。因爲這可賣去的部分在今日已有窒礙。平等之理想已實現於我們的習慣中，爲父者不肯去施行他本有的權力。再者，這改良現在是不可能的，因爲顯然反對公共的心理。一種以平等爲根據的民治，將永遠竭力反對這樣的計畫。所以，拉夫勒（Laveley）說，民治與遺囑權之間，不能調協。

(2)家產布置之自由。——在「家庭布置之自由」這種空泛的名稱之下，包括一種給與爲父者的權力；當他將一部分不分析的產業傳與兒子的時候，他可用這權力爲種種必要的設備，以得到一種簡便的繼承規則。

拿破侖法典因抱這目的，所以加入由有權勢者的分析，允許爲父者獨自用贈送式，或遺囑，生前將財產分派定當。當時對於這種制度希望甚大。以爲在種種事例中，法定的析產法所傳下來的各種弊端從此將可以避免。不料這種希望完全失敗。

這種分析，不但不能保證父母（畢生爲子息劬勞的）晚年的安樂，而且使子息忘恩負義以怨報德。有些農人將財產分與諸子，而自己流爲乞丐以乞取他所自己保留而爲諸子所霸占不與的一點進項；或者（這是更壞的情形）他降心隱忍而勉與諸子共同生活。這種悲慘的情形，常有人形容。這情形不幸不是特例，實是屢見不鮮的。

再者這種析產不但不能避免爭訟，反能激起爭訟。我們看他所引起的許多案件及在法庭判決錄中所占的重要地位，就可以明白。我們不得不認明，在立法與法庭判決的實在情形中，這種析產的方法沒有保證，無論這種析產之履行是用怎樣的好意，總不免有失效的危險。結果，就是律師費之浪費，贈送者（父母）信用之損失，或第三者（爲子者）之權利之毀壞。

這兩種弊病之中，第一種是從這制度本身上產出的結果——無論這制度的組織形式。這制度一向受人抨擊，即便改良這法律也不能救這弊病。立法者已用各種可能的方法，將生前派定的析產歸屬於那些通常取消贈品的理由之下；就是說這種析產使那些附帶的委託之事無人情願履行。其餘的必須一種行爲上的改良。

第二種的害處是可以避免的。但是法庭似乎已經立意要加重這個害處。我們不必細說，且去查閱幾個判決的規條。

第一種的判決規條說，欲遺產分配之有效，必須遵守民法典第八二六條及八三二條。這兩條規定凡是同樣多少的動產及不動產或抵押的款項或同性質同價值的押品，只要是做得到的，皆必須均平攤派與各人。因此，爲父者若要將他所有地產給與一個兒子，而要求這個兒子拿出相當的款項付與兄弟姊妹，——這種布置即構成一種可以取消這分配法的理由了。

第二個最近的一種規條，使生前派定的析產更不安穩，就是指定一個日期，從這日期以後，可以提出取消這分配法的一切動作，又從這日期以後，爲子者可以開始享用這產業，好像他的父母已經死去一般。

第三，假若要拿被欺騙的理由來取消一種析產，這規條宣言這欺騙之有無必以財產的價值爲考驗；但這考驗不施於贈送之時，而施於父死之後。例如幾個受贈者（爲子者）中之一，所受的部分與別人所受的嚴格相等，但後來因某種意外而有喪失，那麼他可以要求這生前的派定之廢除而重行分配。

所有這些不穩定的緣故，不得直接歸過於這法律的本身，而可歸過於這法律應用的態度。既然法庭的意見是很難改變的，那麼，勒卜需一派政論家一定要求立法的改良，照我們看來，似乎完全是應當的。

再進一步，（像占納 Claudio Jannet 那樣說）廢除那些關於將來遺產的先期契約，而允許遺產承襲人由死者的遺囑，可以分得一份某種財產或金錢，豈不更好麼？占納說，一種關於將來遺產的先期契約，可以便利女兒的嫁事，或可鼓勵離鄉別井的遷居。『一筆金錢在父母未死前之二十年或三十年已經受著者，對於一個新立的家庭或對於遷居者的價值，遠過於實現為期甚遠，而又不穩定的襲產。』我們現在不得不相信那預支的遺贈（即生前分給的財產）恰可以滿足這種需要。那否認繼承權之慣例，已留下這些令人不快的印象，又激起了這樣多的惡心計，所以重設立這個慣例，似乎是絕不可要的。

法國法律採用德國民法典上的原則，我們覺得可危。照這原則，父產之保留是可以要求的，但所要求的不是特種財產，而是這特種財產的價值。如此則是不以兒子為一個後嗣，而視為債權人。為父母者拿出一小筆資財遂脫除了這債務。只承認為父者有將各人相當的財產派與諸子之權，豈不夠了麼？所以在立法者一方面，這問題不是要取消生前派定的析產，但是要簡單的析產方法。我們根據這個觀察點，以爲法國一八九四年十一月三十日管理貧民居宅的法律所加入的部分改良，是很可幸的。這個法律對於每個爲子者可以隨時要求立刻析產之法規加上一種限制。這法律允許將房屋估價之後，可以分一些給與那僅存的父或母，或分一些給與那幾個後嗣之一，即便這幾個後嗣中，有些沒有法律上受產能力，也是無妨。

(3)嗣產權之取消。——對於那強要父產保留之法規有攻擊最力的評論，其中之一說這法規使得爲子者（不論他的行爲如何）倚恃將來可以享用父母之產，因而對於父母忘恩負義。爲子者又因不顧有所虧損或竟漠視所有對於父母的責任，而反竭力設法利用父母，使父母忍屈卑就；這樣做來，算不得什麼，因爲他仍舊是繼承者。防止這種醜事的惟一的方法，只有將那古代法律所承認的幾個不許襲產的理由重新設立。當初，民法典的草案本多少保存嗣續權之取消，至少可以將浮浪的子弟排斥，不許繼承。而那班爲父產保留的制度辯護的法律編纂者之中，有幾個也并不反對有理由的嗣續權取消之原則。

我們相信，在實質上增加那種依法宣布兒子失襲產資格的例，至少也是應當的。他國法典中（西班牙民法典第八五三條葡萄牙法典第一八七六條德國法典第二三三三條瑞士法典第一四七七條）所承認的幾種取消繼承的理由，可以變爲不合襲產之資格。這幾點或將成爲婚姻改良上的條件與結果；因爲如果將婚姻之事脫去家庭壓束，使爲子者沒有得父母允許之必要，那麼，爲父者就可以絲毫不留給他。

我們結論上所推舉的改良，似乎是很輕。我們對於舊日的東西誠然有可羨的，但是我們相信這些東西斷不能再現。

家庭一物已深受了那些改變社會本身的平等自由之原則的影響。

遺囑自由之問題所以在法國成爲一個政治問題的就是這個緣故。有許多計畫，就其本身而言未嘗不善，但照他們的目的，有（或似乎有）回返到古代家庭組織的情形，所以不免爲世人所不滿，惹起反對的思潮。

三　股份公司與家庭

八　股份公司的結果。　在十九世紀中合股之制已成了大規模的產業的工具。因負責有制限又須分別擔任，又因股份制爲社會大衆所歡迎，所以資本集中纔可能。股份制對於偉大的鐵路事業，河道之開掘，或傭用千萬工人之大工場等，使股東得私人集合所不能得着的利源。這種形式的公司，因爲股票價值有增長之希望，又因股票容易售賣，已經引起投機的精神。自由派經濟學家看來，這種公司好像是產業組織上極端進步的形式。但是對於這個過分的崇拜已漸有反動。這一種的組織顯然有種種缺陷。這種組織曾應付了一時的需要，比種別爲較適，是無可疑的。若稍一回想，未嘗不驚訝這種組織居然能產出這樣重要的結果。

　　這種組織是否已將勞動者與資本家（如吉德所說，前者是為自己所得不着利益的企業而工作，後者是享受這不勞而獲的利益，）放在一個共同基礎之上？老實說來，那些持有股份者之本身間實絲毫沒有聯合，他們毫不相識，又毫不相知，甚至對於自己所加入的企業亦毫不了解。

　　合股之制不但因為利益之不能調和往往有人力之大虧損，而且顯然是有危險的。這合股制生出什麼弊病破壞些什麼東西呢？伊赫林說『無論這股份公司產出什麼對於社會的利益，但他受罵之處總較受獎之處為多。私家產業所受着這公司的災害，較之水火饑饉兵燹地震之損傷國家的富力尤為嚴重。』泡爾勒羅波劉（Paul Leroy-Beaulieu）將這種公司的災害也看得不輕：『今日的股份公司就等於中古時代擄掠商人強刼國家的江湖大盜的羣黨，固然不是一概如此，然有許多是這樣的，而且較之盜羣更有穩妥的保證，更無所畏懼，而發起人與董事者更得悠遊享受之樂。總之股份公司是一種合法的有條理的刼掠方法。」

如果股份公司已經使別人勞動所得的金錢容易拿來貯蓄存放，那麼，這公司已經浪費虛擲一大堆資本，是毫無可辯的。關於這一層我們尙沒有一個完全的研究，但可以舉出無數的事例。以先法國的巴拿馬公司(The Panama Company)曾經從全國的貯蓄項中抽去約十四萬萬佛郎之多，用於有益的工作者不過一半。後來這個事業爲美國政府拿二萬萬來接辦之時，這班股東就是萬幸。有人曾將洪都拉斯(Honduras)所簽定的一萬五千萬佛郎債約作了一個分析，那實在的工作爲這債約所藉口者，只用去一千八百萬，銀行家的回扣與公費就吸去七千萬，而其餘的七千一百萬至今仍查不出是怎樣開銷的。

九　股分公司在家族上的影響。　股份公司在家族上有什麼影響呢？股份公司使股東成爲別種階級。一方面是一種無定形的階級，這階級是分散不聚，永守一種被動的經濟程序，既無動議權，又只得信賴於行情單與報紙銀行之布告。他們所入股的企業興旺的時候，他們得著一小部分利息。就自以爲受格外之益。倘若情形不佳，他們就喪失一切。在他方面，有一小羣，企業的發起人與董事人。他們應用這分散不聚的人力到自己的利益上，享受無拘束的處理權，使大多數的股東歸自己調度，使專門技術的管理供其利用。少數從事於發行股票的人與公司的職員分享管理上的利益。我只要翻開一個財政年鑑，就可看出許多的人，他們的名字屢現於許多的董事部中。我們只論往事。一個名叫拍銳耶(Pereire)的人，曾做過十九個公司的董事，代表四千兆的資本。又有一個家庭負有五十個公司的管轄權。在一八六三年，有一百八十三人負有許多銀行，運河，工場，（其資本共爲五萬兆佛郎）之支配權。因此合股之制大發展家族的勢力。

上等的營業階級，特別當一八三〇年的前後，得到大企業猛進的利益。這個階級已作大多數的公司的董事人。當時的狀況雖變，而他們的勢力，依舊保存，以至於今日。這個老資格的階級上又加了新董事人；這些人就是在後幾個時代中——第二帝政時代及第三共和時代——漸漸加入的。對於每個新來者，也讓與一小部分董事權。但是財政權大部分仍握在那些舊家族的手中。這些舊家族的家產大半皆有五十年的歷史。這班家族，實在就是董事人的家族。這些家族中父子，岳父，女婿，外甥等盤據許多公司，把持位置，彼此移交，有時竟做調查檢賬之人，以監察董事者爲其職任；而不知他們本是這班董事所選定委派的。這種虛妄的職任與形式，實在無用，所有要做的，實在就是一張桌旁可以做得了的。他們不過聽聽報告，毫不預備而作無聊的討論，對於這營業既無正確的知識，人又缺乏時間，又不勝任。一年一次或兩次做出一種檢查的表册。內中統計，不過是公司職員所已經做出者。營業的關係只不過與那些爲董事利益而設的公司間可以發生，藉以增加他們的利益與聲勢。我們常常看見一個公司爲別個公司所利用，一個工場爲一個銀行所利用，街市軌道爲一個建築公司所利用。在一個董事部中，往往一兩個董事實代表其餘全體的董事。這一兩個董事的勢力是絕對的，他們隨自己的愛憎而進退別人。有時在有限的股份事業中，經理人的職期是終身的，而又有權委定接手的人。一個工場往往像一塊田地，由一個人交付與他的血統上之親屬或婚姻上之親屬。這受交付者對於所將董理的實業或完全是個門外漢。

我們又常常看見一種營業對於股東爲不利或無大利，而對於董事爲極滿意。每年招集股東會一次。這股東會不過是一種懇親會，而到會者往往不過幾個人，彼此各不相知，又不能合議一種行動，不過敬聽公司的報告。這報告不過是董事者使他們知道的事。到末了，大家投一認可這報告而感謝董事人之票，這個會就算閉幕。股東所需者不過是股息；只要得着股息，就完全滿足。若公司不給股息而營業漸形不順，他們就懷着希望轉機之心而也能表同情於公司。有時一種反抗公司的奮力忽然興起，或一個不滿足而懷惡意的股東起來質問，要求解釋。這主席往往應對得極敏捷極嚴厲。倘若這營業的危險日甚一日，董事往往採用一種有力的自衛法。他們因爲照章程他們自己的投票權是有限的，在此時，就將那些大量的股份分配給同謀的人，用代理，購買，股份團集，種種方法，他們的票數就神妙莫測的增加起來。倘若營業完全失敗，那麼，作清算的手續時，必有種種使費之扣除和無窮的取索。識時勢的股東，在這時，對於公司所召集之會，總避而不到，以免浪費光陰。但或偶爾一點微薄的利息發給股東，股東也就居然將這企業忘棄。再者當公司賠累的時候股東深致恨於董事，而以提起控訴爲恫嚇。但這班董事已早占先著，處分了股東的一切財產。

即便徇股東之意歸還各人的財產，這財產已不復存在，已經清算，消歸烏有。此時法庭派來的清理人往往提出調停之方，股東最末也就勉強承認。

這樣看來，特拉（Thaller）教授的結論是有理的。他說「股分公司所現出的現象爲明眼人所能見者，有一事好似特許的。這公司爲一班握財政及營業的人所剝削，他們待遇股東好像股東是一羣奴隸，馴服於他們的鞭策之下，——又容易爲公司的計畫書或樂觀的報告所欺，而絲毫得不著自己的資本所做成的企業上的眞利益。」

十　已提議的改良。　這些弊病是生成的麼？有可補救的方法麼？

這個問題已常被研究討論。關於這個問題有許多立法上的建議，報告，與嚴重的調查。一九〇二年有一個國會外的委員會已定出幾個和平的結論。這委員會所要求的改良雖是很懦怯的，然尙未曾實現。所已經做者不過是採用了幾個條文，附入一九〇七年的預算案，要求股劵發給之公開。

這樣辦法，那弊害仍是完全存在。一八六七年以前，股份公司之設立必須政府先認可其章程。我們現在勢不能回到一八六七年以前之制度。要政府爲各項企業忖度他成敗之機運，實是以一種不適於政府的職任強加諸其身。政府的判斷力因專擅與私見易生危險。政府若覺得自己是負這企業失敗之責，自然自信力益加薄弱，而拒絕任何新發明與新理想。這樣看來，用一種簡單的承認來代替這預先認可之需要，豈不至少也可以減輕一點舊制度的弊病麼？有些人以爲政府應當（有些人以爲法庭應當）查問那一切重要的規定是否遵守。這樣的計策往往引起許多反對。如果這種查問是有效力的，那麽，我們就不知不覺的間接的回到那政府先期認可的舊制度了。倘若只去將那幾種已成就的儀式查驗一下，那麽，這個批准權就不能有多大用處。

(1)公開。——自由派的經濟學家本是根本反對任何約束的制度，又將任何設規制律之事認爲極端有害；所以極力提倡「公開」(Publicity)，提倡先期公布詳細章程於報紙之上，又提倡在計畫書上宣布所有非金錢的資本，又必歲歲刊布決算。公開之制當然不是無益的。在發給股劵之時，特別有益，可以使得人家知道這企業的歷史和組織經費。這一層是極可行的。因爲有許多企業，爲銀行所播弄，往往不肯公開。但是我們不可過爲公開制所惑。公開決不能將弊完全止住。所公布的事不妨只有一部分是眞情；眞正的發起人往往暗在背後操縱而不現眞面目。

增加股東會議的權力或未嘗是不可能的，但我們亦不可希望太過，不可尊倚賴立法上的改良，因爲人之作弊是不易防的。如不許董事（他本也是大股東）以股東的身分參加股東會議（這會議對於董事人的處理方法有否認之權，）防止他們贊成他們自己的管理。但是董事只可自留最少限度的股票，而將其餘的發給一個持股票人，或借用一個朋友的姓名，而那個持股票人在會場中也能提出一種感謝這董事之決議。

(2)專門內行的檢查人。——特拉教授只信服一種改良，即委派專門檢查人，能夠發生實在效果。他說『我們所希冀的那種法律必須有一種主腦。一八六七年的法律的主腦就是股分公司內組織之自由。一八九三年的法律的主腦就是兩年以內那非金錢的股分無相互讓渡之可能。所以，這新法律必須以「委用與公司無關係的專門內行的檢查人」之原則為主腦。』

與此相仿的制度，早已見於「英」「德」兩國。「德國」一八八四年的法律及一八九七年的商法典，規定公司的檢查人必為各商會所選定而聯成一團體。檢查人要有能力的，獨立的監察這股份公司的工作與建設。他們對於公司之組織，要在第一次股東會議之時證實那報告上的事實。倘若有些投股不是現錢，那麼他們應證實那股份所估計的價值。公司存在一日，每年的股東會中，那些代表全資本十分之一的股東，可以請求派他們稽查帳目。英國已有幾個專門會計員之組合。他們的干涉不是強迫的，但是他們已大享公共的信用。許多大商業公司大商店常常借重他們來解決爭端，或證實一種財政狀況。

法國也有人提議組織與此相似的團體。這團體或將做成一種新階級的行政官。但有些困難的情形，就是不曉得這團體應該有什麼權力，又不曉得他們的權力是從何處受着的；是從國家呢，是從法庭呢，還是從各商會呢？特拉相信公司的股券發出到市場的時候，與董事會的帳目宣布出來的時候，這班人的干涉，在公司的根本性質與法律性質上，是特別有用的。當公司創設的時候，已經造出許多弊端。按照法律，公司的股份必得認滿全額，至少全額四分之一必須實數繳入。發起人必在一個公證人之前宣言這些條件已履行完滿。但是沒有方法證明這宣言眞實可靠。以產業認定的股份，及對於幾種股東的格外利益，必爲第一次股東會所推定的委員會所檢查。這委員會作了報告之後，就召集第二次股東會通過這報告上各種估計。但這些防備的法子仍是很不夠的。這委員會忠心於發起人的利益，往往徇私，承認許多虛張的價值，與不正當的特殊利益。將特種利權大爲分配，就引起種種利益上的衝突。有些公司就是這樣擔負了過多的開辦費，因而不能發達，或有時竟不能存立。專門檢查人之雇用，總可以防止這些弊端，可以使股東了解，可以證實公司的報告，可以得著誠實的估價，又可以使人對於這新公司前途的機會作一個精明的揣測。

從前的時候，總是先有大衆的中求而後纔現出一個公司，招集股款。在今日，公司發起人總是從一小團人中組織一個公司。他們先將這公司的股份分與自己，然後纔轉到大衆，要大衆拿高價來買這股票，他們自己就從中大獲其利。此處又是大開作弊之門。所以，一個企業，往往本身雖善，而因此種情形可使股東受人指摘。倘若那專門的檢查人能夠分別眞假，確定事情，證實公司成立的紀載，又使得大衆了解，那麽，當然是需要。最末，董事人每年必招集全體大會，宣布他們辦事的紀載。一切通過的議案皆是依財產表册與盈餘帳目決定。但這表册也許是虛假不實的；盈餘帳目總是糢糊不淸，時亦有做假的；物料，商品，總結的帳目，皆可虛張價値。股東所有的惟一的保障就是查帳部（在前一年推定的）的權力。但是查帳部人員之推舉必由董事部之提議；查帳部的作用往往不過是升進董事部之階梯，所以就失去所應有的權力與獨立。專門檢查人之作證又或危險更甚。

我們本想在法國作個試驗；但只從經驗上看來，我們的過慮不得爲無理。這檢查員的位置須有多少良心與才能方可稱職呢？想即刻收集許多又誠實又能幹的人，當然是難事。公司的管理已經有很大的負擔，而政府對於公司再設立一班新行政官或監督官，責求公司擔任他們的經費，我們覺得很不安。但是有些行政動作是不可少的。德國經濟學者席莫拉(Schmoller)會經看出在公司的舞弊中，有一種經濟上的不公道亟應設法免除。大多數的舞弊固然是這制度本身上生成的，是這種組合的性質上所不可免的。我們雖不妨靜待這些弊端有肅清之一日，或靜待我們有不用舞弊之一日，但這些弊端在此時至少也應設法修正的。

四　工業制度與家族

十一　現代的工業組織。現代工業組織之特徵，就是集合無量數的工人於使用機器力的大工場中。工人在這些工場中成了機器的輔助品。注意力及腦力與體力更爲重要。因此，婦女幼童的工作早經利用。因爲他們收入較小的工資已能滿足又甘作成年工人的一種輔助，所以他們的地位更爲重要。我們幷不是說婦孺的勞力純然是個新現象。羅薛（Roscher）勒卜雷兩人採集了許多例，表明『責婦孺以過分的工作在未有機器以前已經發現。』但在大規模的產業興起以後，婦孺之雇用仍舊不廢，實成爲例外的性質。從最近的統計（產業與職業的調查册）上看來，已婚的人在全體傭工階級中之比例，男子居百分之四十五有奇，女子居百分之二十三有奇。

就最短之經驗看來，法律對於這種情形，不能束手旁觀。婦孺常因過分工作而犧牲，又因過幼或過老，而工作屢屢危及生命，傷害身體。這種事體眞指不勝屈。在比利時，這種慘害已不知發現過幾多次；因爲在這國中，『放任政策』（Laissez faire）上契約自由之原則，一直存立到一八八九年十二月十三日的條律頒行之時。這個條律之採用實是官府調查（發現出這些弊端之調查）之一種結果。這個調查的報告上說，有年齡不過五六歲之幼童，竟爲烟草工場所雇用；又有些年齡稍大者，每日作工十二小時，或竟至十三十四小時。又有一個證人證明他曾看見有些幼童不過十歲的年紀，每日竟作工十五小時至十八小時；他又說「無人能知道那作工十五或十八小時爲蔴布的灰塵所悶死者爲數有多少。」我們又在這報告上看見『一個玻璃廠的經理，承認在他的工廠中，學徒年不過十四或更幼者，每日繼續無間斷的工作二十四小時。有一個紗廠董事證出幼年工人之足常有殘疾，因爲在長的工作時間中總是站立不坐的。上院議員拉門士（Lammens）在他所作的一篇統計中宣布磚瓦匠所雇用的幼童以堆積已成的磚瓦爲事者，在這樣工作中，一日須行四十個基羅米突。』

婦人的工作也現出同樣的弊端同樣的過度。一八四四年中英國阿西勒公（Lord Ashley）在下院宣言在四十一萬八千五百九十個工人中就有二十四萬二千個是婦人。這些婦人中有一半尚不到十八歲。他們的精力銷耗極速，一到三十五歲就完全不能作事。倘若是已經出嫁的，常在臨產一小時之前方能歇手，而產後第二日卽回復工作。生下來的小孩子卽委託於姑或長姊。這些姑或長姊亦何曾撫養過自己的孩子，所以對於必要的注意毫無所知。這孩子的母親，每服食鴉片以自滅眼淚。這種孩子因撫養不得法而死者不計其數。

十二　國家的干涉。照這些情形，婦孺之雇用，明明是要毀壞工人的家庭，家庭生活已不能存立。家族中的分子每日往返於工場家庭之間，每日的功課如此而已。爲妻爲母者毫不能有助於家庭，不能烹調，不能洗濯，不能裁補，又不能撫育兒童。

因爲看見了這些弊端，所以纔引起一種較文明的勞動規律。各種改良已經逐一施行，不過是零碎的又是不得已的。這些規律既無效力，又不完備，所以必須常常修正。

立法者定出工人年齡的條件及工作性質與工作時間的條件。這些條件是強迫的。因此這些義務就與契約自由之原則相背。在今日，無論何人皆承認對於幼童保護的法律干涉是有理的。但在規定女工狀況之問題上，就不免有分歧之意見；而在成年工人之雇用規則上更當然有很大的窒礙。

(1)幼童勞働。——這些法律（即所謂『勞動立法』Labor legislation）之發達與其重要，若將那指定幼年入工廠的年齡的許多計畫作個比較就可以明白。那最早的法律——一八四一年的法律——是很怯懦的，只限定八歲為入廠之最小年齡。這樣的計畫在今日看來是很不恰當的。一八六八年中幼爾西門(Jules Simon)刊行他所著的『八歲之工人』(L'Ouvrier de huit ans)。僅僅這個題目已能呼起公眾惻隱心。一八七四年的法律大有進步，工業界雇用不及十二歲的工人，一概禁止。限於某幾種工業中可以雇用十歲的工人，但每日不得過六小時，又其中必有休息的工夫。一八九二年的法律更進一步。這法律第二條宣言幼童之不及十三歲者，廠店不得收用。

所有這些條文固然有些專斷的地方。但是，我們認出這是因為要調和幼童工作時間上的規定與強迫教育之法律。幼童不到某種年紀，不得解除學校法律上一切的義務，即不得入工場。但這個規則不得不允許兩種例外。倘若在一個學校內，既有初等教育，又有手工教育，那麼，十三歲以下之幼童不妨作一點手工，但每日不得過三小時。幼童年及十一歲者只要得著文憑，可以離開學校。在討論一八九二年的法律時，一個議員名羅婁 (Loreau) 者，建議幼童年過十二歲而有讀書的文憑者可許入工廠。這個修正案之建議是想作一種調停的。但德孟 (De mun) 獨自反對，聲言學校的考試不得認為早得工作權之特別理由；而且這兩件事是各有危險的，是發生過分的勞心力的兩重根源。但他這反對是枉然的。這修正案畢竟通過。

一八九二年的法律的草訂人雖允許這些例外（上述的例外是很不應該的，）但亦想採用一種預防的計畫來鞏固那入場年所得的保證。有些幼童即便到了十三歲身體尚不曾發達，或者工場工作仍有害於他的衛生，或竟可以害命。想避去這個危險，所以法律宣言年齡不及十三歲的幼童，除非得着本地公共醫官的體力證明書者，不許工作。再者，勞動監察人可以常時要求醫生查驗那已入工廠之十六歲以下幼童的身體。他又可根據醫生的勸告而遣幼童退出工廠。

關於幼童所能作的工作性質，可說者甚少。現代的立法含有兩種的禁止。第一，有些與此法律相合的行政上的規條，皆舉出各種危險的工作爲幼童婦女所不能作者。此外，法律大概皆禁止夜工。第二項限制是關於工作的期間，又規定幼童所能堪的工作鐘點。一八九二年的法律已採用一種很複雜的制度。幼童不及十六歲者每晝夜工作不得過十小時；自十六歲至十八歲者增加爲十一小時，而每星期不得過六十小時。最末，對於十八至二十一歲之女童，及任何年齡之已婚婦，每日最多工作時間爲十一小時。

在實行上，這制度未能符人的希望。在應用時，即刻起了窒礙之點。這法律之複雜，對於有良心的雇主非常煩擾，而無良心的雇主反容易矇混監察者之耳目。在許多工廠中，每日工作時間一律定爲十一小時，而不顧那利於幼童之十小時的限制。一九〇〇年三月三十日的法律中的改良，就是簡單了勞動條件；十八歲以下的幼童，及已婚婦之工作時間，一律不得過十一小時。一九〇二年減爲十小時半，一九〇四年又減爲十小時。男工與女工幼工同在一個屋宇之下，（同一屋宇非僅如字面之意照立法上的解釋就是在這個屋宇之下所有的工作皆互相關連而預備一個共同的產物）也適用這個限制。因此處幼童就暫時被犧牲。這種規定是犧牲幼童，而對於成年工人的工作時間，加以限制。

這法律不但限制工作時間，又謹慎的詳細規定。第一，工作時間中必有一次或數次的休息；各項休息時間相合不得少於一小時；而在永需用火之礦場或其他工場中，這個休息時間中，一切工人必須全數得享受。第二，在同一工廠中，一切工人每日起工歇工休息皆必在同一時間。

(2)例外。——一八四一年的法律專規定大的工業機關，而任小工廠自由不受監察。一八七四年的法律與此相反，其應用範圍較為普通。這法律根本論到一切雇用幼童工作的地方；但有幾種工場如家庭工廠，慈善工廠，或專門工藝所，及國家工廠，都得有例外權。一八九二年的法律取消了這後兩個特例，而多少尚允許第一個特例（即關於家庭工廠者）保存。第一個特例，卽指那種專雇用本家族的分子，而放在父母或監督者權力之下的工廠。立法者想對於這些工廠有所規定，常遇著困難反抗，因而退縮不前。這些工廠中之弊端，當然是很多的。

這法律限制這特例的範圍，規定倘若一個家庭工廠中的工作有賴於機汽力的輔助，或該工業屬於危險不衞生的一類，那麽，監察人可以推行關於衞生關於防衞的計畫。

一八七四年的法律全部旣專爲工業上的幼童雇用問題，所以對於諸商業或農業雇傭不曾加以限制。而一八九二年法律的應用範圍亦不曾伸張到這方面。委員會充分討論之後，竟完全將農業勞動的問題放下。這委員會報告者（瓦丁吞 Waddington 所報告）僅僅的說，這一類的工作，從衞生方面觀察，不但無害於身體，而且有益。農業的勞動誠然沒有工業勞動那樣的危險，但是我們必承認其中也可以發生弊端。有時因父母或雇主之強迫，幼童在田地上的工作過久，或超過他的精力所能爲。但是，倘若對於衆手合作的工廠尚且難作出有效力的規定，那麼，像農業勞動這樣分散不聚而又種別複雜，欲監察有效，又怎樣可能呢？最要緊的就是必須預想那將引起的反抗。強迫教育止於十三歲，已早遇着強大的反抗；但終算做成第一步的糾正。只要這種法定的強迫暫時眞能施行，我們也應當滿足了。

簡單言之，目前的制度雖然仍不恰當，也算是保護婦孺了。與成年工人的勞動規則比較起來，這制度總算是個例外。

十三　別種改良，婦女之雇用，星期日之休息。　有許多改良正待實現。已實行的改良中，有許多仍不完備，或只能一部分有力。

第一層，法律的保護沒有充分照顧到商業的雇員。一九〇六年七月十三日的法律立出每星期中的休息日。這是規定商業勞動的法律中最早的。第二層，有些外國法律禁止婦人於產後一定時期中繼續工作。一九○九年十一月二十七日的法國法律僅宣言婦人產前產後八星期停止工作；雇主不得藉口服役契約上缺工懲罰之明文，認爲開除他的理由，而不知這所缺之工，這婦人可以自行彌補的。

第三，每星期中休息日之原則，在今日已遍立於一切月薪的職業中。法律起初須定這個原則，是專對於婦人及十六歲以下的幼童的；此外，只規定雇主不得雇用工人作一星期中六日以上之工作，而讓當事者自定休息日期。這樣規定是要忽略這改良的要旨。實在言之，星期日之停止工作，不僅是一種關於衞生關於人道的計畫；而對於那種家庭之內部組織爲工業勞動所紊亂者，這種計畫實是使每星期中有家族歡聚之機會。若使一家族中的分子各休息於不同的日期，即是不令他們有歡聚之可能，使他們各尋家庭以外的娛樂。一九○六年的法律重行推廣了這種禁令；

無論是工業的或商業的或公家的或私家的或平民的或宗教的機關，皆不許雇用同一個人在六日以上；又立星期日一律休息的原則。但這個規律含着許多例外。這些例外大大的縮減了他的應用範圍。我們相信，倘若法律不限制工人工作時期，而僅令各廠店於星期日閉門，那麽，結果必大不相同。

十四 婦人在家庭內作工業的工作。 我們應否鼓勵已婚婦在家內作工業工作呢？這是一個很煩難的問題。乍一想來，在家庭中的工作似乎是工作中最良的型式，既與以極大的創作力與獨立精神，又保證生活之尊嚴。爲妻者可以不離開家室，一方面不拋棄天然的義務，一方面尙能供給家庭的財源。但事實上居家的工作，常是一切工作中最惡的最不衞生的。這種工人在一間小室中過他的生活，這小室不通空氣，不見日光，而工作上的灰塵與織物充滿室中，弄得氣味惡濁，不利呼吸。這種工作的產物，甚至於令買用者遇危險。從這種污穢的環境中造出來的布帛，往往將傳染病如猩紅熱，喉症，肺病等，傳到服用者的身上。最末，這是一種工價最少的工作。據一八九五年在英國的調查，工資極微末。做十二個『衣鈕眼』(Buttonholes)，工錢不過三十五個『生丁』(Centimes)；（法國佛郎百分之一）一件襯衫，五十個生丁；二十五個囊袋，七十五個生丁。婦人每日自午前十一句鐘起，接連不斷的八個小時的工作，一星期所得者至多不過七個半佛郎到九個佛郎。在德國，婦人在家庭中每日一刻不停的勞動十五小時至十八小時，一星期所得不過八佛郎。對於居家的紡織工作，這全家的工資每星期不過十個佛郎。在意國，草帽織造者每日以十二小時至十六小時之勞動只取得四五分錢。在西勒西亞(Silesia)的調查，爲父母者令其子每日早晨工作數時而後上學，學校課畢，又繼續工作，至晚間九時爲止。又調查出有四十八種行業，平均每年共得工資恰爲三百八十九個佛郎又七十九個生丁。這樣看來，除去極少數的例外，這家庭工業簡直不能與人以支持生活的工資。

對於這些弊端之補救，已曾有人提議麼？那班研究婦女問題的人曾經提起；但他們的意見猶疑不定，又不相同。

現在都承認，無論這種家居的工作如何有害，想一律禁止他，恐怕終歸無效。這工作是這種絕望的家庭一種最末的財源。這工作使貧苦人究竟可以食得一點殘羹冷飯；這工作雖不能使他們足以維持生活，但遲延了他們的死期。婦女勞動及婦女勞動機關大會（The Congress of Women's Work and Institutions）相信國家的保護是不可靠的，不可能的，又不便實行的。人各在自己家中勞動，如何禁止得了。沒有方法能夠進入這些家庭，施行一種有效的監察。最急需要的事，就是要掃去家庭工作上那些因求生活而反喪命的原因。以手力與機器力相爭，是斷不可許的。家庭工作之制度是過去時代的實業制度之一部分，在今日已無可保存；例如襪子及麻布之製造，用機器可以做得較速較良而價較廉，當此時，斷不許再用手來製造。現在必須勉力利用電汽的力量將機器介紹到工人的家中；或設法引得工人歡喜做那些需用興味，需用智慧，需有特別相宜的工作，及那種與別人同力共作而自己不必得着金錢利益的工作。汗血的勞動制度，應當將那些反對這種制度之各種勢力如消費者之聯盟，中間人之廢除，工廠與孤兒院間訂立一種合同不用低於市價之物品，結合起來，去掃除他。

又有許多人很不相信這些補救法，視爲虛假的，或至少也是不敷用的。但實在言之，國家幷非如人家所想像的那樣無力。工人法律保護之國際會議（The International Congress for the Legal Protection of Workingmen）一致承認下述的幾個計畫爲有效力：(1)禁止幼童之家庭工作；(2)雇用新學徒之禁止，以滅除舊式的工作方法（徒手的紡織；）(3)努力監察家庭工作。許多工業調查人相信這種監察是可能的，而在那種兼用機器力的工作上尤爲可能。

我們應當竭力設法來採用一切改良的方法。這許多方法中，決沒有不相應合之處，所以實在可以同時一齊應用；即便不能即時除去這些害處，但至少亦可以多少減輕。

五　婚姻之儀式

十五　法典上形式主義之過甚。家族的分位與家族的情形上所有的變遷，已將那管理婚姻形式的法律變爲不合時宜而且有害。這種法律當初是對於一種凝固的，靜止的可尊崇家族勢力的社會而立的。拿破侖法典對於婚姻增加許多條件，如關於結婚的能力，關於父母之允許，關於結婚的公布。這法典要求訂婚的兩方面，拿證明這幾種情形已經成立的文件送交「公民分位」(Civil status)的登錄官。兩方面的年齡與性別

(Sex)爲誕生時的憑照所證實。如果父母在行婚禮時沒有出席，他們的允許必須向公證人宣布，或爲公民分位的登錄官所直接承受。倘父母已死，這個事實即由這登錄官拿一個正式憑書來證明。如果須備有幾種印刷件，必又拿一種憑書送與這登錄官以證明這印刷件，又證明此事已無反對的意見，或任何存在的反抗力已盡消除。我們若想到這儀式上所必需的一切煩重的步驟及當事者不得不預備的文件，我們若想到這種煩難以外又往往有當事人之蒙昧，或行政官之不體量，最末我們若回想這民事式的結婚所需的種種文件種種儀式對於宗教式的結婚尚不敷用；我們就可以立刻承認，婚姻要費如許時間與財力，實非貧苦人所擔任得起的。這些情形就可使人明白大城市中不規則的家庭那樣日漸增多的緣故。特別在勞動區域中，許多人對於這些繁複的儀式往往畏縮不前。男女兩人拼在一起，似乎是個家庭，兩人皆希冀將來有能力來整齊這家庭中暫時的紊亂情形；但歲月侵尋，這情形依舊不改，這兩人於是爭吵起來，這男人別有所戀，或覺撫養子女之責任太重，那麽，這兩方面想及他們兩人當中幷沒有法律的約束，他們就各自離開，絕不掛念所生的子女。

因苛求這過分的儀式所生出的悲慘的結果，已常常爲人所念及。有幾個組織已經成立，打算稍稍補救這個弊病。這些組織提議只作幾種利於結婚當事人的必要的手續。他們以全力從事於自己的提議，訪問那些著名的不規則的家室，指示他們本身地位之危險，及子女地位之危險，自告奮勇願爲他們設法得着一切必要的憑書，代付所有必要的費用，使他們的媾合爲法律所承認。在這些情形之下，這當事人只須在一個指定的日期，見公民分位登錄官，就算完事。但這樣做來，結果必是有限的。早已有人要求法律上的改良。

一八五〇年十二月十日的法律做到第一個進步。這法律規定：

之憑書，(1)若有兩個不規則的貧窮男女，宣言自願正式結婚，那麽貧人結婚之憑書承認私生子之憑書及收回所生子於孤兒院之憑書必爲這地方的公民分位登錄官所需索所預備。這些必要的文書將許其免除印花稅與登錄費。因當事人自己的動議，公衆起訴人可以提起法庭的判決或法律行動，而毫不要當事人自己出這項使費。

(2)那班貧窮人有利用這種法律之權者可以備辦一個貧窮的證明書，由保安執法官簽押證明照納稅簿上這當事人確是納稅在十佛郎以下的。這證書須由警廳（Commissary of Police）發給他們的，在那沒有警官的地方，由那地方鄉長或村長發給。

十六　立法上的改良。從經驗上觀察這上述的改良計畫已嫌不夠。因爲所欲補救的弊端，不但不曾減少而實增多。普通都認結婚手續有更簡單之必要。爲這種目的的提議，已爲一八九六年六月二十日的法律及一九〇七年六月二十一日的法律所採用，改變了民法典上幾個條文，將從前的幾種結婚條件廢除，將幾種儀式廢除或變爲簡單。

民法典對於子女婚姻之受家庭管轄十分注重。這法典規定男子年在二十五歲以下女子年在二十一歲以下結婚之可能與否全依父母之意旨。如果沒有父母的允許，則這結婚不得用正式的典禮；即便用正式的典禮，也可以由父母聲明自己的權力爲子女所渺視，或聲明這結婚的子或女不曾得他們的允許而要求取消這結婚的效力。過了二十五歲或二十一歲父母的允許就不必要。但仍須請教父母的意見。民法典第一五一條重申一五五六年勅諭 (Edict of 1556) 上所稱各節，規定凡請求父母的允許，必用一種正式的稟帖。這稟帖上載着子或女的意志，由一個公證人呈遞於父母。二十一歲至二十五歲的女子及二十五至三十歲的男子要將這稟帖每月呈遞一次，至三次而止。從末次稟帖呈遞之日起，一月期滿，方能舉行結婚的典禮。

這些規條首先爲一八九六年的法律所删減，這法律將三次稟請一概減爲一次。這種儀式之有用與否，既早爲人所疑惑，那麼要幾次三番的做來，當然更覺得是不必要的。一九〇七年六月二十一日的法律更進一步。子女屆二十一歲者，父母之允許就可以不要。同時，這法律又取消了稟請之儀式，而以一種新手續代替他。結婚當事人年在三十以下者必預備一種通知書，表示情願結婚之意志送與各人的父母。通知之後，須等過三十日方能舉結婚的典禮。

法國共和曆第十三年（一八六年）〇十一月（通常七月十九日至八月十八日）四日，國家會議將那證明父母去世或失蹤之手續變爲簡單，令公民分位登錄官可以允許那班年齡合格者之結婚，但是他須作一種簡單的宣誓，并由公證人證明，聲明他不知道父母的死所或最後遷流之所。一八九六年的法律將這登錄人之助成正式婚禮之隨意的性質改爲應當助成的義務。同時，爲父母者如被國家放逐到國外的屬地，或免去苦役而置之牢獄，那麼，他就被認爲無表示意志的能力。爲子女者用不着求他的允許。倘若父母已經離婚，或已不同寢處，而對於這婚姻之意見不一致，那麼，父母二人之中，那得着離婚或分居之保證而又撫養其子女之一人表示允許就夠了。

十七　對於這些改良的批評。　這些改良幷不是毫無效力，至少也暫時增加了結婚的數目。但所誅求的儀式，對於許多人仍是過於繁重迂緩，有幾種觀察可以證實這情形。

(1)只有貧窮人的婚姻是不納費的；但他們必聲明幷證實自己之窮乏。要得着一個貧窮證明書必經過許多的步驟。這證書是爲地方長官或警廳所發給，依據收稅人所抄示的納稅數目所發給的。倘若當事人所居的城市中有好幾個收稅人，那麼，他們必逐一的拜訪這些徵稅人。不僅如此，保安執法官之簽名認可也是必要的，這種必要曾有人提議廢除，但不曾成功。司法總長的教令上只不過說要免除這許多步驟，免除結婚當事人之時間浪費，地方長官可以將這證書由郵局送與保安執法官。這執法官如視爲正當，簽名之後，亦即由郵局送還。這種兩重的手續恐不見得很捷速的，又不一定能免除對於當事人的不便之處。這教令上又令保安執法官對於所受的監察之責要謹愼從事。如欲當面有所查察，不妨召見這兩個當事人而親自考問證據。

(2)這法律宣稱倘若是貧人的結婚，那些必需的文件必爲當地的公民分位登錄官一手取備。這結婚當事人實完全仰賴這登錄官的勤力與善意。倘若他不甚熱心，或消息不靈，或不熟於法律上手續，那麽，當事人就要等候多時，或要常常到他的事務所中探問。倘若有關於某種必要的文件之難點忽然發生，這登錄官不見得能幫助他掃除障礙避免困難。

(3)備辦父母去世或失踪之證明書，更是一個大繁難之點。一八九六年及一九〇七年的法律令公民分位登錄官在這種事例中只要當事人作宣誓詞，即一律認爲滿足。但司法總長的教令曾立出一個特例，許這登錄官在某種事例中，認當事人爲不誠實。再者，法律本文只說年齡合格者之結婚可以在這幾種條件下得着允許；所以如果訂婚者之一人年尙不及二十一，則不能適用這種法律。這個當事人不得不備辦父母已死的證明書。

(4)這些文件仍是太多，而想一齊到手，往往是很費錢又很不容易的。照一八九七年八月十七日的法律，當婚禮未行之先，必須備辦各人誕生證書。這證書之發給，在法國本國必在三個月以前，而在殖民地或領事所在地必在六個月以前。當事人原有的一張誕生證不得拿出應用。倘若婚期因事故延遲，則所到手的文件可以作爲無效，或須再備辦新的誕生證。

倘若在那得不着誕生證的地方，那保安執法官必因七個公證人之證明，寫出一張誕生事實之聲明書。這張聲明書必送到法庭，爲法庭所批定。在父母已離婚或已離居的事例中，如果爲子女者只聲明那離婚後得撫養子女的父或母一方面的允意，則亦必表示他會請教他方面的意見，又要抄呈父母離婚的判決案及公民分位登錄官曾登錄此案之證明。如果那些必要的誕生證書或死亡證書已在本地方發給當事人，那公民分位的登錄官有時竟要求當事人將這些文件重抄一遍給他存根；其實這些文件所根據的簿册本就在他手邊，而只在結婚證書中聲明他已經從自己登錄簿中查明這些生死之事實也就夠了。照事實上言之，公民分位登錄官——大可稱爲地方長官署內的書記——因爲缺乏知識，因爲謹愼太過，或因恐怕擔過，常常加增許多需求的條件而越出法律範圍或理性範圍。我們可以述引一個少女的案件做例，這件事的歷史曾爲一個慈善機關所採集。這少女在住在的地方聲明自己情願結婚，而官廳要他證明他父母已死。但他的父親是死在孟特拍拉（Montpellier）地方的醫院，而院簿將他的名子寫錯。這地方長官要求院中之更正，但這更正必須經過一重法律手續。後來，得着判決的允許，而院中改正的證明書送給這地方長官。這父親的名子是不錯了；但他曾被記錄為獨身未婚的人。這長官於是與保安執法官磋商，聽了這執法官的勸告，要求再判決這項記錄之改正。後來因為兩個公共起訴人之參與——一個證明這少女的誕生地，一個證明他的住處，——纔解決了這件事，並請這地方長官作證婚人。倘若這件事完全聽當事人自己設法而毫無這樣友誼的扶助，這當事人無論如何，必不能勝過這一切的困難。

十八　外國的立法。　法國所已舉行的這些改良仍不完備。鄰國的立法供給我們許多更簡單更有理的規定的例。茲特舉出那些包括在德國民法典與瑞士民法典中的規定。

在德國與瑞士，家庭只能干涉幼年子女之婚姻。成丁的年齡在德國定爲二十一，在瑞士爲二十。倘若父母已死或失了權力，則只有後見人的允許是要請求的。倘這後見人不給以允許，則當事人有控告之權。德國民法典第一三〇四條。在法國，未成丁之年歲有意延到三十；因爲總欲爲子者有證明父母允許之必要，或至少證明父母已表示意見之必要。正式的稟求雖僅用一種通知書代替，但稟求之儀式實仍保存，不過換了名目。必完全廢除這儀式，——下議院贊同廢除，但爲上議院所反對，——然後父母允許之證明上或父母死亡之證明上所能發生的難點，纔得減少。立法者對於此類事當然須防備這種兩重的危險。家庭勢力的弊病或能危及婚姻。我們總不能忘記舊制度時代 (The Old Régime) 之末，貴族階級與上等階級所受着這種弊病的害處。但過分的個人主義也是一種危險。爲子女者自由結婚而不顧父母的意思，將使子女與父母相視爲路人。這個新結合（小夫婦之結合）就破裂子女與父母間的維繫。要滅除這種憂慮，不妨承認爲父母者可以取消那與己意相反而結婚的子女之襲產權，以與婚姻自由相抵。

瑞士民法典定出一種很簡便的結婚典禮與結婚公布法。（第一〇五條至一一九條）結婚的男女只須在男子住在地的公民分位登錄官之前作紙面的宣言，表明雙方情願結婚之意。他們須將各人誕生證書送與登錄官，倘若在未成丁之年，更須將父母或後見人允許之明文送與登錄官。這登錄官於是按着這本地方的法律上的規則幫助他公布。這公民分位登錄署中各書記間相互直接之通知，就省得當事人自己費力。這署中長官接到這結婚願書，如認定沒有反對力之存在，卽發給一張公證書。這一對男女得着這證書以後，六個月內，可以在任何瑞士的公民分位登錄官的面前舉行正式結婚。德國民法典似乎較不寬大，只將結婚管轄權授與一方面當事人所居在地的長官；但他可以發給一張認可的明文。當事人得着這個明文，可在其他公民分位登錄官之前舉行正式婚禮。

六　婚姻在社會上的價值

十九　對於婚姻制度之攻擊。　無政府主義派，及社會主義派的一支派，皆視婚姻改良爲一種欺騙。因爲他們以爲婚姻制度本身定是有害的，想完全廢去的。

想將這些反對或批評的論調，理出一個系統，是不大容易的事。這些論調都是很激烈的，而又從種種極不相同的形式中表白出來：在小說上，在戲劇上，或社會經濟之研究書上。他們說婚姻是不道德的，是反對社會的。照理，婚姻這件事應當爲一種根據愛情根據信心根據互敬心理的聯合。但在事實上，這件事竟成了——特別在富人階級——一種買賣式的

『交換之施與』(Dout des)。爲夫者目的在得裝奩；新婦或新婦之父母注重於夫家的聲勢地位。婚禮上表面的尊敬，不過是一種粉飾。麥克斯那多(Max Nordau)說：『凡男女結婚是因爲實質的地位或自私的利益的，都是娼妓制度。這種結合無論是爲公民分位登錄官所襄贊，或爲教士或爲任何前輩所襄贊，皆不關重要。』勞動階級人差不多有一部分不受這些自私心理的影響。對於這班人，婚姻之事雖非較近於道德，然利益的觀念實是較少的。這班人中，爲夫者相信爲妻者是屬於他的，他有權力駕馭爲妻者。他的腦筋不能明白他這種權力與他平日駕馭家常動用品的權力實不相同。『像這班人，既無知識，又爲運命所播弄，日日爲餬口之事忙個不了，自己在傭資生活界中做了別人的不平等壓迫的犧牲品，——這個樣子，怎麼還能夠望他了解人格的道理呢？法律交付他一個生物，以延長他的壽命。這個生物比他柔弱，馴服於他。到生出子女的時候，又完全仰靠他。

倘若他妄用權力，因自己之受苦而遷怒於人，以爲妻者做他的犧牲品，而法律與習慣決不能干涉他，提醒他的分所當爲的事，那麽我們就不必驚訝；因爲這是上述情形必然的結果。』自私心，貪心，妄自尊大，對於弱者之暴虐，無論那種階級皆不能免的。

他們又說，婚姻制度不但是不道德而且是有害的；因爲在社會上不易得着位置，而婚期延遲就使得一部分少年人有不能自制之處，而漸漸走入邪淫一途。中等階級的女子，即便教養有方，而因缺乏嫁費，往往很難結婚，或竟不能結婚。這種婚姻制度對於那班最是宜家宜室而又最端正最虔心的人不許有家室。在這種婚姻觀念的基礎上，家主的觀念與從屬的理想是引起寃愁與剛愎的一種原因。此等理想便引起一種兩性戰爭(Sex war)的情形——一種兇暴的狀態。這種狀態，照麥命說，『因陪審員之失職與報紙之徇私，漸漸激起一種因妒恨而暗殺之通行慣例。』最末，婚姻引起一種最可驚的不平等。法律既以婚姻爲家庭的基礎，於是就將私生子放在一種卑下的地位，但不使他的父母負責。他這種法律上的卑下地位，習慣對他更爲加甚。伯不爾（Bebel）的結論說：『富人階級既不能造出滿意的結婚制，又不能爲不婚者造出滿意的制度。』還有最壞的一層，就是在窮人的婚姻中，對於女子是毫無保護的。對於爲夫者之放棄義務沒有充分的懲罰；對於夫婦契約之履行毫沒有保證的。

二十　對於這些意見之反駁。上邊所說的婚姻制度之罪狀，雖有幾分眞理，然實不免有太誇張的地方。婚姻誠然因爲不道德的行爲將價値減少或因爲貪心與愛財貨之心變爲不名譽的。但是，無論如何，婚姻總仍是——如勒士納（Letourneau）所承認——對於子女的一種最安穩的惟一的保護。有許多人口統計表出無限的私生子較易於犯罪或易於疾病死亡。國際人口統計會（Institute International de Statistique）所收集的表册，表出在法國私生子中，死胎的數目差不多比合法子中的死胎加倍。不規則的性交總以子女爲犧牲。倘若父母只顧自己的娛樂而不顧將來的義務，那麼，所生出的孩童將永爲他們所犧牲。女子亦是被犧牲的。總而言之，所有將男女性交弄成暫時的不穩固的性格者，皆是不利於女子，減輕女子的人格。當他不能取悅的時候，當他的少艾風光已經過去的時候，當他因忍受爲母者之辛苦痛楚而精力衰敗的時候，他就被捐棄了。

照泡坐爾(Pouzol)說，對於不規則的性交最輕的批評，就是這性交與婚姻制度受同樣的攻擊。第一層，婚媾自由絕不能爲快樂之保障。這自由，與婚姻相同，也有許多犧牲。如婚姻之成立由於卑下之動機，那尋歡慰情當然也是卑鄙的。每日報紙上紀載這班不規則的家庭中嫉妬的情事，或棄舊憐新的情事，想斷定這種事件較之在正式婚姻中發現者爲多爲少，是很不容易的事。如這種結合，支持過一個時期，那班更進的急進派(The advanced radicals)即認爲一種婚姻式，又要攻擊他。遂拔斯新覆爾 (Sebastien Faure) 寫道：『我相信，不合法的結合與不規則的家庭上將有同樣不利的結果。這種結合，實在言之，是一種眞正的婚姻，不過缺了官府與宗教的認可罷了。』

從社會利益上看來，男女的關係當然不能任個人的任意自由。國家當然要在男女初結合的時候，要求幾種必有的義務，又拿幾種懲罰規例來維持這些義務。國家又當然要關心婦人與幼童的幸福。我們實歡迎一種較現在更嚴的懲罰。我們甯願將拋棄家庭作爲一項罪名。

我們并不想一定將那些法律原則推到極端嚴厲而不顧事實。大多數這種不規則的結合是在城市中成立的。在巴黎市內幾區域中，這種結合差不多占全數人家之一半。他們既是被容許而又支持過一個時期，那麼就應當定明他們的位置。使他們的分位帶着幾種結果以利於幼童及婦人，是應當的。還有應當容許的，就是他們的關係之繼續應當帶有負責的性質。這種負責是不關什麼姦情問題或結婚允諾的問題。在今日，當工人保險律開始應用的時候，將這些不規則的人家也放在這法律條文以內，是絕端重要的。有幾個交互保險公司 (Mutual insurance companies) 早已允將對於男夥計的幫助也施與爲妻者。一八九八年的法律（對於工業上的意外危險的）允許如果工人受意外危險而傷死，以工資百分之二十與這寡婦，但必這寡婦不曾與工人離婚或不曾爲法律所分離，又必他兩人婚姻契約是定於這事故未發生以前。對於允給子女的部分，這法律不區別什麼合法子與私生子。但我們更希冀一種更寬大更合人道的規條。這種規條應當是這樣：如果在保險開始的時候，這種非法結合的情形已經聲明，那麼就可允許工人與公司約定將來這種利益也可以給與他所非法結合的婦人。

七 已婚婦的分位

二十一 父母權與夫權。我們可以概括的表出我們的法律將婦人所放在的地位。婦人絕不能在政治生活中有所參與，但在私法範圍中男女兩性是放在一個完全平等的基礎上。民法已不認任何偏利於男性的特利。男女在法律上的能力是一樣的。我們只能想出監護人(Guardianship)的地位上一個僅有的例外，就是照民法典第四四二條凡婦人非爲母者或非爲祖母者不得做『家庭董事會』(Family council)中之一分子或監護人。

但這個平等到婦人出嫁的時候就消滅。他既是應屬服於夫權之下，就頓時失去一切法律行動的能力。他不得丈夫或法庭的允許，絲毫不能有所作爲。我們必須從兩個觀察點上來考究婦人的地位。我們實在可以將那些關於夫權，關於夫婦雙方面的權利與義務的事體，與那些關於他們財產的事體分别觀察。

我們很難説民法典採納了多少夫權的原則。這個原則是屬於過去的。但民法典當然絕不想擯棄這個原則。第一三八八條將這個原則説得極明顯，禁止用婚姻契約的條件減輕這個原則。第二一三條宣言，爲夫者對於妻負保護之責；爲妻者對於夫有順從之責。

法學史家如泡爾維窩勒(Paul Viollet)曾將夫權之歷史與父母權之歷史間兩相應合之處，敍説得頗能動人。在當初，這兩種權力是沒有限制的。當時，爲父與爲夫者對於子與妻的人格是絕對的主人。他們的主權僅僅是爲習慣所規定而絕不受法律的管束。他們對於妻子，握生死，賣遺，責罰，合併（指財產之合併）之全權。

二十二　約束這權力之歷史。對於這一層，法律之進步是從兩方向演出。

(1)這種權力之施用必要有合法的根據。這種理論即所謂『權利誤用』之理論。這理論發源極早，在各項立法上皆遇得着，而在羅馬法上可以解明許多制度之發展。(Actio Pauliana) 本是對於某幾種權利之施行上的一種限制。對於主人而保護奴隸，對於爲父者而保護子女，已漸漸壓除權利之誤用。對於連及爲妻者的問題，也可用這個方法。按當初朗巴特 (Lombards) 地方的古法，爲夫者不得隨意殺妻，但只在一種正當的理由下是可許的。維窩勒相信即便到了十一世紀時，爲夫者如尋着一個好理由即可倚靠他的權力來殺妻。布窩阿遂 (Beauvoisis) 地方的習慣，關於身體的責罰，含有這同樣的觀念。『爲妻者不聽夫命或明違夫意或有意誑夫的時候，爲夫者不妨加以鞭撻，但只要不至於傷他性命。』到後來，這樣動作漸被認爲無理由，被視作夫權範圍以外的事。所以在今日夫權已不包括身體之鞭撻權。但這權力雖已非爲夫者所能使用，然依照某幾個著作家所規定，爲父者對於其子不妨使用這個權力。照我看來，這兩個事例之同化，恐怕爲期已不遠了。權利誤用之壓除，或將這項權力限制或取消。

(2)此外有一個方法可以應用，而非完全消滅爲夫者的責妻權。就是他從此不得直接使用這個權利。這個權利之使用可以交付於一個官吏。這官吏根據爲夫者的動議而取嚴厲的行動。所以在我們的古代法中，爲夫者有權可將他那不貞潔的妻關閉於女修道院內。有些法律家對於此種辦法尚要求這妻的近親之允可。爲夫者又可以求助於法庭而表示他要監禁其妻之理由。在貴族階級中，往往用國王逮捕令(Lettres de cachet)監禁其妻於終身。這種責罰權之施行之來源，可以在我們刑法典(Penal Code)中關於姦情懲罰的條文上尋得着的。第一層，這種懲罰對於爲妻者較之對於爲夫者爲嚴。爲妻者之不貞，無論在何時做出，總是一項罪名，應受監禁之刑。至於爲夫者在自己家中作了私姦之事，這法典不過以罰金的條文來對付他。最末，如爲夫者捉住姦證而殺妻，他可以設法掩飾而免罪。但爲妻者如在這同樣情形下而殺夫，法典上絕無赦免的條文。爲妻者的姦情只有他的丈夫可以告發；他有權可以要求遲緩定刑而自允領回其妻。如此看來，在這種對於公共官吏之伸訴上，及在這種赦免權上，責妻權的痕跡似乎是有的。

在『舊制度』(Old Régime)時代之末，所謂夫權者不過是偏重爲夫者在家庭中的主權，爲夫者依法律是家庭的元首。這種權力與其說是法律所規定，不如說是習慣所規定。照泡第阿(Pothier)的解釋，這是爲夫者的一種權利可以要求他的妻對於他盡一切服從的義務，儻若對於一個長上。

二十三　古代法與革命時代法。　維窩勒曾指出古代法在其本身歷史上某時期中，曾預卜爲妻者將來在法律上的好前途。在中古時代，婦女有參與其夫的事務與利益者。又實在參與封建地方的政治，又分享那封建地所有權上附帶的主權；例如——即便在小封建主的階級中——在某幾種選舉中，婦女也得參與。在成文法的省分中，婦女絕遇不著不能行使公民職權的地方。這幾層實是婦女的吉兆，但不幸終歸失敗。

此外又有一件事實是可驚的。法國革命本是以解放人類爲目的，乃對於婦女的呼求，不但不援助而反不與以信心，或竟與以仇視。有幾個孤立無援的人曾作利於婦女的提議。但概括看來，婦女總彷彿是被待作仇敵的。他們看婦女是一種退化的原素，又是固執着舊制度的成見，好像迷信宗教上的舊習一般。當夏利阿(Charlier)要求婦女當有集會權的時候，巴責阿(Bazier)回答道：『我們提議，這個時候應當將那些抽象的原則一齊掩藏起來，因爲恐怕有人利用這些原則來激成反革命。所以現在的問題，只是要決定婦女集會是不是有危險。過去的經驗已證出婦女集會在近年中是如何有害於公共安甯。如果大家承認這一層，我希望從此不必空談什麽原則了。我特別要求，爲公共安甯起見，婦女集會必須禁止，或至少在這革命時代中必須禁止。」

二十四　拿破侖之仇視婦女。　婦女們又遇着一個仇敵，就是拿破侖一世。拿破侖不是一個言情者，老實說來他不是一個尊敬婦女者。他提議禁止婦女在社會上政治上的一切活動。婦女的作用只限於產生子女料理家務。在法典起草時，他定要加入婦順夫之原則，又要求當結婚典禮時，必正式提醒爲妻者的這種義務。第保都（Thebaudeau）說：『順從（Obedience）一字特別宜於巴黎；因爲在那個地方，婦女們相信自己有爲所欲爲之權。若再規定婦女不得接交丈夫所不喜的人，豈不也好麽？』這法典的草案，在婦從夫的義務上，作了一種限度；但這種限度因這位首席最高執政者拿破侖的意見而取消。因爲他固執着主張順從之原則爲絕對的。

二十五 爲妻者無民事行爲之能力。 想形容婚姻所做成的倚賴情狀，是很不容易的。我們至少可以看出婦女一經結婚，就捨棄了或合幷了自己的能力，自己的國籍，自己的姓名，自己的自由，自己的生命；對於子女的權力也沒有他丈夫的那樣大。

已婚婦之無民事行爲的能力，在我們古代法中算是夫權上的一種結果。波第阿(Pothier)說：『妻之行爲必須爲夫者之授權，乃是因爲爲夫者對於其妻的人格有完全的權力；夫有權不許其妻有所作爲，除非得他的允許。』從這種見解自然發出些結論，就中大半爲我們古代法律所承認。但是，我們在民法典中也可以尋出許多應用條例，不與這原則相適合。例如：

(1) 爲妻者的擅自行動，爲夫者固可請作爲無效；但爲妻者亦可作這樣請求。倘若這種無能力不過是夫權上一種應用懲罰，那麼只有爲夫者可許作這種請求。

(2)倘若爲夫者是精神病者，未成年者，或失迷，那麼爲妻者不當因此理由失行動能力。但是照民法與上說，在這種事例中，可以拿法庭的權力來代替爲夫的權力。

(3)倘若爲妻者之無能力不過是爲夫者對於他的一種懲罰，那麼，妻之行動，爲夫者應一概給以權力；又行動之後，方請承認，也應認爲滿足。然事實竟不如此，爲夫者之授權必一一依事例而定，又必正當行動之時。爲夫者之認可權并未減去爲妻者要求夫之行動之失效權。

除非這種無能力之規定是以保護爲妻者爲宗旨，亦如保管職之設置是以保護幼年爲宗旨，我們很不容易解釋這些規條。

在他方面，倘若爲夫者授權之規定是因爲妻者的利益起見，是防備爲妻者之不老練與無定見，那麼想解釋那含着與此相反的觀念的條文，

——就是法律承認婦女宜於作民事上的一切動作——實在是很難的事了。既然立法者認婦女爲無能，他爲什麼不也將這種保護施之於未嫁之前呢？那麼，說婦女可以做他的子女監護者，或做他的有精神病的丈夫的監護者，或又得經一種認可自做一種營生，又怎樣說得過去呢？此外最難了解者，就是婦女若眞沒有能力，那麼當他特別需人保護時，——例如當他與夫結契約時，或對夫有所贈與時，或對夫作一切的擔保時，（皆指財產）——爲什麼聽他自動毫不過問呢？在這種事例中，爲夫者給與其妻以法律上的能力算是爲着自己的利益而違反其妻的利益。倘若這種無能力的規定是爲着爲妻者的利益，那麼法律就不該容納這些條文。法律實在保護一切缺乏能力的人，最著者，就是保護未成年的人，以對付那班管理他的財產的人，以防免這監護者的利益與受監護者的利益有所衝突。

我們如是可以設想，那保護爲妻者與依賴者的兩種基礎，任何一種皆不足根據以解釋已婚婦無能力之規定。這兩個基礎實皆影響了立法者，但不能決定這兩種中那一種勢力較勝；所以結果就成了我們上邊所指出的那些牴牾的情形。我們所可說的，不過是立法者對於這些理由一律重視，而婦人無能力之規定既是爲着婦人自己的利益，又是爲着爲夫的利益，又是爲着全家的利益。保丹（Bentham）看出：『這個制度是不容易自己辯護的；因爲原則上既不明瞭，而應用上又規定得不完美。』

一八九三年二月六日的法律大大的減輕了這個制度。這法律對於已與夫分居的婦人完全許他有能力。但對於已依法律或依契約而與夫析產的婦人，尚不給與同樣的能力，不知是何理由。又有幾個特別的法律也減輕了婦女無能之原則。這些特例，不久將婦女無能之原則完全解除。

在意大利，婦女之無能雖範圍更廣，但是個特例。除該國法典第一三四條所說及的一些事例外，婦女毫不失其能力。在英國一八七〇年及一八八二年的律例，解除了婦女無民事上動作能力之一切規定。德國法典中也沒有這種規定。爲妻者可以自由結其契約，而承認兩種特例：(1)他的行動不得損及他的丈夫權力上的行動；(2)爲夫者得監護法庭（Guardianship (court)）之允許，可以取消其妻所結有防夫婦公共利益之契約。德國民法典第一三五八條在瑞士民法典中有與此頗相彷彿的制度，就是一律認已婚婦爲有能力。這法律草訂人說，「不知道爲什麼婦人一經結婚，即須置在一個監護者之下，而不得享受未婚前所有的民事權利。他的結婚何曾絲毫奪去他的智慧，又更不曾奪去他對於事務的經練。這個道理眞不可解。」這法典第一六七條只承認一種限制，就是執行職業或經營生意之限制。倘若爲夫者不與以允許，爲妻者得法庭之認可執行職業，或經營生意，但必他能夠表示他這樣行動是爲夫婦公益或爲全家利益起見。

二十六　爲妻者的國籍。　在法國，法律的原則仍要婦人結婚從丈夫的國籍。這一層往往認為婦人的情願。這個理由實是很弱。我們實不解為妻者何以有這樣情願。至少為妻者應當能夠用一種正式的宣言以避免國籍之變換。這原則實在是舊制度時代法律之遺物。照這時代的法律，為妻者的個性乃被為夫者的個性所吸入；此外又有一種不相符合的地方，就是為夫者之變換國籍，是毫無影響於其妻。譬如一個法國女子與一個外國男子結婚，就失去自己的國籍；但是如果他的丈夫後來入了法國籍，他自己仍不能回籍。自一八八九年以後許這為妻者可以直接求反國籍；他的回籍可以在那贈他的丈夫以法國國籍的布告上同時聲明，或依照民法典第九條所規定，當本地方保安執法官之前作一種正式宣言而為司法部所登錄。對於結婚後之得入國籍，也應照此情形。法律應當使為妻者容易取得丈夫之國籍，但不必強他取得。

二十七　妻的姓名。　歷來的習慣稱呼，已婚婦總是用他丈夫的姓名。這種慣例究竟有多少法律的力量呢？這問題久已有人爭論。有些著作家如保丹(Beudant)尋出一種根據習慣法的向來取得夫姓之方法。

有許多著作家不承認習慣的勢力。一八九三年二月六日的法律禁止了已離婚的妻仍保留夫姓；這個法律似乎做了那班爲習慣辯護者的後盾。倘若爲妻者並未使用夫姓，那麽離婚並不能取締他對於這姓名之權利。再者婦用夫姓之習慣不僅是因爲便利與禮貌起見，但又含一種倚賴附屬的地位，又是往日婦人背棄己家以從夫的時候的一種遺物。女權主義(Feminism)之進步已反對這種老習慣。現在，一個婦人自有營業者往往當結婚時不願意捨去自己所從而得着一種價值的姓名。他不僅將自己的姓名加到他丈夫的姓名上，他又往往先用自己的姓名，然後再加上他丈夫的姓名。

二十八　爲妻者之失自由。　爲妻者一部分之獨立因爲婚姻消滅。

他必定要與他丈夫住在一塊；無論他丈夫要在什麽地方住，他必要跟從他，他對於丈夫之服從，就是他得丈夫保護之代價。爲妻者可以被迫而回夫家之慣例，雖已漸漸引起反對，但法庭尚不曾一律取消這慣例。法庭又承認爲夫者有權可以管轄他的妻的社交與通信之自由。其實，法庭的這種干涉本不過是要滅除一種弊端。例如法庭已不承認爲夫者有權可以禁止他的妻與近密親戚之來往。至於爲夫者能否強使郵局將他的妻的信札直接交與他——這個問題已經有人爭論過的。郵局教令大綱（The General Postal Instructions）第八〇七條，承認爲妻者的信札可以一齊送給他的丈夫，但必須法庭的指令。在實行上，只要這兩個當事人（夫婦）是住在一起，這個問題是不會發生的。

尙有更重要的問題，就是決定爲夫者在什麽合法的情形中，能夠閱看妻的信札。關於這一點，夫與婦實不居一個平等的地位。爲妻者可以看他丈夫往來的信札，只不過這信札須自然落在爲妻者的手中，并不是他用什麽不正當的方法取到這個信札。譬如他在家中桌椅上或在他丈夫衣袋中尋出已經拆開的信札，或他丈夫許他開拆的信札，他皆可以過目。但有一層已是大家承認的，就是爲妻者對於僕人手中付郵的信札不得拆閱。

爲夫者之地位與此大不相同。一直到最近，爲夫者可以用無論什麽方法得到他妻子的一切來往信札，而擅自拆閱，但是他所用的方法不可構成一項罪名。法國最高法庭對於這個權力曾立了一種重要的限制。法國許多法庭中不許爲夫者用不正當不尊貴的方法將他的妻的機密信札弄到手中。在一件特例中，一個妻的女友接着一封機密信札，關於這個婦人者；這女友將這信札竟交與其夫。此處也好像與管轄爲妻者社交權之問題一樣，法庭判定這種權力誤用之罪，但不想取消這種權力。這法庭在表示這項判決的原則的時候，說：「雖書信神聖之觀念必特別爲夫權所屈，爲夫者或藉能稽查他的妻子有無損傷他的體面或背判結婚誓詞之事；然無論如何，這種權力總不能沒有限制。」

這原則如此表出，總算是很明顯的了。假使我們承認爲夫者有管束其妻之權，能否就決定這個權力可以取消書信之神聖不可侵犯之性質呢？倘若爲妻者因爲自己的職業有一種應守祕密之事，他可否永不宜告他的丈夫呢？爲夫者倘若利用他的權力或強迫他的妻子宣示於他，或用盜竊的方法搜尋他妻的書桌上的文件，這是否可許呢？這樣看來，夫婦兩人的地位豈可并論嗎？

二十九　父母權之不平等。　爲父者爲母者對於子女的權力也有等差。在此處，又足見爲妻者是居於附屬倚賴的地位。法國民法典第三七二條聲言爲子女者除非到了一定年齡，或被解放的時候，總是在父母權力之下。但是第三七三條又說對於結婚之事，只有爲父者可以使用他的權力。這第二條與第一條是完全相反。但是我們應當相信這個法律；因爲這個法律——無論是否僅僅一個抽象的原則——已承認了爲母者的權力。法庭判定爲父者之使用權力不能夠過於專擅而完全渺視母權，是很合理的。例如爲父者不得強令母子分離；如果他妄用他的權力，法庭可以承認他們的離婚。

再者，卽使對於子女的婚姻，爲父者不能獨有權力。在某幾種重要的動作中，這民法典已是承認爲母者之參與；例如對於子女結婚之允許，父與母的權力必交互連合起來，至少也必與爲母者商議。對於設立義子之必要的允許，這法典或至少大多數的著作者說得更進步。爲母者不僅要參與這件事，他必表示他個人對於這義子之認可。爲父者的意志不能超過他的意志。這個地方實在減輕了這法典第三七三條之原則。爲母者，等於爲父者，即使在後者之生前也可以承諾那對於子女的遺贈。他的承諾是有效的，爲父者即便反對他也是無用。

這個就是民法典在父母權之間劃出區別之大概情形。但是我們仍可以決言爲母者的權利仍是很小的。爲父者既是一家之首，固然可以獨自代表他的子女或執行他的權力；但至少，對法庭之伸訴權必應留與爲母者。在一切決意之關於子女之將來者，關於子女之婚姻，解放，擇業，脫除父母權，懲罰，等等者，必依事件之發生，對於爲母者的意見與以考慮。

德國與瑞士的立法。——但有一些較後於法國的立法，尚未採用這個規條。雖然德國民法典第一六三四條承認爲母者有保護子女身體之權與義務；但在一種爭端發起之時，只有爲父者的意志是有勢力的，而爲母者無起訴之可能。要想起訴，除非爲父者的行爲從道德與身體上看來確能危及其子女之時。

但是德國民法典對於此項似乎是較法國爲更便於爲母者。我們早已說過，在德國民法典之下，婦女絕無沒有能力之處。此外所有一切因結婚而起的義務，皆是夫婦相稱的。幷無什麼特別的東西加重於爲夫者，或表示爲妻者從屬倚賴之地位。我們或能被誘而相信德國民法典乃承認夫婦之完全平等。但是我們切不可如此。在別的題目下實有一種不平等之規定。這法律第一三五四條給爲夫者以獨自決定一切關於他們公共生活之事務之權；例如，最重要者他可以決定居家之所。但有兩條修正案已被承認：

(1)爲夫者的決意可算是妄用權利的時候，爲妻者可以不承受他的決意；法庭就從中爲之判理。爲夫者之行動無合理的理由或違反普通習慣者，皆算是妄用他的權利。倘爲夫者欲遷移住址，以使爲妻者不便執行職業，——這一層可以算是妄用夫權。

(2)有一種權利對於爲妻者是很特別的，那就是管守門戶鎖鑰之權(Schlüsselgewalt)。照第一三五六條說，爲妻者有家宅內的指揮權，所以法律責爲妻者以看守家宅之義務，而給以這種目的上一些必要的權力。這一條上又說爲妻者不得不做家室內的工作，只要這種工作從他夫婦兩人生活程度上看來向例是爲妻者所作的。但這種義務同時又是一種權利，爲妻者有分派家用之權，他可以代表他的丈夫以支付這些使費，而要他丈夫供給這些使費。這種代表事務，正合於我們法國所謂普通的「默許的代辦職」(Implied Agency)。德國民法典明明白白的判定了這種代辦職，而在我們法國這代辦職是著作者與慣例上的產物。爲夫者或有限制這種代表權者，或竟有完全取消他妻子的這種代表權者；但如果他的限制或取消是一種妄用權利，爲妻者不妨訴於法庭。

我們在瑞士民法典中，可以尋出差不多與此相同的制度。瑞士的立法者，例如薩勒依（Saleilles），與德國的立法者相同，也表同情於婦女。他的立法證明他要承認婦女自己的特別權利，又要完全擔保這些權利。

八　已婚婦的財產

三十　各種婚姻制度(1)之互異。　關於處理已婚婦的財產之法律，依結婚當事人所採的婚姻制度之不同而有差別。在共享制（System of community）妝奩制（Marriage-portion）與各有制（Exclusion of community）之下，(2)爲妻者的財產是爲丈夫所處理。在財產分劃制（Separation of estates）

---

(1)『婚姻制度』這個名詞，就是指法律規條之管理夫婦間之財產關係者。

(2)在『共享制』之下，爲夫者可以處理三種財產：他自己的動產，他的妻產，及他兩人共有之產。在『妝奩制』之下，妻的財產是分作兩種：一是他的陪嫁的財產(Dot)爲夫者可以享受而處理之；一是他私有的財產(Paraphernalia)他自己保守那受享處理之權。在『各有制』之下，夫與婦的財產各自分開，而不混在一處；但爲夫者對於兩者皆有之下，由兩方面的合同，或由法庭的命令，爲妻者可以獨立自理其財產。

在法國最通行的就是共享制。一八九八年中，八萬三千四百六十個婚約中，有六萬八千四百一十二個皆採共享制。但大多數的人結婚時不一定有書面的約定。差不多在每三個婚姻中，難有一個定契約者。這班無契約而結婚的人，皆自然採用定例的共享制。我們現在要論及的，就是在這個制度之下的婦女地位。這個問題就是：這制度爲民法典所這樣採定，究竟值得不值得呢？

在外表上，這共享制似乎是最合於自然的——合於婚姻目的之本身的。其實這制度有許多重大的缺點。這制度是很複雜的。這制度將三個

享受處理之權；這就是一種不共產的共同生活。在「財產分割制」之下，夫與婦各自保留對於自己的財產之享受管理權。

種類的財產合在一起，而又從中保留幾種區別。這制度使離婚時有清償手續之必要。再者，這制度保證過重的夫權，就將妻權犧牲了。

但我們大可注意，在歐洲共享制之實施漸漸遇着限制。在俄意英三國，財產分劃制已是定例的制度。德國民法典已將『管理聯合』(Administrative union)定爲本帝國的定例制度。在從前，共享制差不多在德國全國境之半是一個通行的法規。在瑞士，近來也有同樣改革。共享制在往日也是十二個省分中定例的制度。但這新法典採用了德國的『管理聯合』制；(在瑞士法典上名Vorschriften der Güterverbindung)而那班批評這個改革者，也不過說財產分劃制是應採取的，并不曾想恢復共享制。

財產分劃制使夫婦各方面對於自己的財產有保留產主地位及處理享受之權。兩人皆須共給家用，而各自保留理財方法上所得的利益。但是，使婦女不受豢養而往往反要婦女養家者，也就是這種制度。因爲這制度認定婦女之絕端獨立。無論如何我們不妨考問，這種制度既被擇取，爲妻者的眞正利益是否不至於化爲虛幻。只要一個人家是興旺的，照例總是爲夫者在外取得收入。既用財產劃分制，則爲妻者絲毫得不着這收入；那麼爲妻者之料理家務，能得着什麼利益呢？孟額（Menger）說：『爲什麼我們看不見在那些做小生意或小實業的人家中，爲妻者之工作差不多與丈夫一樣的勤苦呢？』再者，無論如何，爲夫者能專心於自己的事業而增加所得者，豈不是因爲有婦人之代理家務而不必後顧麼？這樣看來，爲妻者既能這樣直接的或間接協助他的丈夫，那麼，使他絲毫得不着好處，豈是應當的麼？

三十一　在德國與瑞士的管理聯合制。德瑞民法典採用這制度爲一種定例的制度，而稱爲『管理的聯合』或『處理之協作』(Community of management)。因爲這些名目表示得不甚明晰，所以引起些誤解。照字面上看來，好像是說夫婦兩方面皆得參與財產之管理及公共貯款之創設但其實乃大謬不然；這制度只認爲夫者之管理權，爲夫者可以處理他自己的及妻的財產。所以人家總說，這制度彷彿像法國的各有制度(System of exclusion of community)。但是這兩種制度各有各的特別面目，我們與其勉強指定這制度所屬的種類，不如將他描寫出來。

照這制度，各人的財產權仍是各別的。每方面皆永爲各人自己所有者或可以獲得者之物主。夫婦間無所謂共同的財產。大概，爲夫者總可以享受處理爲妻者的財產；但他不能擅自讓渡這個財產而不與妻商量；又不得拿這個財產抵還自己的債務。這樣看來，爲妻者的利益總似乎完全被犧牲了。爲妻者卽便供出什麼好的理財法，他自己也得不着利益，而對於自己的財產也毫不能享受。但對於這一層有了兩種修正：

(1)德國法典，也好像瑞士法典，皆不遵從法國的婚約不可更改之法規。這管理聯合制，對於那班日謀餬口者，不見得有什麼重大的害處。但如果夫婦結婚之後，漸漸自置下一筆財產，而這筆財產雖是丈夫的成績，但實因有內助而得，那麼，這種制度就覺得有些不公平了。因此，結婚當事者不妨採用一種契約制度以代替這種定例的制度，——例如，對於夫婦收入之合股，不妨作一種契約，但只要這契約合於法律上所要求的儀式與相當的公開。在此處，對於夫婦兩人之自由，絲毫沒有限制，——除出第三者的利益；這種利益只要完全公布出來就行了。倘若對於已婚的男女將有所賒借，那麼，對於他們的婚姻制度財產制度必須調查一下；正如對於一個請求賒借者，要調查他的抵押簿子一樣。

(2)有幾種財產，逃出為夫者的管理享受之外。這些財產就構成那所保留財產，起於三種根源：婚約上的約定，第三者之贈送，法律之指定。(a)那種規條承認婚約上條文為一種基礎者，不過是根於婚姻財產制之自由選擇之原則之一種應用。對於婚約的條文也許以這同樣自由；而結果在婚姻後，這些條文上不妨有所更改；但必這契約當事者遵從那些關於公開之規則。(b)所以在結婚時，一個第三者可以對於夫或婦有所餽贈，而言明這餽贈之產必當作一部分保留產，而不可變動。(c)最末，照法國法典第一三六六條與一三六七條，這保留的財產包含爲妻者個人享用的一些物件，例如他的首飾，衣服，他的營業的器具，他的勞動所得或經營所得。這實是一個絕端重要的條文，使爲妻者對於薪水與利息有處理享受權，而不認作夫的所有物與所管物。結果，就是使夫婦財產有部分的分析，爲妻者可以完全管理自己的保留財產，而自由料理這個財產好像他未曾結婚一般。

三十二　反對的論調；『限於後獲物上的共享』(Community limited to acquests)(1)。仍有不得不問者，就是這種管理聯合制能否在實行上不至於引起重大的麻煩，又結果不至於常常損傷爲妻者的利益呢？其實夫婦之曾貯蓄款項者，差不多總有一個公共的帳簿，爲妻者怎樣能夠證明這貯款中那一部分是從自己的利息上生長起來的呢？此外尚有一個麻煩的事，爲妻者的利息與貯款或已支付了一些公共家用。照理，這費用應當責取於爲夫者；所以照邏輯上講來，爲妻者可以要求賠償。但德國法典第一四二九與一四三〇條，因爲想滅除這種證明之困難，又想避免帳目上之煩雜，所以就斷定爲妻者既拿自己的財產支持家用，或將自己財產之處理權讓與其夫，可以假定他沒有希望賠償之心。法典雖是如此，但如果（像薩勒依說過）在法律中，承認事實上正存立的共享制，而允許那

（1）照這種制度，只有結婚以後那些從各人產業的利益的收入上所得者，或兩人工作所得者，可以合爲公有。

存放在一處的財物之劃分，豈不更簡單更合理麽？

但是，在法國，討論共享制應否捨棄之問題者，並非爲鄰國的立法所影響。這種影響在所有一切關於工業，關於商業，關於一般營業之事體上是很大的；但別種事體，與此相反，大概是靠着本國的慣例與舊習。在嗣續法與婚姻法中是如此的；而在法國，大家傾向共享制似乎是毫無可疑。共享制是一種最有名的制度。不但最便於實行，而且已是採用最廣的。我們的經驗可以證明這個制度之保存與那人所希冀的改良，二者當中毫無調和之可能。我們相信，如果法國民法典將着手修正，必能承認以「限於後獲物上的共享制」來代替目前通行的共享制之必要，與已婚婦的地位改良之必要。

限於後獲物上的共享制，較之那種定例的共享制，是更合理而且更合於夫婦兩人的預存的心願。這制度在夫婦間造成一種利益上的聯合，而又不至於因一方面之消費而損及別的方面。差不多凡採用共享制之婚約即是建立後獲物上的共享制之婚約。再者，我們大可注意，即使那定例的共享制也明明與古代的「動產與收入之共享制」(Community of movables and acquests)大有區別。在我們的古代法中，差不多一切重要形式的財產（官職與地租）皆被視作不動產。在今日已不然了。動產之大增長，已漸使得我們古代法中的共享制與民法典中的共有制更顯出區別。

有些反對的人說，這種定例的共享制是對於那班結婚時沒有明定契約者而設的。沒有這種契約，就很難證明各人自己所得來的動產。但是如我們研究這證明之問題，就可以看出我們未免過於誇張這個難點。這難點幷不曾沮喪了別國立法者將後獲物共享制變成法定制度者之心理。在那些採用管理聯合制之國中，證明上所發生之困難，也與在那些採用後獲物共享制之國中一樣的多。此外另有一類動產，其生利之容易與不動產相同。這些動產就是官職，一種營業的好招牌，典來的產業，存案的產契或借字。老實說來，困難之點只不過現於某幾種形式的財產上，例如不具人名的財產票據，現錢，家具。大多數的立法，皆不要求當事人開呈財產的表册，或公證人之代爲宣布。這些立法皆不過爲公有的產業起見，只要求空空的作個估料；這種估料很容易爲一種證據所推翻的。爲妻者之提回自己的產業，必能引起他自己與債權人的衝突。對於這種特例不妨加以較嚴的態度。假使財產表册眞是必要的，那麼，爲什麼不許這册子上之簽名與注明日期呢？備辦一個財產册較之備辦一個婚姻契約所費總少得多。最末，我們可以看出，這現在的制度對於證明之事如是之嚴，然實不能擔保夫婦各人不對於自己所得到的財產虛漲價值。公證人也無從知道這指出來的財物是否實已捐助出去，又不知道這些財物的價值是否說得過分。

三十三　在共享制之下爲夫者權力過盛。倘若我們留心看那最通常的狀況，——就是那種以每日工作所得支持生活之人家之狀況，——我們不得不承認法國民法典幷不曾設法預防這種人家收入不至於消費到違背本來目的的用途上。

爲夫者對於共有的財產，未免有過盛的權力。照民法典第一四二一條，爲夫者可以出賣，移交，或抵押這共有產而不使妻參與。特別在勞動階級中，爲夫者因爲想弄錢，往往賣去全部分或一部分的家具或生活上絕不可少的東西或勞動條件上生存條件上預爲防備的東西，或甚至於賣去法律——本人道主義——所不肯侵奪的東西。他無須說出理由，無須記出帳目，所有這共有的財產皆用以清付他個人一切的債務。這種事例屢見不鮮。在富人階級中情形就不然了；爲妻者向來有預防的能力，而他所得的擔保（在他的夫產上擔保他自己財產上之恢復）結果使他丈夫在讓渡公產或即便讓渡丈夫自己另有的財產時，必要得他的一致。

為妻者之擔負家用以代替其夫，只不過是根於一種默許的權力。這權力向來總是被視為可廢的。按民法典，為夫者不但可以賣送自置的財產，并且可以處用他的妻的勞動所得，又可以求取或扣用妻的薪金。倘若為夫者浪費所受委托的財產，或料理不善，為妻者可以訴之法律以要求兩人財產之各自分開，——這是對那班有私財的為妻者一種有實效的補救法，但對於那班日以工資為生活的人不過是一種虛文保障罷了。再者，這種起訴手續是很冗長很複雜的，而結果又是太沒有一定的。現在且讓我們來看什麼是已實行的補救法，什麼是已經提起的補救法。

三十四　為妻者的貯蓄。　關於為妻者對於自己的貯蓄的權力，那已實現的進步多半是這立法之應用態度上的結果，而不是這立法本身上的結果。實在言之，那加入一八八一年四月五日的法律中的條文，絕不曾認定一種應屬於爲妻者的權利。

以前有一種企圖早已失敗了。當一八七二年時，曾有人在國會中提議要令爲妻者有權可以將自己的貯蓄存放在政府所設立的貯蓄機關中，而不必得丈夫的認許。這種計畫大受人家的批評，以爲有損夫權，與共享制之原則相反背。照他們說，爲妻者雖本不能絲毫變賣那公產，而私用這權力豈不可以提取一部分公財作爲自己另有的基金麽？過了幾年，當這種計畫重新提起的時候，因爲想對於那班有力的反對派的法律家再作切實的擔保，『默許的代辦職』(Implied agency)之原則就提出來了。照那提議者說，這個問題并不是要拿一種特有的權利認給爲妻者，不過是要將爲妻者看作有一種爲他丈夫所默許的權力。當他將貯款存放到貯蓄銀行或從貯蓄銀行中提出貯款時，人家總當他是用丈夫的名義，是丈夫的一個代表。爲夫者如果不願意，不妨否認妻的代表權；以反對的意見知照貯蓄銀行；結果又可以將那特另的貯款合到兩人公有產之內。照一八八一年關於郵政貯蓄銀行的法律上所說，爲妻者可以不顧結婚時本來約定的財產制度而自立帳目不要丈夫參加；又可以自由提用那已加入公共支取簿中款項而無須丈夫的參助，除非他的丈夫以反對他提款之意通知銀行。

(1)在一八八一年的法律之下實行例。——這法律之應用即刻發生重要的結果。當一八八二年那樣早的時候，即有五萬二千三百四十五個已婚婦請求自立帳目；但因他們尙不完全了解他們可以使用的自由決擇權，差不多有過半數的人（三萬零八百零三）皆挾有丈夫的認可。但不久他們就變過來了。於是大家流行一種習慣，在請求書上加『沒有丈夫的認可』幾個字樣。但既是即便在這種事例中，爲夫者之反對權仍然存在，這權究竟怎樣用法呢？在這一點上，這法律沒有規定。那麽，爲夫者似乎當表示反對時，只要自己出頭聲明自己的關係就夠了。如果結婚者是採用那定例的共享制，妻的貯款也是公有產之一部分。爲夫者要反對妻之提款，不妨自己請求提款。但銀行對於他這請求之回答，往往是：『且去請一個尋常法官將你的反對提款之意正式通告我們。』結果，他不得不作許多先期的手續，而付出一切必要的使費；這種儀式完成之後，他就可拿到銀行裏去了。但他又被拒絕；銀行回答他道：『你這個通告只能將你的妻的貯款放在他的權力所不及之地。但是，你如果自己要提出這款，必有你的妻的允可字據，或法庭的指令。』於是爲夫者不得不取一種法律手續，以銀行爲被告，而自與妻聯合爲一方面當事人。金錢之浪費，種種煩惱，種種厤纏，就隨之而至；這些情形就不免沮喪了他的勇氣。倘若他百折不回，他所言的當是毫無可疑的結論。法庭就不得不判定一八八一年的法律實絲毫不減損夫權，而爲夫者既有管理公產之全權，就可以使用妻的蓄積。在邏輯上看來，這法律手續上的費用應當要銀行賠償的；因爲前此銀行之拒絕是毫無理由。有幾個法庭的批判實是這樣斷定的。但塞因(Seine)裁判所曾有一個與此相反的判決；這裁判所是爲案件上的特別事實所影響是無可疑的。照一向的事實上看來，爲夫者立意要得到妻的貯蓄者，總不得法庭的有力的同情。上述的這種實行例及這些判決，皆已能沮喪了爲夫者取反對行爲的勇氣。在此後十二年中，在那反對提款之三百八十五個通告書中，有二百七十個中途撤消，或結果這貯款付與夫婦兩人而不爲一方獨有。此外一百一十五個毫無結果，而其餘二十個就移交法庭辦理了。

(2)一八九五年的法律。——但是有些人覺得上述之實行例不合於原來的法律。作調和二者之希冀者，就引出一道政府法案。在那關於貯蓄銀行的法律草案上，曾有一條明明的說爲妻者有自立帳目之權，而因兩個議員（拉維Lavy與瓜馬（Garmard）之要求，那種限制（做成爲夫者可以反抗提款之特例者）就取消了。這草案在下院中就這樣通過了。在上院中初讀的時候，也毫無保留；但到二讀時，不幸有人提議一種修正。蕭維（Chauvet）的修正案就是要求重建舊日的規條。這草案的原本就送到委員會中討論。這法律，照摩里左惕保爾特（Morizot-Thibault）的批評，是受了某法律家的專斷之害。結果，一八九五年七月二十日的法律仍保存爲夫的反抗權，不過將這個權力整出條理，又使其易於運用。當爲夫者反抗提款時，政府必以掛號信知會其妻；如爲妻者當他丈夫提出反抗之後一個月以內不作手續完備的訴訟，爲夫者可以——如果他結婚時所約定的財產制度允許他如此，——接受這貯款上未提出的餘數。這樣一來，爲妻者就是立於一個不大占便宜地位。起訴與涉訟皆要爲妻者去做；爲夫者只要以靜待動，而只當期滿之時，露面就行了。

此外在修正這法律時，這些權力的儀式竟得加入。要看這儀式怎樣實現，不得不査看一八九五年七月二十日商部對於政府所辦的一切貯蓄銀行董事的通令：一月期滿，如爲妻者尙不曾起訴，他的丈夫就當然可以接受這貯款；但必須幾種條件：

(1)他必攜帶原貯款者（就是他的妻的）支取簿。所以往往爲妻者如果有力保守或隱藏這支取簿，爲夫者當然拿不動這貯款。法律上雖說爲夫者可以要求他的妻交出這支取簿，但毫無效果。銀行亦不必以此自煩。倘若爲夫者要求銀行發給一本重複的支取簿，銀行可以那原來的簿子未曾遺失未曾毁壞未曾被竊爲理由拒絕。

(2)爲夫者必表出自己的身分，就是表明自己是這貯款者的丈夫。他要證明他在婚約上有這種權力，他必鄭重抄示他結婚的條件及結婚契約上的細則，或證明他結婚未有契約。此外，因爲提取貯款與反抗提款往往是離婚的結果，所以爲夫者必證明他們未曾離婚，或未曾分居。這兩層他怎樣能證明呢？要證明未離婚，他只從婚姻登錄署那裏抄出最近的紀錄就夠了。但要證明法律未判令分居，就很繁難。當法律判令離婚或分居時，物主證明書（爲一個公證人所發給）必要宣布出來，以表白夫婦兩方面是誰有支取權；而兩方面皆可要求各人財產之淸償。

這個通令在末尾又作一個最後的注意，而含譏刺之意：「此外只要你視爲必要，不妨再備些別的證據。」在這些條件之下，我們大可相信，爲夫者眞能得勝利者爲數必不多。一八九五年的法律誠然增加反抗者的數目。在次年中，這數目較前一年加增一倍。但在這些反抗者之中，只有三個人得着成功。又在一些案件中，反抗者旣無效果，又未撤消反抗；然反抗書之有效爲期不過五年，如期滿不重新提起，當然失效。

三十五　妻的收入。照法國民法典，妻的收入也是公產之一部分。

在事實上，這些收入多半是付與爲妻者之本人，認爲妻者爲他丈夫所默許的代辦人。但這種代辦職既隨時可以廢棄，爲夫者要求將他的妻的收入交付他的手中，不算超越他自己的權利。『立法研究社』(Société d' Etudes Législative)的調查指出些理由使我們相信這種要求爲數不多之故。但因這個權利時有誤用，就不能不認改良之必要。這個研究社證出在這一層上，習慣較之法律進步得多，而這改良如果合於民意當更受歡迎。

這改良——早就是人所需求的，而其成熟乃立法研究社討論報告之功——實現於一九〇七年七月十三日的法律上。這法律的目的不但是要認定已婚婦之對於自己的收入之主權，幷且同時擔保夫婦兩方面皆有供給家用之義務。當時的問題是要補救那些例外情形，所以有些人提議要拿這個宗旨改良。照都卜都湯(Dupup-Dutemp)的提議，倘爲夫者因行動謬妄而危及一家的利益，爲妻者不必請求財產之劃分，但可以從法庭中得接收自己工作上的收入之權。倣此，在苦威（Cauwes）對立法研究社之提議中，公民分位登錄官當男女結婚時，必問爲妻者願否保守對於自己的動產或勞動上所得的利息或薪金之管理權。這些提議未免有些過分，又是難於容納的。蓋法律行動來作補救總是很繁難而且很迂緩，又能生出夫妻的嫌隙。照苦威所提議結婚時的宣言似乎是一種不信服丈夫的行爲。這行爲婦人總是不敢做的。再者，在這種愉快之時，婦人決想不到自己將來可受着的危險。

所以這樣看來，使改良有更普通的應用，使所有已婚婦都有一種權利，豈不是更好麼？照一九〇七年的法律第一條，不管婚約上所約定的財產制度是那一種，爲妻者可以得着對於自己的利息自己的薪金之主權。這法律，照初讀時的決議，竟允許法律所不保護的婦人在結婚契約上也可以享受這法律的利益。但所可慮者，這種法律不保護的婦人或漸成爲慣見不鮮的，而這項改良成爲有名無實。所以在婚姻契約中，任何矛盾的條文，總認爲無效。一九〇七年法律之原則就是這樣應用到一切的已婚婦而毫無區別。

(1)何者是妻的收入。——在什麼財產上爲妻者可以得着這種主權呢？在此處，這法律應用範圍之擴張，已有成效。當初所注意的只在受人傭僱的爲妻者所得的傭資，對於女商或自有營業的婦女未曾顧及。那個時候似乎因爲力求簡單，所以不去區別等類。當時也有人想起不但在傭資階級中有這些弊病，在中等階級中也未嘗沒有。爲妻者往往因爲丈夫遊手好閒，而不得不自去工作。

那時又發生一個同樣的問題，就是要問爲妻者的權利是否只及於他的傭資，或能伸張到他的儲蓄上面。一千九百年三月十日比利時的法律採取一種限制，認爲妻者有全權接收自己的傭資，用於家中必需的用途上。爲妻者若要利用這傭貲，或存放作生利之事，爲夫者將保有對於那些票據的一切權利。但這種的改良是不夠的，是毫不能有所作爲的。所最怕者，并不是爲夫者要強取妻的薪金，因爲我們知道這種權利誤用是不大有的。爲夫者所最不免的，就是常常對於妻的貯蓄——爲妻者積薪金而置成之產——妄思染指。法律所應當妥爲保護者，就是這種產業。如果法律不這樣做，簡直就激使爲妻者花費了——甚至於白耗費了——這項蓄積。再者，這種用法總是因爲目前的急需，例如房屋租金，與子女的衣飾等。爲夫者對於這項蓄積無權過問，因爲他對於這蓄積毫無所供獻。這樣看來，一九〇七年的法律對爲妻者所承認的權利，是個最廣義的權利，包括傭貲或任何種類的薪金，或從自己職業上從工業上及獨營的商業上及此外的貯蓄上長起來的利息。

說到保留的財產，這法律定出兩種可以辦得到的制度。夫婦不妨作部分的析產，或以這保留產爲一項公產。

一部分的分析是很省事的方法，又適於各種的夫婦財產制度，又能將那一部分保留財產放在一個界限淸楚的地位上。爲妻者對於這保留產有完全的管理權；不問有什麼意外的事件，他必守著這筆財產不動用，又不許分析。但這個制度有許多人覺得有點過分。他們的疑問就是，如果不在共享制(Community)之原則上作出這樣一個大破綻，就眞不能給爲妻者以有效力的保護麼？倘若爲夫者日日爲兩人公共生活而工作而貯蓄，爲妻者乃專謀私自蓄積，豈不是不應當麼？

但『立法硏究社』仍主張，在共享制之下，妻的利息與薪金不得從此不爲公產之一部分。他的利息與薪金應屬於夫妻聯合的產業，但不受丈夫的管理。這個似乎是二重的默許的代辦職。這裏必有兩個管理人代替一個管理人，各人有各人的特別職分；爲夫者經理大部分的財產，爲妻者只料理自己零碎得來的收入。在這個地方，絲毫不違背共享制之意旨，因爲這個制度之大要就是一筆聯合財產之創設與劃分。管理之統一，不是這制度的根本性格；這個證據就是，照古代習慣法上的共享制，爲妻者只限於某幾種行動中有與丈夫聯合之必要。照薩勒伊說，這共享制應該更爲活動，又必使合於習慣上理想上的變遷；如若不然，這制度必歸消滅。

這一層就是立法者所已經採用的解決法。如果當事人是用共享制或限於後獲物上的共享制，那私自保留的財產必爲聯合的產業之一部分；在分析時亦必拿出來同受分析。在所有一切夫妻財產制度——除却尋常的共享制及後獲物上的共享制——之下，那私自保留的財產，總是劃歸爲妻者獨有的，在此處，對於這筆財產，好像他是遵照『財產劃分制度』上妻的權力範圍。

(2)妻權的範圍。——一九〇七年的法律對於爲妻者在自己私蓄產上承認他這樣的大權力。這個法律對於法律判使離居的妻又給與一些財產管理權，與民法典第一四四九條所允許的相同。這法律甚至於更進一步；因爲這法律第一條對於一些爭論中的問題關於法令離居的爲妻者之私產者，總偏袒爲妻者。例如爲妻者不妨將自己的蓄積置買動產或不動產以求生利；他又可以因爲打算讓渡自己所得著的財產而不必得丈夫的認可。他對於所有一切關於這種財產上的權利的問題可以自去起訴或被訴。所僅有的禁條，就是不許他自由贈與別人。

他的私蓄產可以爲他自己的債權者所取；但他的丈夫的債權者決不能侵取。但有些夫的債權者是個例外，可以侵取妻的私蓄產；這班債權者必是因這夫婦家庭需要而借款與夫的，又必這私蓄產照他們所採用的財產制度——在這新法律未出現以前——本是在丈夫的手中的。

在他方面，爲夫者及夫妻公共財產，對於妻所擅自結訂的借貸契約，不負何等義務。

對於這小保留產欲立一憑據，是個難問題。這法律只不過聲言，爲妻者行動之有效將完全依賴那憑據。這憑據必爲公證人所簽定，或用別種方法表白於婚約中，而證明他自有營業與他丈夫無涉。有關於這憑據之第三者毫不負責。如果在這財產之來源與性質上發生爭端，爲妻者可以供出任何方法之憑據，即便用口頭之憑據亦無不可；但只有用普通報告來作證是不許的。

倘若爲妻者妄用他的權力，他的丈夫可以訴於法庭，要求取消他的權力；這種規定似乎是很巧的。爲夫者可以稟求法庭，或在一個緊急的事件中得著一個單獨的裁判官之明令，就可以反抗妻所打算做的行動。這裁判官將審聽考慮這丈夫的訴狀。妻之妄用權力之事例大要爲這幾種：爲妻者浪耗自己的財產，或輕舉妄動，或管理不善。

(3)拆散共產之效力。——當夫婦拆散共產時，那妻的保留產就合并到爲夫者有權管理的財產之內。其實這兩種財產本是一樣構成這公共聯合產之一部分。照邏輯上講來，既然要拆散共產制，就應當喪失這公共聯合產上一切的權利，而結果又犧牲了自己的貯蓄。這種邏輯似乎是很粗略的。如果立法者的意旨是要保存那爲夫者不得直接或間接絲毫動用妻的所入之原則，就應當承認爲妻者即便反對共產也能索取自己的貯蓄。這個解決法已經爲瑞士日內瓦(Geneva)州的法律所採用，又爲法國一九〇七年的法律所採用。那不願共產之爲妻者，在拆散時仍可得著他的保留產不受任何虧損，而除却已被抵押的債務以外不受其他一切債務的拘束。這種權利也可以給與這妻的後裔，但只給那班在直接系統中的後裔。

三十六　附在婚姻義務上的懲罰。　上述的這些改良本身仍嫌不足。一向的經驗已能表示對於夫妻交互義務與他們對於子女的責任應當規定些更有力的擔保。這個問題已經爲近來幾個法典的草訂人所特別注意。瑞士民法典上定出一些計畫是要保護爲妻者的利益；這些計畫就是：與夫同住之義務之終止，一筆生活費之劃定，爲夫者管理妻產權之拆消，法庭可訓令夫的債戶將所欠之款全部或一部分交與妻手。

如果夫妻的收入有被浪費之事，或任何一方面對於家用不能有相稱之供給，那麽，他方面可以用一種簡略的法律手續來干涉他。法庭用一封掛號信說明這訴狀的性質以通知那有過失的當事者，將他喚到保安執法官之前。這兩方面的當事者夫妻必同時出面，同時被審。這保安執法官可以授權與這原告，使他作一種『查封』(Attachment)式的請求，要扣取原告自己工作所得而由被告代爲接收的工資之一部分。那送給被告與送給第三位的負債者的判決通知書，其意義就等於扣留那應查封的數目。這個判決可以立刻執行，雖有人反對有人上訴又幷無擔保，也毫無妨礙。

這是頭一等的懲罰，固毫無可疑；但往往不能見效。一個人要想避免工資之扣留，不妨遷移居所或遷移傭工之所。我們很希望法律能採用一種更有力的辦法，就是希望從刑法上借一種監禁的懲罰，以對付那不供給妻子需要的爲夫者。有幾個外國立法已做出些先例。在美國，麻薩珠塞(Massachusetts)州一八八五年四月十七日之條律制定二十元以內的罰金，或六個月以內的監禁，以對付那無理由而不維持妻子之生活者。那威一八九二年七月六日的法律第一條對於那棄妻子而不顧的爲父者迫令他供給一筆維持妻子生活費；這筆費的大小應當與他自己所有的收入爲正比例，而必爲法庭所擬定。倘若他因沒有財產不能執行這判決，他必被捕而放在一個機關中作苦工，直到他付出這款或擔保付款而止。監禁的期限不能過六個月。最末，瑞士怒夏特爾(Neuchâtel)州的刑法典第二〇七條規定：『無論何人，本有由工作或由別種方法而仰事俯育之能力者，倘若他故意棄家不顧使家人受飢寒之苦，那麼，他必受一個月以上六個月以下的監禁，或送到一個機關中作一年或三年以上的苦工，此外又可以剝奪他的公權，以十年爲度。』

我們固然絕不信這些懲罰的規條可以滿足一切；但是因爲這些懲罰向未用得周全，所以我們不能斷定這些懲罰是毫無效力。任何一種社會現象其原因總是絕端複雜。想完全掃除這一切原因是不可能的。但是我們至少可以改正或感化幾種少數原因。拋棄家庭的原因之一種，就是因爲這種行動向來未受懲罰，是無可疑的。

九　未成年者之分位：(1)被棄的幼童

三十七　兩種觀念之父母權。　幼童分位之歷史往往與已婚婦分位之歷史相彷彿。有兩種大思潮對於那關於父母權的法律制度在歐洲幾個主要的立法上已經大有所供獻。第一種的思潮是來自羅馬法；第二種來自德意志法。照羅馬法的思想，父母權是爲著使用這權者的地位與利益而設的。與這個觀念相反的，就是那句格言；這個格言最初在一五三九年生里(Senlis)（羅馬城名現居法國南部）習慣法上表出，而爲羅意塞(Loysel)在所做的「法案」(Institutes)中所推演：「在父母的地位上，無所謂權利。」這句規條常常被人誤解。其實他的意思就是表明羅馬法上的「父祖權」(Patria potestas)不爲那些習慣法省分所容納。這個規條並不是說幼年子女絕不受任何權力的管轄，但不過是說父母權是根據別種原則又有些別種限制在羅馬法所規定之外。這個大意就是父母權之設立不是爲父母的利益，但不過是對於子女的利益一種保護權。

從這觀念上當然發生幾個結論：(1)這個權力屬於父母兩人。在結婚時代以內，只有爲父者一人可以應用這個權力；但在離婚後或因事停止父權之後，這個權力之應用就轉到爲母者的手中。(2)當子女用不著受保護的時候，這個權力就可以停止；例如子女到了成年之歲就停止父母權，而照當時大多數的習慣法，以二十五歲爲成年之歲。又或當未成年以前由爲父者的正式宣言或默許的行動，子女可被解放。但是我們大可注意，這個解放似乎是暗暗的從結婚上結果出來的。那時候人常說『家庭一解放，已結婚的子女就失去麵包與鮮肉。』這就是說男女一經結婚，就算是被解放了。握有幾種尊嚴的官職也往往生出這同樣結果，例如幾種司法官職，牧師之職，又甚至於——照幾處地方的習慣法——僧人之職。(3)父母對於子女的財產只有一種代爲料理權，而沒有記帳目的義務。但我們又必舉出那『貴族之監理』制(Nobleman's custody)與平民之監理制(Plebeian's custody)。這兩個制度在子女未成年以前，將子女的產業上的租簿交給父母管理。

這就是這兩種制度的主要的區別。這兩種觀念之長時期的爭鬪，結果歸於一種觀念之勝利。父母權已不是因爲利於父母而設的，但已成了一種簡單的保護權，成了爲父者履行對於子女義務之工具。柏利(Berlier)在草訂民法典時說，『再沒有比這法典第九題(Title IX)所說的「父母的權勢」(The authority of father and mother)更近於古代法上之「親權」(Parental power)』不過在當時，事實上總極力避去這『親權』字樣。但這二字在這一題的小引中見過一次；在一切別的條款中總是拿『權勢』二字來代替他。亞爾比桑(Albisson)說，規定父母的權勢除却爲着子女的幸福以外沒有別的原因和目的；這個權勢，老實說來，不是一種權利，不過是一種工具，藉以做出那所有神聖不可免的義務而不至遇著阻礙。

(1)民法典上的觀念。——所以民法典就這樣看出父母的權勢不過是用以保護子女權利的一種工具。但這個法典只不過建立這個原則，而不曾定出有條理的方法或附帶的懲罰。這法典第二〇三條只概略的說出父母必將子女撫育起來，就是說（照這法典草訂者的預備的報告中正式聲言）要教育他們。強迫教育之原則就是這樣實實在在的認明了。一八八二年三月二十八日的法律實不過發展出這個原則所有的一些結果，而指定這個原則的用途與違犯這原則之懲罰。

做此，這民法典亦不曾指出父母所負之教育義務怎樣纔可以不被放棄呢？我們明明曉得這種義務，照這兩方面對待的地位看來，就是為子女者所有的一種權利受教育之權利而在我們法律制度中每種權利的後面，總隨有一種補救法。但是什麼人可以運用這種補救呢？子女不能自己行動，除非到了一定的年歲；因為到那個時候，他就可以自己供應自己的需要。在未成年之時，他天然是為他的父親所代表。但是為父者斷不能控告自己，這是不待言的。這種地位是無可奈何。

三十八　國家對於被棄子女之扶助。　我們要討論的第一種事例就是那種故意逃避自己的責任或是不能履行責任之父母。

國家救濟事業之立法，雖是爲一九〇四年六月二十七日的法律所規定，但實久已含在帝政時代兩個條律中：共和歷第八年五月(Pluviôse)十五日的法律，與一八一一年的教令。前者規定管理孤兒院的幼童之制度，後者規定一些政府扶助幼年的條件，又將這種幼年分作三個等類：私生子(Foundlings)，被棄的子女，與孤兒(Orphans)。這些法律之應用不是抱同樣精神。在實施上不但依時代而有差別，并且依地點而有差別。其實，國家對於幼童扶助的一向是——又仍然是——省自爲謀的事體。省參事會(The General Council of the Department)可以隨意推廣或減少這項扶助力，或隨意伸張或約束這扶助力之施行範圍。

我們現在所研究的本是要注意這個法律在實行上所經過的，變遷所以，指出那時候這法律之實行上種種變動不拘之痕跡，不見得毫無價值，在起初，照著這些法律所做出來的事體已能使得這項救濟事業易於辦理。一八一一年的教令在各地方創立一個孤兒院以收容孤兒，而每個孤兒院必開一小門使人可以隨時送進幼孩免得受盤詰之苦。這個小門是一種自轉動的籠子式，朝街上開著。幼童就是從這籠子收進來，傍邊一個響鈴；送幼孩者可以按動這個鈴子以通知守者。這個籠子自行轉入之時，這小門就關閉了。這幼孩就爲院中取入，而無從證明這幼孩出世之祕密。這個辦法既這樣便利，所以棄兒之事就每年增多。在一八一〇年，這樣收進來的幼孩之數目是七萬〇五百五十八。在一八一五年是八萬四千，一八二一年十萬五千，一八二五年十一萬七千三百〇五，一八三八年十二萬七千三百〇七。這種數量的增加不是我們所急要考問的問題。這個祕密門所糟蹋的性命較多於救起的性命，這也是顯而易見的。那些人將幼孩從遠路送來，毫不小心照料，而當作一件照例運輸之事，所以死去的幼童就不計其數了。後來起了一個反動就是在那門旁設立一個看守者以窺視那些送幼孩的人，因此這種事體就減少了許多。這種機關的數目曾有一時多至二百五十一。在一八一八年，就減為二百三十二。在一八六九年，只剩了五個。從那時以後，這五個也關閉了。代替這種制度（這制度似乎為經驗所不容）的，就是到處設一種『收容制度』(System of admission)。

(1)在國家救濟律下之實行例。——在巴黎這種幼孩之收容絕沒有什麼儀式上的條件以為限制。里翁拉勒孟 (Léon Lallemand) 說，『各省參事會所視為一個指導的原則者，就是對於這種無形家庭的祕密之尊敬與保護這種幼孩生命之必要。費用之問題不過是在次等重要的地位罷了。』這種孩子的生母將這孩子送來的時候，必面見這國家救濟局內一個職官。對於這個生母所僅僅要求者，就是這孩子出世的證書。這種證書上往往說不出什麽，因爲大多數總聲言這個孩子的父母是無從查訪的。但是如果他能說出原由表明他無從得着這種證書，那麽，這孩子仍然可以爲局中所收留。這局內的人總勸這生母自己撫養這個孩子，但局中可以供給這孩子的食料。但是他如果一定要求局中收容，這局中斷不拒絕。這個局中可以不宣布這孩子放在什麽地方。他的生母每年只能四次探聽這孩子的消息；而所能讓他曉得的只是這孩子是生存是死去罷了。這個是在那對於棄兒者所要求的一些儀式中一個僅有的殘忍的規條。過去的經驗已能表明這個規條是減少棄兒之惡習之惟一的方法。但是這班孤兒院爲保存自己地位起見，往往在實行上容納許多溫情的方法。這孩子所在的地方往往不一概嚴守祕密，又常常允許這孩子與生身的父母家屬保守天倫的關係。

在各省中，與中央相反，他們所守的規條與此大不相同。差不多到處皆規用一種限制的政策。各省參事會既照一八七一年八月十日的法律有規定國家救濟事業之權，所以就決定了收容幼孩的儀式與條件。有許多省分專注意要減少這項事務上的費用；因爲這種目的，就立了些條件，這些條件的性質就是要使這些收容之數目日漸減少，又有關於住所與來源的條件，又有一種先期調查之要求與不收合法子之規定。一九〇四年六月二十七日之法律推廣這寬大的實行力，而爲塞因（Seine）省所遵從。這個法律第八第九兩條要求這種收容所必晝夜開門。凡送來的幼童似乎不滿七個月者皆不可拒絕。一方面固是這樣設法便利這種收容，而他方面又極力另採取一種救濟制度，就是供給食料之制度。這樣辦法將這孩子仍交與生身的父母，而政府亦可以節省點費用。照這一九〇四年的法律第十一條，所有對於各種階級幼童之保護與對於國家救濟之保證，皆在本省或本地方行政官長法權以內，或他的代表——省監（The Departmental Inspector）——法權以內。在塞因省，這些義務爲巴黎國家救濟部之董事所擔任。這董事似乎是個保證人，又有一種「家庭董事會」（Family Council）輔助；這個會是從省參事會中選出七個委員所組成，每四年改選一次。

簡單言之，國家救濟部之收容嬰兒所引起的結果，在法律上與在事實上，差不多是同等的重要。嬰兒之出身不明者或被棄於父母者，實在就算是由國家收爲養子。在事實上就是國家供給這嬰兒的需要，長養他，教育他，助他尋覓位置，助他在社會上做出一份有用的事業。這種制度我們可以說是共產主義（Communism）的一種實施；我們也可以說這種事實就是他本身顯然的罪案。不僅是這樣一種生活對於嬰兒——無論一切慈善機關能盡力到什麽地步——現出一種可憐的非常態的境遇（好像是兩種慘事中最壞的一種。）這罪案的要義就是說國家辦理這種善政不過是拿另外一個家屬來代替那原來的家屬。在事實上，國家之救濟並不是即將嬰兒放在孤兒院中或其他庇護所中親自撫養。一向的辦法皆是將嬰兒放在種種人家裏撫養。所以我們可以說這孩子的將來大半是依所擇的人家而定。倘若一個嬰兒在所托身的人家中遇著粗厲暴虐的家長，那麼差不多就沒有出頭的希望。反此，倘若一個人家待以慈愛的態度，那麼他就有機會使自己適合於這新環境，可以享人生之樂，可以成一個良民。

我們翻開那些戶口冊來研究國家所收容的嬰兒後來到底如何，我們可以看出有許多（差不多十分之一）在未成年以前就爲人所取出，或交還他的父母。當他原來的父母請求收回的時候，只要這孩子的保證人與那「家庭董事會」商量之後，覺得這樣的變遷是於孩子有益的，就可交還與這父母。又有一種辦法，當這孩子交還之時定出一個試看之期；在這時期中，政府救濟部仍有監視之權，至少以一年爲度。期滿之後，再定奪交還與否。

十 幼童的分位：(2)失庇的子女

三十九 保護子女以防備他的父母。 無論在什麼時代，對於孤兒對於有殘疾的或出身不明的幼兒，多少總與以顧慮。但一直到最近纔有人注意到那父母所不過問的幼童——就是那需要一種庇護以對付他們的父母之幼童。

這種幼童之數目將永無查淸之日。這數目實在比我們所揣度的大得多。我們如果翻看那一八九二年喬治柏利(George Berry)獻與巴黎市政局的剝削(Exploitation)兒童之報告，只這一件公文，就可以領略這種惡習之重要。這種剝削似乎已成了一種公衆職業，而幷且是一種優差(指乞丐生涯。我們如果看出那些人利用子女收得一個半佛郎或兩個佛郎，或依情勢依氣候之嚴酷與否每夜得三個或四個佛郎，我們就可以想像這班幼童所受之苦——面色慘白，飽受風霜之苦，放在懷抱中以激動路人之心。

對於這班幼童，慈善家或慈善機關不能爲力。如果父母要拿這子女做犧牲或做個乞憐的榜樣，慈善機關能怎樣對付他嗎？慈善機關總不能使這班幼童脫離父母。你在街上遇著一個小乞丐向你討錢，你若毫不施與，那麼你就是沒有心肝；你如果有所施與，你就是鼓勵這種以子女爲犧牲的非人道的役使。

四十　救濟事業之立法。　對於這種幼童，國家的救濟至少在巴黎不得謂毫無動作。一八八一年塞因省參事會曾建立一種服役法以扶助這班無人過問的幼童，又應用到幾個等類的幼童，最著的就是那班因痼疾，因貧乏，因職業的性質或因爲自己的惡德而無力看撫子女者的子女。這項服役之成立與發達是非常迅速的。從一八八一年到一八八九年每年竟收容七百至八百個幼童。同時又有些私人發起幾個慈善機關，最著的就是一八七九年喬治朋將 (George Bonjean) 所設立的『失庇或有罪子女之保護會』(Société Générale de Protection pour l'Enfance Abandonnée ou Coupable)，及一八八八年幼爾西門 (Jules Simon) 所主持創辦的『法國救護幼童聯合會』(Union Française pour le Sauvetage de l'Enfance)。這後者成立數月後就經手辦了一百四十四個案件，將三十七個幼童收容了或託與妥當的人家。但不幸法律常常將這種慈善行動弄得失其作用。這法律規定要收容這些孩子必得他的父母的允許；即便只要取得這孩子的管理權，也要得他的父母的允許；又往往實在因爲要對付本人的父母，所以纔有保護幼童之必要。

(1)一八八九年的法律。——立法之改良不免是必要的了，這改良的動機發於『監獄調査社』(Société de Prisons)。這社當一八八七年那樣早的時候由一個新教徒的教士羅濱(Robin)作出一個重要的報告，卽以這立法改良問題爲目的。他的結論引出許多討論，成了新標題的研究之時機；在這些研究中差不多一一舉出那所有曾盡力規畫又推行這項幼童保護立法的慈善家。一八八一年正月二十七日羅塞爾(Roussel)與幾個別人做出一個草案(這草案似乎是這些討論的一個結論)獻與上議院。過了幾個月後，這幾個人又被召集，從事審定另外一個草案。這草案爲一個國會外的委員會所獻入，審定之後就採用爲政府法案。但經過長時期的事勢變更之後，一切改良的步驟乃因這計畫(就是要完全根本改定這項立法)之規模過大而中輟，又因收養上金錢擔負之日增，與估料這項經費之不易而中輟。

政府想至少保留一部分的改良，曾決定要從這草案中删去那些極重要的規條，就是犧牲那些引出極大的糜費的規條。一八八九年七月二十四日的法律就是根據這種簡約政策。

這法律首先注意的就是那班失庇護的幼童。又將這班幼童分作兩類：(1)那班居道德上的危險地位者——就是他們的父母曾犯罪或有惡德；(2)父母因貧乏或有病或其他原因而無力看撫的幼童。在第一例中，父母既失去父母資格，所以法律就取締他們的權利。如果父母非失資格，但不過是沒有履行義務的能力，法律就將這父母權移交與別人，或個人或慈善團體。看這法律所分的兩類，我們可以說（好像布魯葉 Bruyère 那樣說）這個法律實是拿兩種性質各別的法律併在一起。第一類既規定父母權之充公，可以說根本是一種懲罰的性質。第二類——在實行上漸漸占有勢力的地位——可以算是一種眞正的國家救濟法。

四十一　父母權之充公。　這法律之前幅所含的條文可以回答三個問題。當什麽時候纔可以宣告父母權之充公呢？要依照什麽法律手續，這充公有些什麽效力呢？這充公的期限怎樣纔可以終止呢？

這個法律區別兩個種類的事例。有一類的事例是特別可惡的；在這些事例中，父母權是定要充公的。在別一類的事例中父母權之充公與否是可以任便辦理的。這法律第一條中將第一類強迫充公之事例一一數出；在這些事例中，這充公之規定不僅算是對付爲父母者的一種判罪，但又是對於那虐待子女的罪名一種刑罰。在這些情形中，我們似乎不應當罵這法律不該用極端嚴厲的態度來宣告充公。

我們所可惜者就是這一八八九年的法律草訂人不知道在宣告充公時，欲這些規條爲人所遵守，必須再作幾種監視的規條。照這法律上看來，公共起訴人不曾負監察這些規條之遵行之義務。事實上，這起訴人往往忘記這樣做，或忽略過去。又往往判決詞上不曾明言充公。許多著作者以爲在這種事例中父母當然失了能力，無須明白說出。但這個意見不過看理論的趣味。我們已往的經驗已能證明這充公如果不正式宣告出來，實在是沒有效力的；因爲如果不正式宣告，這充公就算是不能執行；旁人那一個肯常常顧念這不幸的子女呢？

「任便辦理的充公」(Optional forfeiture) 之事例在第二條中一一數出。那前四個事例，對於爲父母者先要判他一種刑罰而後纔執行充公。在末兩個事例中，與前相反，充公可以執行而無須先定罪名。

這定出的刑罰不是依照各人所犯的罪過。第二條第一段有一種普通性格的罪名，可以應用到所有一切因犯「普通法」(Common law) 範圍中任何一種過犯行爲的父母。

四十二　充公而不受刑。　那最驚人的事例就是宣告充公而無須定出罪名。這些事例之第一種就是將十六歲以下的子女依照刑法典第六十六條送到『幼犯勸化所』(Reformatory)。這樣辦法的意思就是以爲在這種事例中，子女的罪過往往是因爲無人照管或因爲看見父母的壞榜樣而發生的。

拿一個極大的施行範圍給與這『充公』之法規者，就是這個條文了。爲父母者卽便沒有明犯罪名，但如果向喜酗酒或有著名的可恥行爲可以危及子女的健康與道德者，法庭仍可以宣告父母權之充公。實在僅僅這一個規條可以包括或補足一切別的規條而適用到大多數的事例之上。這法律拿一種寬廣的隨事裁度權讓給裁判官；這就是司法部在頒行關於運用這法律的通令中，爲什麼教公共起訴人在應用他的職權時要小心謹慎的緣故。但至少一直到現在，這一層尙不至於擾亂那班歡喜研究幼童保護問題者之心理。倘若我們試去估量那些已現的結果之重要，我們就可以看出法庭是更應當受責備的，因爲法庭將司法部的先見過於尊奉了。

只有當事人的幾種親戚或公共起訴人可以提出法律行動以訴請父母權之充公。照這法律第三條所說，那有權作這種法律行動之親戚就是最長的堂表兄弟或更近的人。其實，在大多數的事例中，如果父母權可以被判充公，這個人家必是已經毀壞或破裂了。所以差不多向來總是公共起訴人提起控訴。有兩種司法機關皆可以受理這種訴案。照常例，這種法權是屬於這父母所居在地的民事裁判所；而在例外，刑事法庭當宣告一項刑條彷彿可以使人取「充公」行動之時，就可即刻隨後宣告充公，只要這法庭自己覺得對於這些情勢是十分有把握的。在這後一種事例中，法律手續是很迅速的。反此，如果這案件歸到民事法庭，那麼，對於這案件之調查就較之刑事法庭不知麻煩幾倍；因這律例是根據民事訴訟法典上關於喪失公權之規條而定出許多瑣細的儀式。這些儀式我們在此處可以不必討論。

在這項法律一切手續上可以明明看出立法者的兩層意旨。立法者一方面希望辦理迅速，所以竟讓『不公開的室內法庭』(Court in chambers)有這法權；而同時又因爲要保持審訊的重要狀態，所以要設幾種保證。但這兩種意旨是很不相容的。如果我們願意這事情辦得審慎，我們就不該過於求速。這上述的兩種意旨就是犯了這個毛病。在實行上，我們大可看出，這些必需的儀式將這法律手續弄得怎樣的迂緩。總而言之，這手續明明是瑣屑的，複雜的。

四十三　充公之效力。　我們假定這訴訟手續已告終了，刑罰已經執行。那麼這充公有什麼效果呢？這法律在這一點上似乎是極端嚴厲。這法律不許有任何區別：充公是絕對的。這『充公』可以應用到一切已生的或將生的子女；又包括父母權上一切的成分，包括民法典或後來法律所賜與父母之管理子女人格與財產之一切權利；所留與父子間者就是父子相互維持生活的義務。

這些奪去的權利將歸於什麼人呢？如果法律眞是合於原則，這些權利應當歸爲母者所有，只要他是生存的是有能力的，就可將這些權利轉交與他。一八八九年的法律毫不猶疑的採用一種規定，將普通法上關於這一層者大爲減輕。照這法律第九條，法庭在宣告父母權充公時，或至少在委派子女保護人之時，要依照子女的利害判定這些從父身上奪來的權利可否爲爲母者所代理運用。有許多人反對當爲父者是獨自有罪應受這充公之罰時，爲母者也被連及。但是我們不得不相信，這個規條雖是很粗忽的，然實是擔保這法律之實地推行一種僅有的方法。只因爲他兩人是居在一起的，所以爲母者可以算是爲父者壞行爲的一個同謀，應當仍居一種無力的地位。

(1)自任的監護人。——在大多數的事例中爲母者既也同被摒除，這法律不得不規定一種對於子女的監護人之條文。一向的經驗已能指出以前的法律在某幾種事例中雖宣告充公，但差不多不能實地執行。因爲這些法律只包含些懲罰條文；雖說要取締父母權，但皆未指出一人可託以撫養這子女。這一八八九年的法律實得了這種經驗的益處。

這法律所根據的原則，就是普通法上的監護人之職是可以施於一切外人的。所以這法律就力求應用這個保護到一切可以應用的地方。因爲想將這項保護之應用手續弄得較簡較易，所以法庭就有指派這子女監護人之義務。這法律并不會將担任監護之職定爲強迫的；但因欲使人易於擔任，所以宣言這監護人可以免去「保產權」（或「受質權」）(Lien)，這個權本是法律爲著被保護者之利益而加與保人的。此外尙有些別的規條與這個精神相同者，已設立一種格外的監護，更有益於這班子女。這就是那所謂『自任的監護人』(Voluntary Guardian)。往往有宅心慈善的人自願撫養一個不幸的子女而擔任他一切的費用；法律已經努力鼓勵這種行動。這法律第十三條規定在執行父母權之充公的時候，無論何人可以請求法庭認他爲一個自任的監護人，但他必負撫養教育這個孩子之義務，直到這孩子能自營生活時爲止。

這些計畫我們絲毫不可爲其所惑；我們不能希望這種預備做監護人的時時可以遇著。在這個時候，法律就判定這孩子放在國家救濟部之下。這一層是不魯耶(Bruyère)的提議而爲法部委員所採用。他表示這一層的實在利益，說得極其動人。

公衆救濟事業就是這樣大擴張動作範圍。在法國每一省中，在那爲著被棄子女而設立的服務機關而外，又設立了些新職守以看護那些父母所不顧的子女。這兩種服務的經理法是同樣的；這兩類的子女皆受同樣的待遇。

這項新服務的費用又是要擔負的。照原則上講來，這種子女的用費仍當爲父母所供給。父母不能藉失資格而脫除義務。但我們可以預料這父母旣是窮苦或不懷好意，那麼，他所能供給者必極端有限。差不多全部必要的費用必爲國家救濟部所支給。這部事業差不多均平分到國中各府各省。

四十四　父母權之恢復。照我們設想，將這班子女永遠放在這種分位上必有很大的利益；但立法者不曾立意將父母放在永遠權利充公之懲罰之下。經過幾番猶疑之後，充公時期之有定，到底規定了。

要決定在什麼條件之下，這父母權纔可以恢復，我們不得不依照當初失權之原因種種不同而爲區別。

倘若這充公是一種刑罰的結果（無論是必要的結果或任便的結果，）那麼受刑者除非在受赦之後就不能復得權利。反此，倘若這充公之宣告是根據一種事實而不連帶什麼罪名，那麼就可以隨時請求復權而沒有什麼先期的條件。我們現在不必細說這種法律手續。倘若這請求得了允許，父母就可以恢復以前所失的一切權利。照理，這父母應當賠出這子女的教育費與撫養費，除非法庭正式指出這父母之窮苦而不許要求賠償。萬一這請求被拒絕，這些權利可以由爲母者證明與父離婚之後獨自恢復。

四十五　一八八九年法律的大旨。一八八九年的法律不只取締不適宜的父母的父母權。他不但想滅除父母權之妄用，幷且想預防這種妄用；所以就設法便利私人或慈善機關的事業。在這法律未通過以前，這些慈善機關在動作上遇著很大的阻礙。外人自願擔任兒童的教養費的時候，如果這兒童年紀很幼的，爲父母者總樂得交出；爲父母者在這時實常常求人幫助；因爲這孩子當時是一個重負擔，是一種沒有酬報的消耗品。但到了這孩子長成之後，有力工作或可以作苦工之時，爲父母者每乘機要求恢復權利。這樣一來，父母權終是很穩固的。所以，往往那些收容子女的慈善機關因爲要防備這種弊端，要求爲父母賠償這孩子的教育費。法庭實曾宣言這賠償是應當的，而判定爲父者應負這賠償之責。但是這孩子總不應被看作一件質押品以擔保這賠償。這些機關必首先順從這父母之請求而交還子女，然後纔能迫他們履行賠償之判決。但他們的窮苦境況差不多總將這判決變爲無效。事既如此，所以凡是這些慈善家或慈善機關的努力與犧牲差不多一概白費了；這孩子回到父母家之後，又仍歸到墮落受難之途。

四十六　法庭判定的父母權取締。　這一八八九年法律當初概略的草案，因爲欲防止這些弊端，曾決取急激的辦法。這草案允許一個契約（由父母與私人或公共慈善機關雙方協訂而爲一個保安法官所簽押者）可以取締父母所有的權利。但在這草案預備期中，國家法院極端反對這個理想。那解說這法院所提案的人說，「倘若認這種契約爲有效，就違反了我們法國法律上早已規定的父母權之觀念；想補救這些顯然的毛病，而竟鼓勵這種以子女爲貿易之事，鼓勵這種近乎騙術的行爲，豈不引起更大更甚的毛病麽？」

這些反對的論調就引得這法律採用一個調和的草案。這草案之目的就是要拿幾種擔保給與這班慈善機關，而不以父母自動的放棄權利認爲有效。代替這種自動的放棄權利就設立了一種法庭判定的權利取締；換言之，父母權不能爲契約所取締，而必爲法庭判決所取締。私人或公共慈善機關雖成爲子女的監護人，然不得直接代用這權力；他們代用這權力必在國家救濟部監視之下。

有二種事例，法庭不能取締父母權：

(1)第一種事例就是父或母或監督人得著「家庭董事會」之允許，將一個不及十六歲的子女寄託國家救濟部之下，或私人慈善機關之下，或即託與有完全公民權的個人。在此種事例中，取締父母權必由父母自己與接收子女的機關聯合請求。

(2)第二個事例就是這種私人或公共慈善機關直接收容一個不及十六歲的子女而不用他的父母的允許。這種個人或機關三日以內必寫一篇呈文送達地方知事（如在巴黎必送與警廳）表明這子女已爲他所收養。這知事或警廳將這呈文轉與本省長官，而這長官就通知這子女的父母。如果自呈文之日起三個月內不見這父母請求取回子女，這子女就算被棄；法律就允許這私人或公共慈善機關懇請法庭將全部或一部父母權交與他代理施行。

這手續是極簡單。法庭只要接著一個簡單的請願書——這請願書貼了通常歲入的印花稅卽可照章登錄不取別費——就可以訊斷這個案件。他可以開室內法庭查考這事件，而公共起訴人必列席。倘若這件事體不能歸到第一類的例，倘父母二人自己成了兩個對手當事人，那麽，法庭必傳召他二人，又必傳召國家救濟部一個代表，與那接收那子女的機關一個代表。不論那種事例法庭必當大衆宣告判決。照這判決，父母所有的權利必移交國家救濟部，而接收這子女的私人或公共機關只能施行這權力而不能占有這權力的本身。這種區別與法庭從前所承認的一種區別——一種慈惠目的的『物主權』(Ownership)與一種單純法定的『物主權』之區別——大相彷彿。但是我們不可誤會，以爲國家救濟部所受的特權沒有實在的價值。這法律第十七條允許他可以用這子女的名子提起控告。第二十三條又規定國家——爲一省長官所代表——可以隨時查看那些子女爲私人或公所所容納者。取締不及充公那樣利害。法庭不必取締父母權之全部，有幾種權力仍可保存。那些被取締奪去的權利能復爲父母所有；但這種恢復，必須有法庭的明令。

四十七　對於這些改良之批評。要想正當的估計這一八八九年所做成的種種改良之價值與重要，我們決不可爲第一步的印象所印得太深，因爲這種印象是很能令人沮喪的。差不多所有那班覺著這種立法之必要又想鼓動這立法實施上一個大進步的人皆早已飽有經驗，不受哄騙。

首先要認明的就是這法律現出許多重大的缺點。我們的一八八九年的法律遠不如英美的律例那樣簡便，而且比較起來立刻覺得太懦弱太煩複的。因爲英美的律例已成了他們國內慈善團體的一種有效力的工具，又實能救助幾千個不幸的子女，而甚或（照不魯耶說）不至於用那很辣的父母權充公之辦法。我們這法律定出的區別太多，手續太瑣碎，太偏於形式，所有的條文往往意義不明，——所有這些毛病極能沮喪人的慈善行動；因爲通常人除非爲自私的利益所鼓動總不急切求知道這新立法，或將這新立法置諸實行。既然不拿這種鼓動力來鼓動這種團體使他們應用這些立法，那麼，就該設法激起他們的較高的情感——惻隱之心。我們這法律不但不能這樣做，幷且不許這些團體有自由發動權。這些團體所能做的就是將所抱不平之事告之公共起訴人；這公共起訴人成了惟一的裁判人，他可以任意斷定這些團體機關是否設立得完美，或是否可以令他們出席法庭。

別的毛病不久即可明明現出者，就是這法律有許多遺漏之處。試問這法律曾說到外國人麼？這法律實不曾明說。那些關於父母權充公之條文既然不純粹是懲罰的條文，我們就不妨斷定這一八八九年的立法與其說是遍及國土的立法，不如說是對人的立法。許多著作者曾極力想避去這種結論；但法庭的判決仍是模糊不明的。在這層疑點上，公共起訴人因爲不願引起困難，自以爲不必有所動作。再者，這法律不曾說到私生子。倘若有一個關於私生子的問題，而這私生子又爲生父所自認，這法律當然可以應用。但是卽便在此處，實行上每遇著許多阻礙，難於實施；這法律若關於不爲生父所承認的私生子問題，這阻礙就更是無法對付的了。

但此外仍有些毛病。倘若我們不看這法律的價值，但看這法律的應用與那些已得的結果，我們就可以看出這法律已遇著一種有力的反抗；又這法律對於法庭之主持公道上已與以很不幸的效果。在那班從事改良這些立法的人，與那班負應用這立法的責任的人當中，意見頗不一致。前者大概皆是行政機關，是有動作的人；他們對於社會上的弊端心中大有分寸。他們深曉得要庇護那些被父母淩虐，薄待和被棄的子女惟一的方法，就是從這種父母手中奪去他的子女。法庭人與此相反；他們固執舊訓而一向差不多將父母權視作一種高過法律的權力，他們對於人家懇他們做的行動只看出那激烈嚴重的性質而看不出所以然的必要。結果，法庭表示極不願作充公之宣告。在他們看來，這種補救法是最無可奈何，最不幸的；他們總努力避去這種方法。我們可以看見所有那些監理國家救濟事務的各省監理員（Departmental Inspectors of State Relief）的報告上，皆不滿於這種反抗力與這種沮喪善舉的行動。

這裏又引起一個問題，就是法庭所不敢應用的一八八九年法律是否奪取法庭的一種權力，即奪取對於父母權之監視與管理。這權力，以前的判決總視作法庭所有的。我們已經說明這管理權所包括的權力。倘若一個爲父者妄用權力要禁止子女與祖父母的關係，或虐待子女危及子女的身體與教育，在這種事例中，法庭向例是要干涉的；法庭不必取締父母權（因他無此權力，）但可令子女繼續做那爲父母所禁的行動，又甚或將這子女交與一個第三者。這種監視差不多超過父母的權力。法庭絕不曾奪去父母權之全部，但（如特斯拖 Testoud 所說）不過將那些損害子女的部分變爲中和，不使他有害於子女罷了。其實這種管理權幷不曾根據何種法律明文。照推測上看來，法庭這種權力是根據民法典第三〇二條與四四四條。這種規條是採用習慣法省分中的舊訓，與編輯法典時許多主張者之意見。此外最顯然的就是這種規條是下述原則一個邏輯的結果：父母權是純粹因子女的利益，贈給父母而必爲父母所運用的。

一八八九年的法律結果使人疑惑這種裁判官所做成的規條不免有不妥之處。有些人說這種規條違反那父母權全部充公之原則——這原則正是這一八八九年法律所根據的。無論是強迫充公或任便辦理的充公，效力是一樣的：這充公是對於父母權上各部分，絲毫不能有所保留。反此，裁判官所自以爲能辦到的計畫只可算得部分的充公；所以此後這些計畫就受禁止。當這種抗議爲幾個法庭所容納之時，有些法庭仍不肯放棄這種監理權。但大多數聽從這種抗議。

這樣看來，一八八九年的法律使人有許多失望。在某幾點上竟有許多不幸的結果。但是我們雖不能漠視這些毛病，然亦不得不相信他的好結果幷不是很微末的。

將前數年紀載出來的事實查閱一下，我們就可以看出，這情形雖不是一種很穩妥的進步，然至少（特別在某幾個區域中）也是將這法律應用得很廣的。反對的力量漸漸低弱，而種種成見也漸漸消滅。如果法庭覺得充公的辦法太激烈，又不容易辦到，不妨拿「判定的父母權取締」

來代替充公；而且這種取締對於子女的擔保與充公毫無差別，又較容易辦到的。這種取締法自然是預料爲父母者已是情願放棄他的權利。但倘若調查出父母已妄用權利或倚賴子女的不正當的收入——爲乞丐爲娼妓而得者——以支持生活，或如果父母看出自己不配享完美的權利，他們往往因爲畏人控告，表示極情願允許所有一切被要求的事體。

這一八八九年的法律（照我們的意見，這是他的最大的功勞）就是這樣引起了又助成了慈善家的發動力。那班注意幼童幸福的機關既極力防護幼童不至受欺蔑，他們的功用就日漸擴張。這些機關到處皆更見活動更見有效。他們不曾過於怨恨這法律之不正確不完美，但竭力將這法律放在有益的用途上。

四十八　別國的立法。我們可以實在說，在今日差不多沒有那一國的立法不壓止父母權之妄用。在歐洲，無論那一國的政府皆承認一種干涉權以保護被虐待被蔑棄的子女。這種保護的計畫特別到十九世紀末葉增加得極多。從一八八五年到一八九九年中差不多沒有一國的法典不含有這個題目的條律。在這些各國的條律中，所有區別不同之處尚不甚重要，惟有那些相同之點是極其可驚。這一層不僅是由於這些條律是感於同樣的精神是應付同樣的需要；又由於這些條文皆非各國自己特創的。每個條律總是一部分從鄰國的條律上抄襲來的，而鄰國的條律又大半是從別國借來的。

在結論時，我願大家注意兩層事體。第一就是這些法律不是到處皆有同等的重要同樣莊嚴的性格。有些立法（大概是那班極少受羅馬的影響者）實在總將父母權看作有限制的。在瑞士，在德國，在英國，父母權總永遠在幾種公共官吏的管理之下。這些官吏就是那些受法律之託而監察子女監護人者。在英國，這種管理權總是加到大法官(Lord Chancellor)

的身上，把他當作國王的代表，而國王自己本算是一切家族的元首（Parens patriaè)。在這些情形之下，父母權之充公或限制當然是一種很簡單的方法，只要是因爲子女的利益皆不難拿來應用的。但在那些將父母權看作高於法律的國家，充公之罰似乎是一種較爲特例較覺激烈的方法。實在這父母權已不能（例如在羅馬）讓爲父母者專因自己的利益來運用的；這權力在現在已成了一種工具，爲父母者用這工具就能履行對於子女的一切義務；這就是當這些義務被渺視的時候這父母權就不能存立的緣故了。這種結論雖是合於邏輯，然不免現出太嚴厲的態度。因此，那允許「充公」之法律就在那重視父母權的國中遇著重大的反抗。但到後來這些國家終覺這種法律是必要的，不過他們在規定細則時是很遲緩很費事的；經過長時期的進化纔定出的。

我們第二層要注意的就是（這一層尤可以對於一班法國人擔保

這些改良不是危險不是時機未到的）我們法國，不是這種立法的創始者。有些別國的法律制度（較法國尤近於羅馬法律制度者）已先作這種事業。意大利的民法典——製成於一八六五年頒行於一八六六年——早已提起這種匡正父母權之問題。這法典第二三三條說，『倘若爲父母者妄用父母權，背叛或蔑棄自己的義務或不善經理子女的財產，那麼，法庭可以受一個最近的親戚或公共起訴人之請求，委派一個監護人以保管子女的人格與財產，又取締父母所得全部或一部分這財產上的租金，或用別種方法以維持子女利益。』與此同樣的條文在葡萄牙與西班牙民法典中也可以尋出。

十一　幼童的分位：(3)墮落無行的子女

四十九　幼年罪犯之增多。現在剩下來要說的就是那第三類的子女——墮落無行的子女。這班子女應當與以懲罰，應當爲防備他們自己起見，與以保護。這班子女的家庭大概總是沒有缺乏權力拘束他們及他們的同黨，因此政府之干涉就成爲必要。我們現在敍述這種干涉的性質與結果。

這一類子女之數目，在十九世紀中，特別在十九世紀之末，日盛一日。社會上釀成這種增多之原因是很多的，很難一一斷定的。我們不必去較量這些原因的互關的重要，但當舉下列的幾種原因：趨赴城市之移居，爲母者傭工於工場，缺乏對子女之監察，大商店之收用引得他們容易偸竊那些陳列的賣品。下等階級幼年人的危險的關頭就是從十二歲到十五歲。他們慣犯的罪就是做賊與做浪子。從一八三〇到一八八〇年那些十六歲至二十二歲的子女爲『懲勸法庭』(Correctional courts)與『處罰法庭』(Criminal courts)所傳入者已從七一〇四增加到二八一九二。在一八九二年中竟長到三六七三五件。從那個時候又漸有低減之勢。但我們不可誤會，這種低減之勢不是實情，是一部分由於公共起訴人之寬縱。一直到近來，差不多人皆不注意這種子女，除非到他們被捕的時候。至於必要的預防之事是不大有人去做，或不曾想及。

五十　父母所有的糾正權。　在某種事例中，家族自身每要求懲責權。爲父者既對於子女的人格有管理權，法律又承認他有一種糾正權。糾正權的命意就是一種監禁子女的權利。這是古代法中父母權的一種不留餘地的辦法。這是一六七三年三月九日巴黎議院所定出的法規的題目。民法典實明明爲這法規所影響；但他自己規定這糾正權之時就與以限制。我們從這法典細條之上可以看出兩種原則：

(1)沒有法庭的命令不得使用這糾正權。下獄的命令乃是爲法庭長官所發出。

(2)這種權力之施行有時好像是分所應爲的，有時是從情面上特許的當法庭長官勢不得不給與逮捕執照時，這權力就是正當的。如果爲父母只不過由懇求而獲得這逮捕令，這就算是特許的；在此例中，法庭長官如覺爲父母的理由不充足，不妨拒絕發令。

這糾正權如果用得正當，是只許爲父者一人獨有的；只有當子女未滿十六歲以前他可以用這權。但我們必舉出三種事例中即便子女不及十六歲爲父者也不應施行這權力。這些事例就是當爲父者與人重婚之時，當子女自有營生之時，當子女有一份自己的產業之時。爲母者運用父母權也可以將子女送往監獄；但他與爲父者不同，他除非受法庭特許，不能作此行動。他又必依從兩個條件。第一，他必未經再婚；如果他已再婚，「家庭董事會」就代行這糾正權。第二，這子女的父族中兩個最近的親人必參與這爲母者的行動。監禁期的長短，一依這逮捕令是照本分許給或是特許者而定。如果這監禁沒有一個法庭命令做後盾，期限就是極短的。如果這子女是照本分監禁的，這期限不可過一月。如果因懇求而特許監禁的，就不妨以六個月爲期。但這期限可以隨時因爲父者之願意而中道減短。這法律第三七九條給爲父者以對於自己這種行動一種重複考慮之權。但這個條文又說這子女赦出之後如再有惡行，這監禁令仍可重新執行。

(1)對於這法律之估價。——只了解這糾正權是什麽又是怎樣爲法律所規定，是不够的；我們必表出我們自己對於這法律的意見。根據事實來在這個問題上作任何研究，早已就是不可能的了。司法部與內務部所印出的幾個統計表很能使人知道每年長官發出的監禁令之數目與幼童被監禁的數目。但不能使人一概曉得這些監禁之確期。我們大可以說，一般的心理已預料着這種辦法之不良。人家未嘗不覺得這辦法是彈壓威嚇爲子女者一種必要的方法；但一般的心理總以爲這監禁的辦法，無論是否因爲期限太短或因爲辦得不好，從來絕不能對那被監禁的子女眞有所糾正，有所勸化。

有兩件事情已大有助於那班關心這個問題的人，而釀成一種更高明的意見。第一，『監獄調查社』(Société de Prisons)在一八九三年開始作一種調查，查出在法國或他國與法國有同樣法律制度的國中，父母應用糾正權之實在情形。第二，差不多在這同時塞因審判廳長波多安(Beaudoin)在巴黎改組了關於父母糾正權上之司法行政，他將這行政的指導權托與一個審判官名喬治朋哲恩(George Bonjean)。這人曾以終身之力研究被棄的或墮落的子女。在一八九四年，這調查之結果就由亨利覺勸(Henri Joly)報告於『監獄調查社』；不多時，喬治朋哲恩也對於這題目作一個報告，送到這調查社。

這調查社自己的報告與這審判官的報告精神很不相同。這個報告上各人實在的建議是不相同的，但二者所留的印象皆有同等的嚴重，而所指示的事實也兩相符合。這些事實一方面表出父母妄用糾正權的可惡的事例，一方面又表出監禁的辦法之沒有實效。這班調查，不能如我們所願，查不出這樣一個家庭——最受這種子女之苦而不能糾正子女的惡本能，自己無力而不得不勉強求助於法律者——做個實例。但概括的查出爲父母者皆不注意自己的義務，而大部分對於子女的墮落實應負責的。有時這糾正權在父母手中不過是逞兇威逼的一種器具，一種壓制子女不許他們反抗父母的亂命（命作有罪之事，命爲娼妓，命作羞辱之事）之方法。

(2)效果。——現在倘若我們問這種制度有什麽效果，被監禁的子女後來成了什麽樣子，我們又可尋出一種共同的證據，證出這種子女出獄之後，較未入獄時更壞，更很毒，而懷報復之念。

上述的那個慈善家波多安自覺做得不夠，又盡其力所能為對於所見不幸的狀態必設法補救。他第一步，採取一個規條，規定如果沒有訊得父子兩方面的情由，沒有細查父子各人的生活與道德，監禁令不許發給。當這兩層皆做過之後，審判官就要考慮這為父的請求是特情還是本分應當的。在前一層，如果覺得這訴詞不大合理，或覺得子女之過失不十分值得這樣嚴厲的辦法，那麼，他不妨拒絕發令。倘這父母請監禁子女明明是本分應當的，那麼，這審判官豈不是不得不允許麼？但實在的情形不能完全如我們所相信的。監禁令不是拒絕不發的，但遲延發給之期。其實，如朋哲恩所說，沒有什麼法律明文強迫法庭長官在一定時期中發給這監禁令。倘若為父母者有不配作父母之處，那麼，這種案件就移交公共起訴人；這樣辦來可以在監禁子女令未發出之前將父母權充公，再者朋哲恩又看出倘若為父者的人品有可疑之處，但尚不至於到受充公處分之地步，那麼，有個別的方法差不多可以永遠有效力者可以應用。爲父者往往不能簽立字據承允依民法典第三七八條所規定支付子女監禁一切費用。大概爲父者來到法庭請監禁子女之時，總覺得推出子女之後可以省些家用；但一經曉得他自己仍有支付這監禁中的費用之義務，他就不請求了。

這些警戒的方法，已能防止大多數權利誤用之發現。既有這些警戒方法就用不着更進的改良麼？朋賀恩并不這樣想；他看出那至少可以加上的改良，就是廢除那要求作爲本分的糾正權，與伸張子女的控訴權。

許多人或竟要盡力廢除糾正權之本身。如果眞能廢除，我們毫不覺得可惜。這個權是與我們父母權之觀念相違反的。因爲照這糾正權一向所做出的事實，於子女毫無利益。如果這個權仍然保留，這法律的改良就覺不足；被監禁的子女必應送到悔改學校內；然而這一層不曉得政府爲什麽總辨不到。

五十一　幼童在刑法上的地位。

我們現在要講到那班送到刑事法庭的幼童。關於幼年罪犯的法律，在刑法典上，是依照這幼童是年在十六歲以上或在十六歲以下而有種種不同。倘若他過了這個年紀，他就屬於通常的刑法規條之下。在這時他對自己的行動是應當負責的。他所受的處分就是對他犯罪的行動而定的；而在同樣情形之下可以施於任何別的幼年罪犯。倘若他不及十六歲，這案件就依照特別規條辦理。頭一步法庭必注意這行動究竟可以歸罪何人。裁判官定罪之先，必查究這幼童是否有知而妄作；若果如此，那麽，因爲他年齡幼弱不妨與以原諒而減輕懲罰。倘若他是因年幼無知而作的，赦免他是當然的了。但這樣做時，亦不妨依刑法典第六十六條判定這幼童不必送還父母，可以送到一種改過所，受幾年教育；這受教的期限爲裁判官所指定，但不得過二十一歲。

五十二　懲勸的機關。對於這些種類的幼童之看護，已經爲一八五〇年八月五日的法律所規定。我們雖不能說這法律上一切的條文在實行上完全受人遵從，但這法律對於監禁中的幼童之教育與保護，規定得甚爲周到。那收受這些幼童的機關可以分作數類：

(1)逮捕所與拘留所(Houses of arrest and of detention)。這是對於那班歸在糾正(Correctional)一類的幼童而設，(1)是預備收受那班由父母依本分要求逮捕的子女，那班在十六歲以下受防範的約束者，及那班（別於前邊所說的）受六個月以下的短期懲罰者。

(2)悔過地(Penitentiary colonies)。這是專預備教化那班在『糾正』一

(1)法國刑法典將刑罰分作三類：(1)『警廳的懲辦』對於違抗警章者(Contraventions)而設的。(2)『糾正』(Corrections)對於輕罪(Delits)的。(3)『痛懲』(Afflictive)對於重罪(Crimes)而設的。

類的罪犯的。這種幼童照一八五〇年法律第一條，在監禁中必受一種道德的宗教的及專門技藝的教育。這種拘留地或是政府所建設而爲國家所管理，或是私人所建設由個人料理而爲監獄行政部所管轄所監督。在這些拘留地中，放置那班幼童爲法庭所視爲因幼愚無知而妄作者，及那班受六個月以上兩年以下監禁刑者。

(3)糾正地(Correctional colonies)。那班雖有改過自新之望者，那班受兩年以上之刑者，或那班以前在別處拘留而視爲不可教訓者，皆送到這糾正地。

我們又應當曉得這種種分類只適用於男童。各階級的女童，未成年以前，也拘留在同一個悔過所中。這法律只不過要在這種所內，分出男女兩部，而建立各別的待遇規條。

幼年罪犯之受刑歸到糾正(Correctional)一類者可以當刑期未滿之

前，在幾種條件下將他釋放。典獄官可將他送還父母以爲試驗，或將他託與一個保人。但這不過是一種特惠；倘若他後來行爲又仍覺不妥，這特惠可以收回。如果在監視期內行動極可滿意者，到了十八歲時可許投入國家軍隊爲志願兵。

照刑法典第六十六條，監禁幼年罪犯的期限無論如何不得延長過二十歲。那最末期的監禁正在幼童達成年日期以前者，至少爲一年。期滿，這幼童當送還他的家中。這樣一來，此後這幼童的行爲仍毫無擔保，而往往不免將辛苦得來的改善之機化爲烏有。一八五〇年的法律認出這種危險。照這法律第十九條所定，已赦出的幼童仍應受防範者與那班應受六個月以上的監禁刑者，釋放之後，仍應放在國家救濟部保管之下，期限至少爲三年。但這個規條始終不曾推行。沒有什麼行政規條實在決定這種保管方法與規模。一九〇六年四月十二日的法律很有道理，將最多的監禁期延長到成年之日，就是延長到二十一歲。

那最能傷及一八五〇年法律的聲價者，就是這些教育幼犯的機關使人覺不可靠，及處辦些幼犯的實例與人以不好的印象。(1)又使得人看這些機關實質就是勸化幼犯的學校。因此，許多法庭因爲不信服這種糾正的監禁，差不多總拒絕應用刑法典第六十六條，又情願對於所受理的幼童判定短期監禁。但是這些懲罰明明永無效力。幾星期或幾日之後，這班幼童開復自由，又落到原來的環境之內，毫不能使他革心換面，他的精神或更受傷，又甚至更入下流。所以那一切從事幼童保護的團體極力注重這種法律慣例之大缺點。在巴黎他們已達到目的；這種慣例差不多可

(1)想對於這些懲勸機關表示意見，是很不容易的。這些機關中常常發現出的暴虐的情事大損壞他們的聲名。

以說是爲塞因裁判所所根本掃除。

五十三　防範的計劃。同時漸有人覺得對於這班幼童不應專用懲罰，應當拿勸化代替懲罰。照司法部的指令，公共起訴人必將那關於幼年罪犯的案件送交一次初審。

承審官（Examining magistrate）必打聽這幼童的身家；因要得着這種報告，在巴黎已有一種特使（Special agent）之設立由法庭喚用。在人口衆多的地方，設立些委員會以保管那班法庭案件中的幼童。公共起訴人在逮捕一個幼童之時，立刻報告這委員會；這委員會卽派出一個代表以看護這幼童的利益。這個代表好像是承審官的助手，他必須查知這案中一切的事實，而想出一種有益的解決法。在巴黎，他所提出的解決法差不多無不見聽。這種種的努力已經爲一八九八年四月十七日法律所贊助。照這個法律的題目所表示，這法律的目的是要掃除對待幼童的暴虐的行動。這個法律包含一些條文鼓勵那預防的計劃以防止這種暴虐行動。照這法律第四第五條，無論何時，一個罪名（無論是死罪或較輕的罪）為幼童所犯或是對於幼童而犯的，這承審官可以暫時將這孩子託與一個親戚照管，或託與慈善家，或慈善機關，或國家救濟部。

這種規條之應用可以有很大的善果。這種規條能使幼童不至於受嚴禁的拘留，而供出新辦法，使法庭可以隨意選擇。法庭不必對於幼犯判短期的監禁，不必送往一種懲勸所或交還他的父母，而可以用一種簡單的手續將他托與一個慈善機關或國家救濟部。這樣辦法沒有父母權充公的結果那樣嚴重；因為這辦法只能取締父母對於子女的人格的管權。

不幸這立法者不曾定出確實執行這些規條的方法。要想使這規條能實地應用，裁判官必須得慈善家或機關的助力。承審官對於那願監護幼童者的規劃有核准之權，但沒有强令人負監護義務之權。慈善機關往往對這種可疑的幼童不能決然收容；因爲這班幼童或能害及別的幼童，而一聞將受懲罰的消息即設法逃走。這種幼童是否可以責令國家救濟部收管，一直到那時尚未決定。有幾省反對這計劃。國家救濟部向來固不拒絕收管，但總覺厭煩。一九〇四年六月二十七日的法律解決了這種困難。他明明白白的將對於那種幼童（法庭依照一八九八年四月十七日法律第四五兩條而託交國家救濟部的幼童）之監護，包括到一般的扶助幼童之事業範圍以內。

照這一九〇四年的法律，將如何處置這班幼童呢？在許多事例中，想把他們放在一個人家裏，是不可能的事。這法律決定那班在國家救濟部照護之下的幼童，如果是忤逆成性或身有殘疾的，就不時交與一個人家，而由省長的命令與省監的報告之後可以將他送往一種職業學校。但事實上這班學校尙不曾成立;而國家救濟部之行政,無論如何奮力,只有一個方法可以取得法庭之允許,卽將這班無辦法的幼童送到悔過的機關(Penitentiary administration)。

這就是一種循環的方法;幼童落到國家救濟部職權以內者,又重新入糾正所(Houses of correction)。在法國除却慈善人家可以收容之外,所有者只不過是監獄。至於建設悔改學校之問題,本是在國會及種種團體的手掌中,而他們竟毫無解決。想國家來創辦并主持這種機關,是不容易的事;而私人的發動力也不見得較易成功,較有效果。

但是英國的情形頗能驚人。英國因要教養那些有病的犯罪的或不可化的幼童,已組織種種機關如『懶人學校』(Truant school),『工藝學校』(Industrial school)與改過學校。懶人學校專收容一班遊惰的人,放在嚴格訓練之下;這收容的期限向來是很短的。工藝學校是收容那些不可勸化的幼童，或父母不問的或被虐待的幼童，但要不曾受任何刑罰。改過學校是預備收有罪的幼童，或那班由法庭判令脫離家庭管束之幼童。此外又有些私人慈善事業。例如白那多博士(Dr. Bernardo)當自己二十八歲時，將六千五百七十一個幼童送往殖民地；其中六千一百二十八個往坎拿大。差不多全數這班少年皆有所成就。他們必須身體健強，道德穩定，又習於一項職業之後，纔得放出。

大陸近代法律思想小史下編終

敬啟

「民國專題史」叢書，乃民國時期出版的著名學者、專家在某一專題領域的學術成果。所收圖書絕大部分著作權已進入公有領域，但仍有極少圖書著作權還在保護期內，需按相關要求支付著作權人或繼承人報酬。因未能全部聯系到相關著作權人，請見到此説明者及時與河南人民出版社聯系。

聯系人 楊光
聯系電話 0371-65788063
2016年3月28日